W0242366

Kurt Anton Mitterer

Salzburg anno 1800

Die vergessene Schlacht auf den Walser Feldern

Gewidmet den Umgekommenen der kriegerischen Ereignisse des Dezembers 1800 im Salzburger Land.

Wir bedanken uns bei der Gemeinde Wals-Siezenheim und insbesondere bei ihrem Bürgermeister Ludwig Bieringer sehr herzlich für die tatkräftige Unterstützung des Projekts „Salzburg anno 1800“.

© 1999 by Österreichischer Miliz-Verlag, Postfach 81, 5010 Salzburg.
Druck: F. Sochor / Zell am See
Alle Rechte vorbehalten. Ohne schriftliche Genehmigung des Verlags darf kein Teil dieses Buches elektronisch, fotomechanisch oder in anderer Form vervielfältigt, bearbeitet, gespeichert oder übersetzt werden.
Erfüllungsort und Gerichtsstand ist Salzburg.
ISBN 3-901185-18-6

Inhaltsverzeichnis

Abkürzungsverzeichnis

AFA = Alte-Feld-Akten
Anm. = Anmerkung(en)
A.u. = Autor unbekannt
Abb. = Abbildung
Abt. = Abteilung
Bd(e). = Band (Bände)
bes. = besonders
bzw. = beziehungsweise
DR = Dragonerregiment
Dtld = Deutschland
etc. = et cetera
f. = folgend
Fasc. = Fascikel
ff. = folgende
FM = Feldmarschall
FML = Feld-Marschall-Leutnant
FZM = Feldzeugmeister
GLt = General-Leutnant
GM = General-Major
Grenz-IR = Grenzinfanterie-regiment
HKR = Hofkriegsrat
HR = Husarenregiment
Hrsg. = Herausgeber
hrsg. = herausgegeben
IR = Infanterieregiment
KA = Kriegsarchiv
kaiserl. = kaiserlich
k.(u.)k. = kaiserlich (und) königlich
königl. = königlich
KR = Kürassierregiment
MGSL = Mitteilungen der Gesellschaft für Salzburger Landeskunde
Nr. = Nummer
o.J. = ohne Jahresangabe
o.O. = ohne Ortsangabe
S. = Seite(n)
St. = Sankt
Stk. = Stück(e)
u. = und
u.a. = und andere, unter anderen
UR = Ulanenregiment
verm. = verminderte(s)
vgl. = vergleiche
z.B. = zum Beispiel

Die Koalitionskriege gegen das revolutionäre Frankreich
Historische Betrachtungen im Vorfeld der Ereignisse in Salzburg

Am 20. April 1792 erklärte die französische Nationalversammlung das erste Mal den Krieg an Österreich. Durch diesen Akt wurde das kurz zuvor geschlossene Schutz- und Trutzbündnis mit Preußen in Kraft gesetzt.[1] Dieser Koalition schlossen sich Rußland und Sardinien an, ohne allerdings tatsächlich in die Kämpfe einzugreifen. Nach der Hinrichtung König Ludwigs XVI. folgten im Februar 1793 noch England und Holland, die sich auch durch die drohende Einverleibung Belgiens seitens Frankreichs herausgefordert fühlten. Weitere Bündnispartner wurden das Deutsche Reich, Spanien, Portugal, Neapel, Toskana, Venedig und einige deutsche Mittelstaaten.[2]

Dieser Krieg mündete nach langen, verlustreichen, mit wechselndem Erfolg geführten Kämpfen dank des genialen Heerführers Napoleon Bonaparte schließlich in einer Niederlage für Österreich und wurde mit dem Frieden von Campo Formido bei Udine am 17. Oktober 1797 beendet.[3] Österreich verlor dabei Belgien und die Lombardei und mußte darüber hinaus auch der Abtretung des linken Rheinufers zustimmen. Als Entschädigung bekam es die von Napoleon eroberte Stadt Venedig und ihr festländisches Herrschaftsgebiet bis zur Etsch, aber ohne Mantua und Peschiera. Weiters wurden Österreich Istrien und Dalmatien samt den dazugehörenden Inseln und die Boc-

---

1 Die französische Kriegserklärung, in: *k. und k. Kriegsarchiv*, Hrsg., Krieg gegen die Französische Revolution 1792 - 1797, Bd. 1, Wien 1905, S. 38 ff, bes. S. 57; vgl. auch *Pierre Gaxotte*, Die Französische Revolution, Bergisch Gladbach 1977, S. 190 - 218.

2 *Erich Zöllner*, Geschichte Österreichs - Von den Anfängen bis zur Gegenwart, Wien 1984, S. 330 f; siehe auch *Oswald Gschließer*, Das Zeitalter der Koalitions- und Befreiungskriege, in: Unser Heer - 300 Jahre österreichisches Soldatentum in Krieg und Frieden, hrsg. von *Herbert St. Fürlinger*, Wien, München, Zürich 1963, S. 172 ff.

3 Zum Kriegsverlauf gibt es zahlreiche Spezialliteratur, u.a. sei hier nur angeführt: *Adolf von Horsetzky*, Kriegsgeschichtliche Übersicht der wichtigsten Feldzüge seit 1792, Wien 1914, S. 59 ff; siehe auch *k. und k. Kriegsarchiv*, Hrsg., Krieg gegen die Französische Revolution 1792 - 1797, Bd. 2, Wien 1905. Weiters sei hier darauf hingewiesen, daß in vielen Publikationen eine unrichtige Bezeichnung, nämlich Campo Formio, statt Campo Formido verwendet wird; siehe *Zöllner*, wie Anm. 2, S. 332.

che di Cattaro überlassen.[4] Im Westen Oberitaliens entstanden zwei Satellitenstaaten Frankreichs, die Ligurische und die Cisalpine Republik.

Den Friedensschluß zwischen dem Römisch-Deutschen Reich und der Französischen Republik sollte der Kongreß zu Rastatt erbringen und die Entschädigungsansprüche der betroffenen Reichsfürsten lösen. Die Entschädigungen sollten nach französischer Ansicht die säkularisierten geistlichen Herrschaftsgebiete, u. a. auch Salzburg, darstellen unter gleichzeitiger Zerstörung der Reichsverfassung und der kaiserlichen Autorität. Durch sein passives Verhalten, durch die Verweigerung jeder aktiven Unterstützung in den vergangenen Feldzügen, hatte das Reich sich selbst den Niedergang bereitet.[5] Die Beratungen wurden durch die französischen Unterhändler in die Länge gezogen und die Ansprüche immer höher geschraubt, ohne sich an vorhergehende Abmachungen zu halten. Auch nützte die französische Delegation die Verstimmung zwischen Österreich und Preußen wegen der polnischen Frage und des preußisch-französischen Separatfriedens von 1795 geschickt und weidlich aus. Auch pflegte die französische Delegation mit ungarischen und polnischen Unzufriedenen beste Verbindungen.[6] Alle französischen Forderungen waren einzig von dem Ziel getragen, das Reich zu schwächen, wenn nicht ganz auszuschalten und Österreich mit Preußen in ständigem Gegensatz zu halten. Unter diesen Umständen mußte der Kongreß mit

---

[4] *Hugo Hantsch,* Die Geschichte Österreichs, Bd. 2, Graz, Wien, Köln 1994, S. 251 f; zu Venedig siehe *Alvise Zorzi*, Österreichs Venedig - Das letzte Kapitel der Fremdherrschaft 1798 bis 1866, Düsseldorf 1990, S. 11 ff. Österreich trat auch in Venedigs maritime Rechte ein und wurde Seemacht.

[5] *Ludwig Hammermayer,* Die letzte Epoche des Erzstifts Salzburg. Politik und Kirchenpolitik unter Erzbischof Graf Hieronymus Colloredo (1772-1803), in: Geschichte Salzburgs - Stadt und Land, hrsg. von *Heinz Dopsch* und *Hans Spatzenegger,* Bd. II, 1. Teil, Salzburg 1988, S. 499; weiters: „ . . . In den geheimen Artikeln erklärte der Kaiser seine Bereitwilligkeit, dahin zu wirken, daß auf dem nächsten Friedenscongresse das linke Rheinufer an Frankreich abgetreten werde. Dafür verpflichtete sich Frankreich (im geheimen Artikel 5) dem Kaiser durch seine Vermittlung das Erzbistum Salzburg und einen Teil Baierns zu verschaffen . . .", in: *Eduard Wertheimer*, Geschichte Österreichs und Ungarns im ersten Jahrzehnt des 19. Jahrhunderts, Bd. 1, Leipzig 1884, S. 32.

[6] *Zöllner*, Geschichte Österreichs, wie Anm. 2, S. 332 f.

einem Mißerfolg enden.[7]

Zahlreiche Übergriffe der Franzosen, wie die Besetzung Roms, der Einmarsch in die Schweiz, die Eroberung der Insel Malta, die Ereignisse in Holland und Bonapartes ägyptische Unternehmung führten zu einer neuerlichen Koalition zwischen Österreich, Rußland, England, Portugal, Neapel und dem Osmanischen Reich. Diese Koalition hatte jedoch nur lockere Bindungen und zu einer koordinierten Kriegführung kam es nicht.[8] Auch ließen die Interessensgegensätze innerhalb der Koalition die Frage der militärischen Führung lange ungeklärt, bis man sich einigte und Erzherzog Karl den Oberbefehl in Süddeutschland, FM Suworow, der nun auch zum österreichischen Feldmarschall ernannt wurde, das Kommando in Italien übernahm und FML Graf Bellegarde Kommandant über die im Raum Tirol, Vorarlberg und Graubünden stationierten Truppen wurde.

Die französische Armee unter General Jourdan begann mit den Feindseligkeiten, indem sie bereits Anfang März 1799, also einen halben Monat vor der offiziellen Kriegserklärung Frankreichs, den Oberrhein überschritt und ihre militärischen Operationen einleitete.[9] Erzherzog Karl gelang es jedoch, die französische Offensive aufzufangen und am 21. und 25. März bei Ostrach und Stockach nördlich und nordwestlich des Bodensees zurückzuschlagen.[10] Der Erfolg des Erzherzogs war so groß, daß die Franzosen sich wieder über den Rhein zurückziehen mußten.

Im Mai setzte Erzherzog Karl vereint mit FML Bellegarde nach

---

[7] Die Gesandten des Kongresses blieben auch noch nach Aufnahme der Feindseligkeiten der Franzosen bis zum 28. April 1799 inmitten des österreichischen Aufmarschgebietes. Sie wurden jedoch bei der Abreise überfallen und zwei der Unterhändler getötet. Es handelte sich bei dieser nie restlos aufgeklärten Affäre angeblich um die Tat ungarischer Husaren, die den Auftrag hatten, den Gesandten die Papiere, unter denen man Spionagematerial vermutete, abzunehmen und ihnen einen „Denkzettel" zu verpassen; *Zöllner*, wie Anm. 2, S. 333.

[8] *Siegfried Fiedler*, Kriegswesen und Kriegführung im Zeitalter der Revolutionskriege, in: Heerwesen der Neuzeit, hrsg. von *Georg Ortenburg*, Abt. III, 2. Bd. Koblenz 1988, S. 207 ff; vgl. auch *Edmund von Horstenau*, Der Krieg der zweiten Koalition, in: Erzherzog Karl - Der Feldherr und seine Armee, hrsg. von *Wilhelm John*, Wien 1913, S. 119 ff.

[9] *Adolf von Horsetzky*, Kriegsgeschichtliche Uebersicht der wichtigsten Feldzüge der letzten 100 Jahre, Wien 1898, S. 53 f; vgl. auch *Gschließer*, Das Zeitalter der Koalitions- und Befreiungskriege, wie Anm. 2, S.184.

[10] *Erzherzog Carl*, Geschichte des Feldzuges von 1799 in Deutschland und in der Schweiz, in: Ausgewählte Schriften weiland seiner Kaiserlichen Hoheit des Erzherzogs Carl von Oesterreich, hrsg. im Auftrage seiner Söhne der Herren Erzherzöge Albrecht und Wilhelm, Bd. 3, Wien, Leipzig 1893, S. 94 - 136; vgl. auch *Horsetzky*, Kriegsgeschichtliche Übersicht der wichtigsten Feldzüge seit 1792, wie Anm. 3, S. 112.

Karl, Ludwig-Joseph
Erherzog von Österreich
(5. September 1771 - 30. April 1847)

Nachbearbeitete Abbildung aus: Eduard Duller, Erzherzog Carl von Oesterreich, Pest 1859.

einer von Wien erzwungenen Pause[11] seine Operationen in Richtung Nordostschweiz gegen die französischen Truppen des Generals Masséna erfolgreich fort und erfocht am 4. Juni bei Zürich den Sieg, der die Verbindung über den St. Gotthard zwischen den Armeen der Koalition auf dem nördlichen und südlichen Kriegsschauplatz sicherstellte. Auch in Oberitalien eilten die Truppen der Koalition unter Suworow von Sieg zu Sieg und zwangen die Franzosen zur Räumung der Poebene. Am 15. August vernichteten sie bei Novi die französische Gegenoffensive der beiden unter dem Oberkommandanten Joubert vereinigten Korps Moreau und Macdonald.[12]

Wie in der Geschichte so oft veränderten unsachgemäße Eingriffe der Politik in die Kriegsführung die jetzt überaus günstige strategisch Position der Koalitionsarmeen. Für Wien hatte der italienische Kriegsschauplatz Priorität und man trachtete, die politisch störenden Russen[13] in die Schweiz zu verlegen. Auch England, das mit Hilfe der türkischen Flotte die Seeherrschaft über das Mittelmeer wiedererlangt hatte, verfolgte seine eigenen Ziele. Ein englisch-russisches Landeunternehmen an der holländischen Küste sollte Frankreich in die Zange nehmen. Zur Durchsetzung dieses Planes verlangte England eine Umgruppierung der Koalitionsarmeen in der Weise, daß Suworows Armee gemeinsam mit dem im August angekommenen russischen Hilfskorps alleine in der Schweiz operieren sollte. Erzherzog Karl hingegen bekam den Auftrag, die Schweiz zu räumen, um unter gleichzeitiger Sicherung der Rheinfront die Landung der englisch-russischen Expeditionstruppen in Holland zu unterstützen.[14]

Ab 26. August wurden die Truppen von Erzherzog Karl durch

---

[11] *Horsetzky*, Kriegsgeschichtliche Uebersicht der wichtigsten Feldzüge der letzten 100 Jahre, wie Anm. 9, S. 53 f bes. mit Anm. *); zum Thema Hierarchiestruktur und Befehlsverhältnisse siehe auch *Peter Melichar*, Niederlagen und Reformen. Die Funktion des Krieges in Österreich, in: 996 - 1996. ostarrichi - österreich. Menschen - Mythen - Meilensteine, hrsg. von *Ernst Bruckmüller* und *Peter Urbanitsch*, Horn 1996, S. 485.

[12] *Fiedler*, Kriegswesen und Kriegführung im Zeitalter der Revolutionskriege, wie Anm. 8, S. 210; auch *Horsetzky*, Kriegsgeschichtliche Übersicht der wichtigsten Feldzüge seit 1792, wie Anm. 3, S. 118 f.

[13] Rußland wandte sich gegen die Absicht Österreichs, den vertriebenen König von Sardinien wieder im rückeroberten Piemont einzusetzen; *Horsetzky*, wie Anm. 3, S. 119; vgl. auch *Peter Broucek*, Zum Kriegsbild Österreichs im Zeitalter Kaiser Franz' II. (I.), in: Österreich in Geschichte und Literatur (mit Geographie), hrsg. von Institut für Österreichkunde, 40. Jahrgang/Heft 4-5a, Wien 1996, S. 237.

[14] *Gschließer*, Das Zeitalter der Koalitions- und Befreiungskriege, wie Anm. 2, S. 185; auch *Herbert V. Patera*, Unter Österreichs Fahnen, Graz, Wien, Köln 1960, S.47.

die des russischen Hilfskorps unter General Korsakow abgelöst. FM Suworow erkämpfte sich den Übergang über den St. Gotthard, schlug die Franzosen bei der Teufelsbrücke von Andermatt und beabsichtigte nun, sich mit Korsakow zu vereinen. Korsakow war aber zu dem Zeitpunkt, als Suworow gerade den St. Gotthard erreicht, von den Franzosen unter General Masséna am 25. und 26. September in der zweiten Schlacht von Zürich geschlagen worden und mußte sich an den Oberrhein zurückziehen. Alleine gelassen, setzte Suworow die schwierigen Operationen mit total erschöpften, im Gebirgskrieg unerfahrenen Truppen fort und erreichte bis zum 10. Oktober das Oberrheintal bei Chur.[15] Von dort zog er über Bregenz, wo ihn der Abmarschbefehl des Zaren am 22. Oktober erreichte, heim nach Rußland. Mit diesem Datum schied Rußland aus der Koalition aus und Österreich hatte die Kriegslast alleine zu tragen, da auch das Landungsunternehmen in Holland scheiterte.[16] Trotz der Erfolge Erzherzog Karls, der inzwischen Philippsburg und Mannheim zurückerobert hatte, bestand das Resultat des Feldzuges von 1799 lediglich in der Rückeroberung von Oberitalien mit Ausnahme der Hafenstadt Genua. Diese Stadt blieb weiterhin in französischem Besitz.

Nach seinem Feldzug in Ägypten[17] war Napoleon Bonaparte am 9. Oktober nach eineinhalbjähriger Abwesenheit nach Frankreich zurückgekommen. Genau einen Monat später, am 9. November, bewirkte sein Staatsstreich die Einsetzung einer neuen Konsularregierung, in welcher ihm der Vorsitz und die volle Entscheidungsgewalt zufielen.[18]

Aufgrund der nicht gerade rosigen militärischen Lage unterbreitete der neue Konsul Österreich ein Friedensangebot, welches aber von Wien abgewiesen wurde. Damit war die Entscheidung zum Feld-

---

[15] *Fiedler*, Kriegswesen und Kriegführung im Zeitalter der Revolutionskriege, wie Anm. 8, S. 210 f; siehe auch *Kasimir von Lütgendorf*, Der Gebirgskrieg - Krieg im Hochgebirge und im Karst, Wien 1909, S. 114 f.

[16] *F. Hönig*, Die Landung der Engländer und Russen in Nordholland 1799, in: Jahrbücher für die Deutsche Armee und Marine, Berlin 1882, Bd. 42 ff; vgl. auch *Horsetzky*, wie Anm. 3, S. 124.

[17] *H. de Carrion-Nisas*, Allgemeine Geschichte der Kriegskunst, ihrer Entstehung, Fortschritte und Veränderungen in Europa, von den ältesten bis auf die neuesten Zeiten, hrsg. von *H. F. Rumpf*, 2. Bd., Leipzig 1827, S. 305 ff; vgl. auch *Otto Zierer*, Bild der Jahrhunderte, 18. Bd., Gütersloh 1962, S. 71 ff.

[18] *Gaxotte*, Die Französische Revolution, wie Anm. 1, S. 411 ff; auch *Zierer*, Bild der Jahrhunderte, wie Anm. 17, S. 81 ff.

zug 1800 gefallen. Nach völliger Umbildung und Reorganisation der französischen Armee sowie mit dem Aufstellen einer 50.000 Mann starken neuen Reservearmee um Dijon, bereitete sich Napoleon auf einen Angriffskrieg auf allen Kriegsschauplätzen mit ungeahnter Zielstrebigkeit vor.[19] Seine persönlichen Initiativen bestimmten den Verlauf des entscheidenden Kriegsjahres 1800.

Dieser Krieg zerfällt in zwei örtlich vollständig voneinander getrennte Feldzüge. Obwohl die Konsularverfassung es untersagte, daß ein Regierungsvorsitzender an die Spitze einer Armee treten konnte, wollte Bonaparte trotzdem die Operationen persönlich leiten, wenn auch nicht als nomineller Oberbefehlshaber.[20] Hier kommt der Korse zum ersten Mal in Konflikt mit dem in der Bevölkerung äußerst beliebten General Moreau. Da die Entscheidung auf dem deutschen Kriegsschauplatz lag, ließ er dem Feldherrn der Rheinarmee zu verstehen geben, daß der erste Konsul erwarte, Moreau werde zwar den Namen des Oberbefehlshabers führen, tatsächlich aber „Bonapartes Leutnant“ sein.

Dazu hatte aber Moreau überhaupt keine Lust. Er erklärte bei offener Tafel: „qu'il ne voulait pas d'un petit Louis XIV à son armée et que si le premier consul arrivait, il partirait.“[21] Aufgrund Moreaus Widerstandes änderte Napoleon seine Taktik und entschloß sich, das „indirekte Kommando“ über die Armee in Italien zu übernehmen, wo der Oberbefehlshaber General Masséna verzweifelt versuchte, Genua und Teile der Riviera zu halten.[22] Weiters entschloß sich Napoleon, die neu aufgestellte Reservearmee in der Stärke von 50.000 Mann und 54 Geschützen nicht nach Deutschland, sondern durch

---

[19] *Max Jähns*, Das französische Heer von der großen Revolution bis zur Gegenwart, Leipzig 1873, S.98 f; siehe auch *Fiedler*, Kriegswesen und Kriegführung im Zeitalter der Revolutionskriege, wie Anm. 8, S. 63 f.

[20] *Reinhold Günther*, Geschichte des Feldzuges von 1800, speziell soweit er die Schweiz und die ihr zunächst gelegenen Grenzländer betrifft, Frauenfeld 1893, S.67 f; auch *Fiedler*, wie Anm. 8, S. 212.

[21] *Jähns*, Das französische Heer von der großen Revolution bis zur Gegenwart, wie Anm. 19, S. 98; zum Vergleich zwischen der Strategie Moreaus und Napoleons siehe *Hans Delbrück*, Geschichte der Kriegskunst im Rahmen der politischen Geschichte, 4. Teil, Neuzeit, Berlin 1920, S. 499 ff; vgl. auch eine gemäßigte Darstellung des Verhältnisses der beiden Feldherrn zueinander bei *Andreas Rittig von Flammenstern*, Feldherr Moreau, General-Quartier-Meister des Kaisers Alexanders des I. - Eine Charakteristik seines Lebens und seiner Thaten, o. O. 1813, S. 9 f.

[22] *Horsetzky*, Kriegsgeschichtliche Übersicht der wichtigsten Feldzüge seit 1792, wie Anm. 3, S. 125 f.

Jean-Victor Moreau
(11. August 1763 - 2. September 1813)

Nachbearbeitete Abbildung aus: Portraits des Généraux Francais, faisant suite aux victoires et conquêtes des Francais, hrsg. von C.L.F. Panckoucke, Paris 1818.

die Schweiz über den Großen St. Bernhard-Paß nach Italien zu schikken. Zusätzlich wurde über den St. Gotthard noch ein Hilfskorps von Moreaus Armee nach Italien abgezogen. Der Franzose Berthier führte nun zwar den Titel eines Oberbefehlshabers, war aber tatsächlich nur Chef des Generalstabes, während der erste Konsul kommandierte.

Im Mai erschien Napoleon an der Spitze der Reservearmee überraschend im Rücken der österreichischen Truppen.[23] Mit höchstem operativem Gespür dislozierte Bonaparte seine Divisionen derart, daß er den Österreichern auf jeder Bewegungslinie, auf der ein Abzug versucht wurde, entgegentreten konnte. Er hielt sie aber dennoch so auf Fühlung, daß eine gegenseitige Unterstützung jederzeit möglich war. Die Kaiserlichen versuchten nun den Durchbruch durch die französischen Truppenteile, und so kam es am 14. Juni bei Marengo zur Schlacht. Die Franzosen erkämpften, obwohl sie bereits unterlegen waren, durch das Eingreifen der nach einem Gewaltmarsch verspätet heranrückenden Division Desaix sowie durch einen spontanen Kavallerieangriff des Generals Kellermann, schließlich doch noch einen Sieg.[24]

Von den Verbindungen abgeschnitten, mußten die Österreicher am 15. Juni einen Waffenstillstandsvertrag akzeptieren, der ihnen einen freien Abzug hinter den Mincio-Fluß gestattete. Das gesamte Gebiet westlich des Flusses mußte allerdings den Franzosen überlassen

[23] . . . „Der Alpen-Übergang geschah vom 16. bis 20. Mai und zog sich in weit gespannten Bogen vom Mt. Cenis bis zum St. Gotthard hin. Pro Tag passierten 7 - 8000 Mann der Hauptgruppe den St. Bernhard, mit sechs Tagesrationen Reis und Zwieback bepackt, für weitere sechs Tage auf Maultieren verlastet, die Artillerie zerlegt auf Schlittenlafetten und ausgehöhlten Baumstämmen, von Soldaten und Bauern gezogen." . . . *Fiedler*, Kriegswesen und Kriegführung im Zeitalter der Revolutionskriege, wie Anm. 8, S. 212; siehe auch bestens bearbeitet bei *Günther*, Geschichte des Feldzuges von 1800, speziell soweit er die Schweiz und die ihr zunächst gelegenen Grenzländer betrifft, wie Anm. 20, S. 72 ff.

[24] . . . „Da, im Westen, auf der Straße, eine Staubwolke! Fahnen wehen, Geschütze rasseln: die Division des Generals Desaix! Über Bonapartes Gesicht geht ein Lächeln. „Die Schlacht ist verloren!" sagt er. „Gut, beginnen wir eine zweite!" Dann wendet er sich an die heraneilenden frischen Truppen. „Soldaten, ich brauche euer Leben, ihr müßt es mir opfern!" Und sie greifen an, sie sterben, . . . sie verwandeln die Niederlage Frankreichs in den herrlichsten Sieg." *Zierer*, Bild der Jahrhunderte, 18. Bd., wie Anm. 17, S. 98; siehe auch das Kapitel „Marengo" bei *Günther*, Geschichte des Feldzuges von 1800, wie Anm. 20, S. 67 - 97; hervorragend dargestellt bei *Brent Nosworthy*, Marengo (4 June 1800), in: Battle Tactics of Napoleon and His Enemies, London 1997, S. 8 - 15, bes. S. 10 ff, auch Abb. auf S. 117.

werden.[25] Der Feldherr Napoleon hatte die Schlacht selbst zwar nicht gewonnen; weil der Sieger General Desaix bei seinem Überraschungsangriff gefallen war, wurde der Erfolg natürlich zur Gänze dem Konsul angerechnet. Die operative Anlage des Feldzuges aber war ganz alleine sein eigenes Werk und auch ein Sieg der Kaiserlichen bei Marengo wäre noch lange nicht die Rettung zur Wiedererlangung der Bewegungsfreiheit gewesen.[26]

Nun zum Hauptkriegsschauplatz nach Deutschland. Völlig frustriert und verärgert legte Erzherzog Karl nach zahlreichen Intrigen gegen ihn und wegen der ständigen Eingriffe in seine Befehlsgewalt bei seinem kaiserlichen Bruder Franz II. den Oberbefehl über die österreichische Armee nieder und zog sich „aus Gesundheitsgründen", wie es hieß, nach Prag zurück. Als Nachfolger erhielt der fünfundsechzigjährige FZM Kray, der noch ein Jahr zuvor am italienischen Kriegsschauplatz erfolgreich und gefürchtet war, den Oberbefehl. „Le terrible Kray, le fils chéri de la victoire", wie ihn die Franzosen nannten, war im Jahre 1800 nicht wiederzuerkennen. Aus dem kühnen Feldherrn war ein Zauderer geworden!

Die Kriegshandlungen im Süden Deutschlands begannen am Morgen des 25. April 1800 und mündeten in einer großangelegten französischen Offensive über den Rhein hinweg.[27] Bei Engen und Stockach trafen die Heere am 3. Mai aufeinander. Die Schlacht verlief für die Kaiserlichen unglücklich und mit Anbruch des 4. Mai trat die geschlagene Armee den Rückzug auf Meßkirch[28] an, wo sie am 5. Mai abermals zur Schlacht gestellt wurde. Auch hier endete die Schlacht für die Koalitionsarmee mit einer schweren Niederlage und

---

[25] Siehe „Convention d' Alexandrie" bei *Günther*, Geschichte des Feldzuges von 1800, wie Anm. 20, S. 181 f.

[26] *Bernard Druène*, Der Feldherr Napoleon - Theorie und Praxis seiner Kriegskunst, in: Napoleon I. und das Militärwesen seiner Zeit, hrsg. von *Wolfgang von Groote* und *Klaus-Jürgen Müller*, Freiburg i.Br. 1968, S. 37 - 60, bes. S. 49; siehe auch *Eberhard Kessel*, Die Wandlung der Kriegskunst im Zeitalter der französischen Revolution, in: Historische Zeitschrift, Bd. 148, München, Berlin 1933, S. 248 - 276, bes. S. 258 f.

[27] *Günther*, Geschichte des Feldzuges von 1800, wie Anm. 20, S. 100 ff; vgl. auch *Johann Heilmann*, Der Feldzug von 1800 in Deutschland. Mit besonderer Bezugnahme auf den Anteil der bayerischen Truppen bearbeitet, Berlin 1886, S. 16 ff; auch *A. u.*, Moreau. - Ein Blick auf seine Feldzüge, seinen Karakter und seine Schicksale, Berlin 1814, S. 22 ff.

[28] In sämtlichen historischen Werken wird der Ort in der früheren Schreibweise „Möskirch (Mößkirch)" angeführt. Vgl. *Horsetzky*, Kriegsgeschichtliche Uebersicht der wichtigsten Feldzüge der letzten 100 Jahre, wie Anm. 9, S. 71; siehe dazu auch *Horsetzky*'s Atlas zur Uebersicht der wichtigsten Feldzüge der letzten 100 Jahre in 35 Tafeln, Wien 1898, Tafel IX.

mit über 4000 Mann Verlust innerhalb weniger Stunden.[29]

Nach verlustreichem hinhaltenden Kampf bei Biberach marschierte dann das kaiserliche Heer nach Ulm weiter, um sich ab dem 11. Mai hinter den starken Stadtbefestigungen zu verschanzen und zu regenerieren.[30] Am 22. Juni brach FZM Kray von Ulm wiederum auf und erreichte, aus der Defensive nicht mehr herauskommend, nach mehreren Rückzugsgefechten am 8. Juli über Neuburg an der Donau, Ingolstadt und Landshut den Raum Ampfing bei Mühldorf.[31] Am 15. Juli wurde in Parsdorf ein Waffenstillstand zur Eröffnung von Friedensverhandlungen in Lunéville geschlossen. Der Waffenstillstand sollte auf Verlangen von England für Österreich nur als Vorwand dienen, um das Heer zu sammeln, zu regenerieren und wieder angriffsfähig zu machen. Eine Verlängerung der Waffenruhe erkaufte man unter Aufgabe der Festungen Philippsburg, Ulm und Ingolstadt.[32] Die Franzosen besetzten nicht nur den Großraum München, sondern schoben ihre Aufklärungskräfte bis an den Inn und zu den Alpen vor. Am 13. November kündigte Moreau mit vierzehntägiger Frist den Waffenstillstand endgültig auf und der Feldzug ging mit 28. November in seine letzte Phase.[33]

In der Führung der kaiserlichen Armee hatte es bereits am 29. August eine eklatante Veränderung gegeben. Feldzeugmeister Kray war seines Kommandos „in Gnaden" enthoben und der jugendliche achtzehnjährige Erzherzog Johann mit dem Kommando betraut worden. Die Armee hatte sich nach den erlittenen bitteren Niederlagen nachdrücklich Erzherzog Karl als neuen Kommandanten auserbeten. Dies wurde zunächst auch noch von Wien zugesagt, aber im entscheidenden Moment änderte man dies ab, um den völlig unerfahre-

---

29 *Günther*, Geschichte des Feldzuges von 1800, wie Anm. 20, S. 112 ff; auch *Heilmann*, Der Feldzug von 1800 in Deutschland, wie Anm. 27, S. 16 f.

30 *Karl Mras*, Der Feldzug 1800 in Deutschland. Zweiter Abschnitt. Zeitraum vom 11. Mai bis 27. November; in: Oestereichische militärische Zeitschrift, Bd. 2, Heft 4, hrsg. von *Johann Schels*, Wien 1836, S. 294 ff.

31 *Günther*, Geschichte des Feldzuges von 1800, wie Anm. 20, S. 130 f; *Heilmann*, Der Feldzug von 1800 in Deutschland, wie Anm. 27, S. 30 ff; siehe auch *Patera*, Unter Österreichs Fahnen, wie Anm. 14, S. 47 f.

32 *Erzherzog Carl*, Ausgewählte Schriften weiland seiner Kaiserlichen Hoheit des Erzherzogs Carl von Österreich, wie Anm. 10, S. 431; auch *Fiedler*, Kriegswesen und Kriegführung im Zeitalter der Revolutionskriege, wie Anm. 8, S. 214.

33 *Journal zur K.K. Hauptarmee in Deutschland vom 17. März bis 30. Dezember*, KA, AFA 1800/Dtld/13/6-34, S.1 ff; vgl. auch *Geschichtlicher Anhang. Feldzug 1800 in Deutschland*, KA, AFA 1800/Dtld/13/61, S. 5 f.

nen Erzherzog Johann als Oberbefehlshaber einzusetzen. In der Folge lag die Heeresleitung in den Händen der Adlaten von Erzherzog Johann, des Feldzeugmeisters Lauer als beigegebenen Oberkommandanten und des Obersten Weyrother als Generalstabschef. Ersterer ein geschickter Genieoffizier, der aber bisher noch niemals Gelegenheit gefunden hatte, im Krieg praktische Erfahrungen zu sammeln. Schließlich Oberst Weyrother, der sich bis dato nur als Theoretiker mit pedantisch ausgeführten künstlich kombinierten Feldzugsplänen befaßt hatte. Für die Flügel- bzw. Korpskommandanten waren diese Personalentscheidungen von Wien deprimierend und nur schwer zu akzeptieren.[34]

Der neue Generalstabschef setzte auf ein offensives Vorgehen der Hauptarmee aus dem Raum Schärding, Braunau, Mühldorf und unterer Inn in Richtung Großraum München, um nach Vereinigung mit weiteren Kräften, die aus den Räumen Regensburg und Vilsbiburg angriffen, nordwestlich der bayrischen Hauptstadt bei Dachau nach Süden einzuschwenken. In weiterer Folge sollte so die Rheinarmee eingekesselt, ermattet und in erzwungener ungünstiger Position geschlagen werden.[35]

Der Oberbefehlshaber der Rheinarmee, Moreau, rechnete keineswegs mit einer österreichischen Offensive, zumal die umfangreichen Schanzarbeiten der Kaiserlichen für Feldbefestigungen und Stellungen sowohl in den Brückenköpfen Mühldorf am Inn, Kraiburg und Wasserburg[36] als auch entlang des gesamten Demarkationsflusses Inn abgeschlossen waren, und die Österreicher sich zur Verteidigung eingerichtet hatten.[37] Moreaus operative Absicht war es, nach Eintreffen weiterer Truppen an seinem linken Flügel nordostwärts von Mün-

---

[34] *Peter Broucek, Georg Zivkovic* und *Herbert Klima*, Geschichte der k.u. k. Wehrmacht, VI. Band, Der Allerhöchste Oberbefehl. Die Garden, in: Militaria Austriaca, Wien 1988, S. 20; auch *Eduard Wertheimer*, Erzherzog Carl und die Zweite Coalition bis zum Frieden von Lunéville. 1798 - 1801, in: Archiv für österreichische Geschichte, Bd. 67, Wien 1886, S. 241 f.

[35] *Geschichtlicher Anhang. Feldzug 1800 in Deutschland*, KA, AFA 1800/Dtld/13/61, S. 8 f; auch *Horsetzky*, Kriegsgeschichtliche Übersicht der wichtigsten Feldzüge seit 1792, wie Anm. 3, S. 133 f.

[36] *Geschichtlicher Anhang. Feldzug 1800 in Deutschland*, KA, AFA 1800/Dtld/13/61, S. 3 f; *Heilmann*, wie Anm. 27, S. 39 f, bes. S. 42.

[37] *Karl Mras*, Der Feldzug 1800 in Deutschland. Nach östereichischen Originalquellen. Dritter Abschnitt. Zeitraum vom 28. November 1800 bis 9. Februar 1801, in: Oestereichische militärische Zeitschrift, Bd. 4, Heft 10, hrsg. von *Johann Schels*, Wien 1836, S. 3 ff; *Theodor Nißle*, Als die Franzosen kamen. Aufzeichnungen aus dem Winter 1800/1801, in: Die Heimat, Laufen 1917, S. 6 f.

Johann, Baptist-Joseph-Fabian-Sebastian
Erzherzog von Österreich (20. Jänner 1782 - 10. Mai 1859)

Nachbearbeitete Abbildung aus: Eduard Duller, Erzherzog Carl von Oesterreich, Pest 1859.

chen, am rechten Flügel über den oberen Inn mit Schwergewicht bei Rosenheim auf Salzburg offensiv zu werden, um die kaiserlichen Kräfte in Nordtirol von der Hauptarmee zu trennen und in weiterer Folge gegen Wien vorzustoßen.[38]

Die kaiserliche Armee trat am 26. November befehlsgemäß in drei Kolonnen den Vormarsch gegen München an. Mit einem ernstlichen Widerstand wurde seitens Oberst Weyrother gar nicht gerechnet und am 29. November sollte der Übergang über die Isar nordostwärts von München nach seinen Berechnungen stattfinden. Zur völligen Überschätzung der Leistungsfähigkeit der Truppe, die bereits vor der Offensive vier bis fünf Tagesmärsche in die Verfügungsräume zurücklegen mußte, kamen noch schlechtes Wetter und grundlose Straßen. Am 1. Dezember stießen österreichische Armeeteile auf den linken Flügel der Franzosen bei Haun und warfen ihn nach hartnäckigen Gefechten zurück.[39]

Nun reagierte Moreau rasch und konzentrierte seine Kräfte bei Hohenlinden ca. 30 km ostwärts München zur Abwehrschlacht. Mangels vorgestaffelter Aufklärung glaubte man im kaiserlichen Generalstab an einen Rückzug der Franzosen auf München und gab für den 3. Dezember lediglich Befehle für den Vormarsch in feindfreie Räume.[40]

Die kaiserliche Armee marschierte an diesem Schicksalstag nun in vier Kolonnen bei stürmischem Schneegestöber auf vereistem Gelände und ohne entsprechende Sicherung und Vorausaufklärung, an Gefechtsbereitschaft unterlegen, durch die weitläufigen Wälder des Großhaager Forstes in Richtung München. Beim Heraustreten aus den Wäldern wurden die kaiserlichen Marschkolonnen bereits von den voll entwickelten gefechtsbereiten französischen Divisionen erwartet, mit schwerem Feuer eingedeckt und unverzüglich angefallen. Der Zusammenhang einheitlicher Kampfführung konnte von den Kaiser-

---

[38] *Horsetzky*, Kriegsgeschichtliche Übersicht der wichtigsten Feldzüge seit 1792, wie Anm. 3, S. 134; siehe auch *Geschichtlicher Anhang. Feldzug 1800 in Deutschland*, KA, AFA 1800/Dtld/ 13/61, S. 6 f.

[39] *Mras*, Der Feldzug 1800 in Deutschland. Nach östereichischen Originalquellen, wie Anm. 37, S. 9 ff; siehe auch *Günther*, Geschichte des Feldzuges von 1800, wie Anm. 20, S. 139.

[40] *Heilmann*, Der Feldzug von 1800 in Deutschland. Mit besonderer Bezugnahme auf den Anteil der bayerischen Truppen bearbeitet, wie Anm. 27, S. 48 ff; *Gustav Amon von Treuenfest*, Geschichte des k. u. k. Husaren-Regiments Nr. 4, Wien 1903, S. 317; auch k. u. k. Infanterieregiment Freiherr von Hess Nr. 49. 1715 - 1909, hrsg. im Selbstverlag des Regiments, Brünn, St.Pölten 1909, S. 88.

lichen nur schwer und kurzfristig hergestellt werden. Vernichtend für Erzherzog Johanns Armee war schließlich der überraschende Stoß der französischen rechten Flügeldivision des Generals Richepanse in die Flanke und den Rücken des Reservekorps unter FML Kollowrath, bei dem große Teile der Reserveartillerie und des Fuhrparks der Kaiserlichen verlorengingen.[41]

Ab drei Uhr nachmittags begann der sukzessive Rückzug der Kaiserlichen, der bis zum Einbruch der Dunkelheit von harten Gefechten geprägt war. Bisweilen artete der Rückzug für einige Verbände in wilde Flucht in Richtung Inn aus.[42] Um die 17.000 Tote und Gefangene sowie der Verlust von 80 Geschützen und großen Teilen des Fuhrparks waren zu beklagen.[43]

Am 4. Dezember wurde nach kurzem Sammeln der Rückzug der kaiserlichen Armee auf das rechte Innufer über Mühldorf angetreten. Wie abgekämpft die Truppe war und mit welchen Schwierigkeiten sie zu diesem Zeitpunkt zu kämpfen hatte, mag folgender Bericht von FML Baillet-Latour, Kommandant des II. Korps, vermitteln:

. . . „Ich halte es für meine Pflicht, Eu. k. Hoheit meine traurige Lage zu schildern, damit Allerhöchst dieselben nicht vielleicht auf eine Truppe rechnen, die ich in diesem Augenblicke als ganz unbrauchbar erkläre. Ich bin zwar gestern nachts mit der Tete der Colonne (Dragoner) um 10 Uhr hier angekommen, dies ist aber auch alles, denn zur Stunde ist noch kein Mann meiner Infanterie eingerückt. Die über alle Vorstellung unpracticablen Wege, die gänzliche Entkräftung der

[41] *Günther*, Geschichte des Feldzuges von 1800, wie Anm. 20, S. 142 ff; KA, AFA 1800/ Dtld/ ad 229 a bis d.

[42] *Mras,* Der Feldzug 1800 in Deutschland. Nach östereichischen Originalquellen, wie Anm. 37, S. 32 ff; auch bittere Kritik von FML Fürst Karl Schwarzenberg, der eine Division im Korps Kienmayer kommandierte, an der Führung ist uns überliefert: . . . „Mein Gott! Was für ein Kommando, kein Menschenverstand... Wenn man hatte glauben wollen, daß der Name allein“ (hier spielt Schwarzenberg auf den Titel Erzherzog an) „genügen würde, um den Feind zu schlagen, dann hat dieses Gefecht Erzherzog Karl wohl gerächt . . . Wir sind die einzige Kolonne, die das bezeichnete Ziel erreicht hat, obwohl uns jeder Schritt teuer zu stehen kam . . . Noch eine Niederlage und die Armee steht vor der Auflösung; das Vertrauen der Truppe ist gänzlich dahin . . .“ in: *Karl Fürst Schwarzenberg*, Feldmarschall Fürst Schwarzenberg. Der Sieger von Leipzig, Wien, München 1964, S. 67.

[43] *Heilmann*, Der Feldzug von 1800 in Deutschland. Mit besonderer Bezugnahme auf den Anteil der bayerischen Truppen bearbeitet, wie Anm. 27, S. 66 ff; *Fiedler*, Kriegswesen und Kriegführung im Zeitalter der Revolutionskriege, wie Anm. 8, S. 215; KA, AFA 1800/Dtld/ ad 229 a bis d; vgl. auch *Eduard Duller,* Erzherzog Carl von Oesterreich, Pest 1859, S. 489.

schon viele Tage ohne Lebensmitteln sich befindlichen Mannschaft, die Unmöglichkeit selbst die Truppe abkochen zu lassen, haben diesen Marsch so beschwerlich gemacht, daß die Mannschaft außer Stande weiter zu marschieren bei Lohkirchen $1^1/_2$ Stunden von hier – entkräftet liegen blieb und nicht weiter gebracht werden konnte . . . mein ganzer Marsch ist durch eine lange Queue von Marodeurs bezeichnet, die alle in die Hant des Feindes geraten werden; auch steckt noch die Hälfte meines Geschützes in den schlechten Hohlwegen, denn die ohne Fourage abgematteten Pferde können nicht mehr fort" . . .[44]

Erzherzog Johann beabsichtigte nun, die mit Feldbefestigungen gut ausgebaute Innlinie, die ja wie gesagt bereits vor der Offensive angefertigt wurde, zu verteidigen und gruppierte die verstärkte Brigade Mecséry zur Sicherung der rechten Flanke von Marktl nach Vilshofen an der Donau. Von Neuötting über Mühldorf und Kraiburg bis Gars verteidigte das I. Korps Kienmayer. Im Anschluß daran bis südlich von Wasserburg lag das II. Korps Baillet-Latour. Ihm folgte bis nördlich von Rosenheim das IV. Korps Riesch, dessen linker Nachbar bis nördlich von Kufstein das auf kaiserlicher Seite kämpfende französische Emigrantenkorps Condé war. Bei Kufstein war auch die Anschlußstelle zu den in Tirol stationierten Truppen des FML Hiller.[45]

Am Abend des 5. Dezember stand der linke französische Flügel unter General Grenier (III. Korps) in der Gegend von Dorfen, Buchbach und Taufkirchen, das Zentrum (II. Korps) unter Moreau unmittelbar bei Ampfing westlich Mühldorf am Inn, Aschau bei Kraiburg und vor Wasserburg. Der rechte Flügel unter Lecourbe (I. Korps) nahm um Rosenheim Aufstellung.[46]

Durch Lecourbe angesetzte Aufklärung ergab, daß der Inn bei Neubeuern, südlich von Rosenheim, am leichtesten zu überschreiten wäre. Moreau beurteilte, daß eine von hier aus gestartete Offensive in

---

[44] *Rudolf von Hödl*, Geschichte des k. und k. Infanterieregiments Nr. 29, Temesvar 1906, S. 227 f; siehe auch Geschichte des K. u. K. Infanterie-Regiments Erzherzog Ludwig Salvator Nr. 58, hrsg. im Selbstverlag des Regiments, Wien 1904, S. 78.

[45] *Karl Mras*, Der Feldzug 1800 in Deutschland. Nach östereichischen Originalquellen, in: Oestereichische militärische Zeitschrift, Bd. 4, Heft 11, hrsg. von *Johann Schels*, Wien 1836, S. 197 f; siehe auch *Ludwig Brunswik von Korompa*, Militärischer Führer durch das Donau-Tal von Passau bis zur Marchmündung. Niederösterreich, Oberösterreich und Salzburg, Wien 1906, S. 40 f.

[46] *Günther*, Geschichte des Feldzuges von 1800, wie Anm. 20, S. 146.

Richtung Salzburg den Vorteil bot, die kaiserliche Armee von den Truppen in Tirol abzuschneiden und zum raschen Rückzug nach Oberösterreich zu zwingen.

Im Sinne dieser Beurteilung entschloß sich Moreau, das Korps Lecourbe zu verstärken und die Divisionen des Zentrums (II. Korps) in der Nacht vom 7. auf den 8. Dezember aus seinen Aufmarschräumen in Richtung Bad Aibling und Rosenheim in Marsch zu setzen.[47] Gleichzeitig führte das Korps Grenier zur Täuschung der Österreicher Scheinangriffe zwischen Wasserburg und Mühldorf durch, wobei die kaiserlichen Brückenköpfe jenseits des Inns attackiert und eingeschnürt wurden. Im Laufe des 8. Dezembers war der Aufmarsch der Franzosen zur Schwergewichtsbildung im Großraum Bad Aibling, Rosenheim und Raubling abgeschlossen.[48]

Am 9. Dezember morgens um 6 Uhr begann das französische Landungsunternehmen bei Neubeuern mit massivem Artillerievorbereitungsfeuer. Unter dem Schutz der 28 Geschütze umfassenden Hauptbatterie überschritten zuerst die von den Brigadechefs Nigre und Galbois befehligten Pontoniere der Division Montrichard (I. Korps) den Fluß mit Schiffen. Das völlig überraschte Korps Condé zog sich nach kurzem Gefecht auf Stephanskirchen zurück, sodaß gegen Mittag die ganze Division Montrichard am rechten Innufer einen Brükkenkopf bilden konnte. Dieser rasche Erfolg war nur möglich, weil es den französischen Pontonieren gelang, eine Schwimmbrücke in der Zeit von nur vier Stunden über den Inn zu schlagen.[49]

Unterstützt durch einen Entlastungsangriff des IV. Korps Riesch mit der Division Gyulai, bestehend aus 6 Bataillonen und 12 Eskadronen, konnte das Condéer Korps bei Stephanskirchen abriegeln, ja

---

[47] *Geschichtlicher Anhang. Feldzug 1800 in Deutschland*, KA, AFA 1800/Dtld/13/61, S. 12 f.

[48] *Karl Woyda*, Briefe eines französischen Offiziers geschrieben im Jahre 1800 aus Steiermark, Kärnthen, Italien, der Schweiz, Baiern und Salzburg, Leipzig 1803, S. 412 ff; auch *Mras*, wie Anm. 45, S. 198 f.

[49] *Geschichtlicher Anhang. Feldzug 1800 in Deutschland*, KA, AFA 1800/Dtld/13/61, S. 13; siehe auch *Conrad Hinrichs*, Hrsg., General Moreau´s Leben und Feldzüge mit hierauf beziehenden merkwürdigen Anecdoten, Leipzig 1802, S. 128: . . . Da die Infanterie des Prinzen von Condee nicht viel über 600 Mann betrug, und diese auf einer Streke von mehr als 8 Stunden zu Beobachtung des Flusses aufgestellt stund, so waren alle diese Posten zu einem ernsthaften Widerstand zu schwach, und es kostete demnach den Feind keine Mühe, sich am rechten Ufer festzusezen. . . . ; vgl. auch *F. von Varnbüler*, Ueber den Feldzug der deutschen und französischen Armee in Deutschland, im Sommer und Winter des Jahres 1800, o. O. 1801, S. 207.

gegen Abend schien sogar ein Gegenangriff erfolgreich anzulaufen. Da befahl plötzlich FML Riesch, aus nach heutiger Sicht unerklärlichen Gründen, seinen Truppen den sofortigen Rückzug nach Seebruck.[50] Am 10. Dezember gelang es auch der nördlich bei Rosenheim angreifenden Division Richepanse (II. Korps), ebenfalls einen Brückenkopf zu bilden und bis gegen 16 Uhr eine weitere Schwimmbrücke zu errichten, auf der in der Folge noch zwei Divisionen, Artillerie und die gesamte Kavallerie übersetzen konnten.[51]

Nach Bekanntwerden des Desasters am Inn bei Stephanskirchen herrschte im kaiserlichen Hauptquartier völlige Ratlosigkeit. Selbst die offiziellen Darstellungen lassen nur erahnen, wie hilflos und chaotisch es in der nächsten Umgebung des jungen Erzherzogs Johann zuging. Die Niederlage von Hohenlinden ließ keine weitere Offensive zu und der gelungene Übergang des französischen Zentrums bei Neubeuern vernichtete auch die letzte schwache Hoffnung auf eine erfolgreiche Verteidigung der Innlinie. Ein Vorschlag des jungen unerfahrenen Oberbefehlshabers, am 10. Dezember einen Gegenangriff zu starten, schien nun realistischerweise unausführbar.

Seit dem 29. November waren die Truppen ununterbrochen bei schlechten Wetterbedingungen und auf schlimmen Wegen hin- und hermarschiert. Die nur schleppend und unzureichend stattgefundene Versorgung mit Verpflegung sowie die hohen Verluste bei der verlorenen Schlacht hatten der Truppe arg zugesetzt und sie ziemlich demoralisiert. Mit dieser Truppe war zu diesem Zeitpunkt wirklich kein allgemeiner Gegenangriff mehr zu machen. Weiters war das Heranführen von zusätzlichen Reserven an den Einbruchsraum bei Stephanskirchen in so kurzer Zeit nicht möglich. Dies sah nun auch Erzherzog Johann ein und er entschloß sich, den Rückzug auf Salzburg zu befehlen.[52]

---

[50] *Mras,* Der Feldzug 1800 in Deutschland. Nach östereichischen Originalquellen, wie Anm. 45, S. 200 f; siehe auch *k. k. Kriegs-Archiv,* Kriegs-Chronik Österreich-Ungarns. Militärischer Führer auf den Kriegsschauplätzen der Monarchie, II. Theil, Wien 1886, S. 100.

[51] *A. u.,* Moreau und sein lezter Feldzug – eine historische Skizze von einem Offizier seines Generalstabes, Tübingen 1801, S. 104; auch *K. Jochmus,* General Moreau. Abriß einer Geschichte seines Lebens und seiner Feldzüge, Berlin 1814, S. 154 f.

[52] *Gedeon Maretich von Riv-Alpon,* Die Gefechte in der Umgebung von Salzburg in den Jahren 1800, 1805 und 1809, in: Streffleurs Österreichische militärische Zeitschrift, XXXIII. (69.) Jahrgang, III. Bd., Wien 1892, S. 194; siehe auch *Franz Joseph Adolph Schneidawind,* Das Leben des Erzherzogs Johann von Oesterreich. Mit besonderer Berücksichtigung der Feldzüge dieses Prinzen in den Jahren 1800, 1805, 1809 und 1815, Schaffhausen 1849, S. 41.

Dem IV. Korps Riesch wurde befohlen, über Seebruck verzögernd auf Traunstein zurückzugehen. Ein Détachement aus diesem Korps unter Oberst Auer, bestehend aus den Erzherzog Franz-Kürassieren (Kürassierregiment Nr. 2) und einem Bataillon des 3. Infanterieregiments Erzherzog Carl, hatte den Auftrag, als Nachhut südlich des Chiemsees über Marquartstein Verbindung mit den Truppen in Tirol unter GM Chasteler aufzunehmen.[53] Das II. Korps Baillet-Latour sollte die Stellungen am Inn aufgeben, Waging gewinnen und mit dem IV. Korps den Anschluß nördlich Traunstein herstellen. Das I. Korps Kienmayer bekam die Order, in der Nacht vom 10. auf den 11. Dezember die Brückenköpfe von Mühldorf und Kraiburg zu räumen und am 11. in Burghausen einzutreffen. Das Reservekorps Liechtenstein war für den 10. nach Tittmoning befohlen. Die Kavalleriebrigade Mecséry verweilte bis zum 14. Dezember weiter im Raum Schärding. Das bayerische Hilfskorps und das Condésche Korps wurden Richtung Salzburg in Marsch gesetzt. Die Exilfranzosen wurden über Werfen nach Radstadt verlegt, um dort die Steiermark zu decken.[54] Das Hilfskorps der Bayern hingegen, das bei Hohenlinden focht und regelrecht zertrümmert wurde und die gesamte Artillerie einbüßte, war auf 1400 kampffähige Soldaten zusammengeschmolzen.[55] Es bekam den Auftrag, sich bei Neumarkt am Wallersee zu sammeln, um dann am 14. Dezember in weiterer Folge über Vöcklabruck in Richtung Wels zu marschieren.

Die französische Vorhut nahm noch am 11. Dezember Seebruck und Traunstein. Die Nachhut des IV. Korps Riesch focht noch bis in

---

[53] *Mras*, Der Feldzug 1800 in Deutschland. Nach östereichischen Originalquellen, wie Anm. 45, S. 201; vgl. auch Geschichte des k. und k. Dragoner-Regiments Graf Paar Nr. 2 von seiner Errichtung bis zur Gegenwart. 1672 - 1891, hrsg. im Selbstverlag des Regiments, Olmütz 1895, S. 351 f; dieses Regiment hieß im Jahre 1800: Kürassierregiment Nr. 2, Franz Joseph von Este, manchmal auch Franz Mailand-Kürassiere, siehe bei *Alphons von Wrede*, Geschichte der K. und K. Wehrmacht. Die Regimenter, Corps, Branchen und Anstalten von 1618 bis Ende des XIX. Jahrhunderts, III. Bd., 1. Hälfte, Wien 1901, S. 132 ff.

[54] *Ernst Ludwig Posselt*, Die Schlacht zu Hohenlinden in Baiern, im Jahre 1800 den 3ten Dec. - Auch der Uebergang über die Salza, Einzug in Salzburg vom 13ten und 14ten Dec., o. O. 1801, S. 101 f; vgl. auch *Brunswik*, Militärischer Führer durch das Donau-Tal von Passau bis zur Marchmündung, wie Anm. 45, S. 42; *Mras*, Der Feldzug 1800 in Deutschland. Nach östereichischen Originalquellen, wie Anm. 45, S. 201 f.

[55] Verlustübersicht bei *Heilmann*, Der Feldzug von 1800 in Deutschland. Mit besonderer Bezugnahme auf den Anteil der bayerischen Truppen bearbeitet, wie Anm. 27, S. 67; vgl. auch *Maretich*, Die Gefechte in der Umgebung von Salzburg in den Jahren 1800, 1805 und 1809, wie Anm. 52, S. 195.

die späte Nacht hinein, bis auch sie sich in Richtung Teisendorf absetzen mußte.[56] Dort hatten bereits das Korps Riesch und Baillet-Latour (IV. und II.) neue Verteidigungsstellungen zwischen Teisendorf und Schönram südostwärts des Waginger Sees bezogen. Die letzten Truppen des Reservekorps Liechtenstein erreichten, von den Gewaltmärschen völlig überanstrengt, erst gegen 22 Uhr den befohlenen Verfügungsraum bei Leobendorf südwestlich von Laufen.

Das I. Korps Kienmayer, aufgehalten durch zu spät erhaltene Befehle sowie den Abbau der Schiff-Brücken und schweren Geschütze in Kraiburg und Mühldorf am Inn, traf ebenfalls erst gegen 22 Uhr in Burghausen ein.[57] Hier wurde aus einem intakten und den Resten von 5 Regimentern eine aus 8 Bataillonen bestehende Brigade unter dem Kommando von GM Candiani gebildet, aus dem I. Korps ausgeschieden und zur Verteidigung von Braunau bestimmt.[58] Zur Verteidigung von Burghausen stellte ebenfalls das Korps Kienmayer unter Oberst Wacquant $1^1/_3$ Bataillone und $^1/_2$ Eskadron.[59] Die Gefechtsstärke der Hauptarmee samt den abgetrennten Teilen betrug zu diesem Zeitpunkt um die 75.400 Mann.[60]

Da Moreau sich zunächst noch im unklaren war, ob die österreichische Hauptstreitmacht nach Oberösterreich oder nach Salzburg befohlen wurde, teilte er seine Kräfte. Er schickte das verstärkte I. Korps Lecourbe gegen Salzburg, die Divisionen Decaen und Richepanse (beide II. Korps) nach Laufen, die Division Ney (III. Korps) vor Burghausen, während die restlichen Divisionen des III. Korps Grenier über Waging am See als Reserve aufzuschließen hatten. Schließlich wurde zur Sicherung der rechten Flanke die Division Molitor (I. Korps)

---

[56] *Franz Eugen von Seida und Landesberg,* Historisch-Chronologische Darstellung des wichtigen Feldzugs in Deutschland vom Jahre 1800, Leipzig 1802, S. 404 f; auch *Nißle,* Als die Franzosen kamen. Aufzeichnungen aus dem Winter 1800/1801, wie Anm. 37, S. 16.

[57] *Ludwig Kirchthaler,* Geschichte des k. u. k. Infanterie-Regiments Nr. 2, Wien 1895, S. 279; auch *Gustav Hubka von Czernczitz,* Geschichte des k. und k. Infanterie-Regiments Graf von Lacy Nr. 22 von seiner Errichtung bis zur Gegenwart, Zara 1902, S. 184; vgl. *Lazarus von Mamula,* Geschichte des k. k. 25. Infanterie-Regiments, Prag 1875, S. 412.

[58] *Emil Hailig von Hailingen,* Geschichte des k. und k. Infanterie-Regiments Nr. 30, Lemberg 1895, S. 141; siehe auch *August Netoliczka,* Geschichte des k. k. 9. Linien-InfanterieRegiments Graf Hartmann-Clarstein von der Errichtung 1725 bis zum Schlusse des Jahres 1865, Comorn 1866, S. 145; KA, AFA 1800/Dtld/12/224.

[59] KA, AFA 1800/Dtld/12/240; *Brunswik,* Militärischer Führer durch das Donau-Tal von Passau bis zur Marchmündung, wie Anm. 45, S. 44.

[60] Siehe Anhang Ordre de Bataille der Hauptarmee; vgl. auch KA, AFA 1800/Dtld/12/542.

gegen die Nordtiroler Grenze im Großraum Brannenburg-Kiefersfelden belassen.[61]

Bevor auf die Ereignisse, ab dem 12. Dezember beginnend, eingegangen wird, ist es notwendig, Heerwesen und Kampfweise näher zu beleuchten, nachdem diese sich von den heutigen Heeresorganisationen und Kampfverfahren gänzlich unterscheiden. Auch kann man einzelne Vorgänge der Gefechte und Schlachten nur dann richtig interpretieren, wenn man die Prinzipien, nach denen zu jener Zeit gekämpft wurde, beachtet.

---

[61] *Jean-Joseph-Paul-Augustin Dessolle*, Journal historique des operations de l'armée du Rhin depuis le 7 Frimaire, epoque de la reprise des hostilités, jusqu' au 4 Nivose, Paris 1801, in: Beyträge zur Geschichte des Aufenthaltes der Franzosen im Salzburgischen und in den angränzenden Gegenden, hrsg. von *Judas Thaddäus Zauner*, I. Bd., Salzburg 1801, S. 57 ff; vgl. auch *Anton von Schallhammer*, Kriegerische Ereignisse im Herzogthume Salzburg in den Jahren 1800, 1805 und 1809, Salzburg 1853, unveränderter Nachdruck Hallein 1979, S. 7 f.

Bemerkungen zum österreichischen und französischen Heerwesen zur Zeit der Koalitionskriege

Das österreichisch-kaiserliche Heer schlug in jenen Tagen seine Schlachten nach den Prinzipien der Elementartaktik, des öfteren auch als Lineartaktik bezeichnet. Diese Taktik hatte sich im Verlauf der kriegerischen Ereignisse des 18. Jahrhunderts herausgebildet und perfektioniert.[62]

Die Elementartaktik der österreichischen Linieninfanterie beruhte damals auf den pedantischen Formen des nach dem Siebenjährigen Krieg entstandenen und durch FM Franz Moriz Graf Lacy 1769 erlassenen „Generals-Reglements". Dieses galt als Dienstvorschrift, Feldinstruktion sowie zugleich auch als Generalstabsvorschrift.[63] Die taktische Einheit war damals das geschlossene, in drei Glieder aufgestellte Bataillon. Das Regiment war nur ein administrativer Verband bestehend aus drei bis vier Bataillonen. Das Reglement brachte zwar einen nennenswerten Fortschritt, insofern als sämtliche Waffengattungen, in große Verbände organisiert, gut gedrillt in Erscheinung traten. Der Operationsfähigkeit waren aber sehr enge Ziele gesteckt. Grundsätzlich verlangte das Reglement, daß der Nachschub aus angelegten Magazinen abgedeckt wurde, wobei der Bedarf gewöhnlich für zehn Tage ausgelegt war. Diese Versorgungseinrichtungen waren meist auch das Ziel feindlicher Operationen. Deshalb galten schon Heeresbewegungen, die sich über fünf Tagesmärsche von den Versorgungsbasen entfernten, als überaus gewagt.

Selbst bei den schnellsten Bewegungen konnten die aus 40.000 bis 70.000 Mann bestehenden k.k. Armeen in den ersten beiden Koalitionskriegen kaum mehr als 10 bis 12 km täglich zurücklegen. Das

---

[62] *Herbert Schwarz*, Gefechtsformen der Infanterie in Europa durch 800 Jahre, München 1977, S. 292 ff; vgl. auch *Arndt Preil*, Österreichs Schlachtfelder, 2. Bd., Graz 1991, S. 120 ff.

[63] *Edith Kotasek*, Feldmarschall Graf Lacy. Ein Leben für Österreichs Heer, Horn 1956, S. 96 f, bes. S. 102 f; *Joseph von Gallina*, Beiträge zur Geschichte des österreichischen Heerwesens. Erstes Heft: Der Zeitraum von 1757 - 1814. Mit besonderer Rücksichtnahme auf Organisation, Verpflegung und Taktik, Wien 1872, S. 74 f, S. 78; auch *Fiedler*, wie Anm. 8, S. 124.

damals von der kaiserlichen Armee vielfach praktizierte System der Kordonsaufstellungen, nämlich alles zu beobachten und decken zu wollen, führte zu eklatanten Nachteilen gegenüber der französischen Armee. Man zersplitterte derart die Kräfte, konzentrierte sie bei Gefahr wiederum schwerfällig und zu langsam und setzte sie schließlich nur zaghaft ein. Die Umsicht artete bisweilen in solche Vorsicht aus, daß für alle erdenklichen Nebenzwecke, nur nicht für eine durchschlagende Initiative, rechtzeitig Kräfte zur Verfügung standen.[64]

Dieses „Generals-Reglement", welches den Unterkommandanten nicht die geringste Entscheidungsfreiheit ermöglichte, wurde erst aufgrund der schlechten Erfahrungen in den Kriegen gegen die französische Armee durch Erzherzog Karl im Jahre 1807 geändert. Das neue „Reglement" war dann wichtigster Bestandteil der gerade begonnenen Reformen im österreichischen Heerwesen.[65]

Einer der Gründe, der die Elementartaktik wesentlich beeinflußte, war die fortschreitende Verbesserung der Feuerwaffen. Im Laufe des 18. Jahrhunderts hatten sämtliche europäische Hauptmächte Vorderladersteinschloßgewehr, Papierpatrone, eisernen Ladestock sowie Bajonett eingeführt. Die Reichweite des Infanteriegewehres für einen gezielten Schuß war mit 120 Metern sehr gering, auf 250 Meter Entfernung konnte man kaum mehr einen Treffer erzielen. Durch langwierige drillartige Ausbildung im Bataillonsrahmen konnte aber eine enorme Steigerung der Feuergeschwindigkeit erreicht werden.[66]

Die österreichische Linieninfanterie kämpfte zur Zeit der Koalitionskriege mit einem $1^1/_2$ Meter langen, 4,8 kg schweren, glatten Vorderladerbajonettgewehr, Kaliber 18,3 mm bzw. 17,6 mm mit Feuersteinschloß (Muster 1774, 1784 und 1798). Als Visiereinrichtung besaß die Waffe nur das Korn, und die Kugel hatte bis zu 1,5 mm Spielraum im Lauf. Entsprechend mangelhaft war auch die Führung,

---

[64] *Horsetzky*, Kriegsgeschichtliche Übersicht der wichtigsten Feldzüge seit 1792, wie Anm. 3, S. 31 f; vgl. auch: Entwicklungsgeschichte der stehenden Heere und der Lineartaktik, in: Krieg gegen die Französische Revolution 1792 - 1797, wie Anm. 1, S. 321 ff.

[65] *Joseph von Gallina*, Reglements und Instructionen für die Ausbildung der Truppe und ihrer Führer, Wien 1882, S.34 ff; *Gschließer*, Das Zeitalter der Koalitions- und Befreiungskriege, wie Anm. 2, S. 186 ff.

[66] *Georg Ortenburg*, Waffe und Waffengebrauch im Zeitalter der Revolutionskriege, in: Heerwesen der Neuzeit, Abt. III, 1. Bd., Koblenz 1988, S. 44 ff, S. 99 ff und S. 122 ff; vgl. auch *Reinhold Günther*, Die Entwicklung der Feuertaktik der Infanterie, Berlin 1902, S. 8 ff und S. 106 ff.

Bewaffnung der k.k. Infanterie im Zweiten Koalitionskrieg

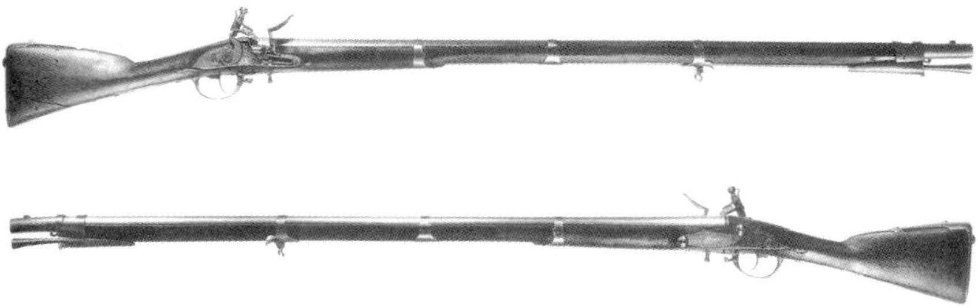

„Commiss-Flinte" M 1767

Glatter Vorderlader mit Batterieschloß
- Gesamtlänge: 1510 mm
- Länge des Laufes: 1125 mm
- Kaliber: 18,3 mm
- Gewicht: 4370 g

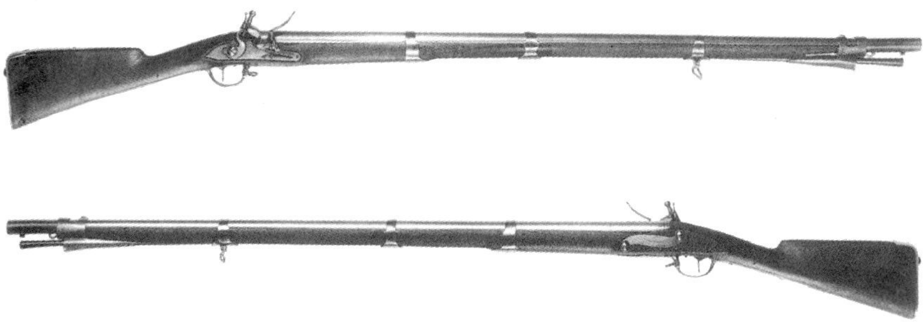

„Commiss-Flinte" M 1774

Glatter Vorderlader mit Batterieschloß
- Gesamtlänge: 1517 mm
- Länge des Laufes: 1100 mm
- Kaliber: 18,3 mm
- Gewicht: 4300 g

Entnommen aus *Erich Gabriel*, Die Hand- und Faustfeuerwaffen der habsburgischen Heere, in: Schriften des Heeresgeschichtlichen Museums in Wien, Band 11, Wien 1990, S. 207 ff.

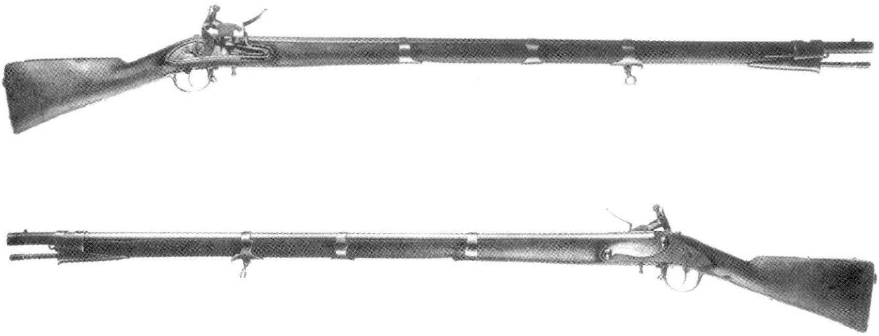

Infanteriegewehr M 1784

Glatter Vorderlader mit Batterieschloß

- **Gesamtlänge: 1502 mm**
- **Länge des Laufes: 1123 mm**
- **Kaliber: 18,3 mm**
- **Gewicht: 4750 g**

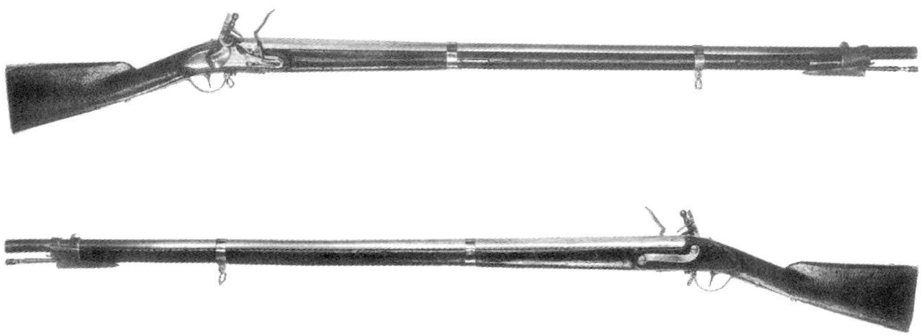

Infanteriegewehr M 1798/99

Glatter Vorderlader mit Batterieschloß

- **Gesamtlänge: 1493 mm**
- **Länge des Laufes: 1117 mm**
- **Kaliber: 17,6 mm**
- **Gewicht: 3710 g**

und somit die Streuung bisweilen enorm.[67] Das Bajonett hatte eine Länge von ca. 32 cm, die Form war dreikantig und hohl geschliffen. Die leichte Infanterie wie auch die Grenzer und die vielen Freikorps waren mit kürzeren Präzisionsgewehren mit gezogenem Lauf und einfacher Visiereinrichtung ausgerüstet. Generell verfügte jeder Soldat über 60 Schuß Munitionsgrundausstattung.[68]

Das Laden der Gewehre war umständlich, erfolgte auf Kommando und wurde in zwölf einzelnen Griffen durchgeführt. Trotz dieses komplizierten Ladevorganges und dank der im Laufe des 18. Jahrhunderts eingeführten Papierpatrone sollen es einzelne Soldaten im Gefecht zu zwei, ja sogar zu drei Schuß pro Minute gebracht haben. Grundsätzlich bestand die Papierpatrone aus drei Teilen: und zwar dem gerundeten Geschoß, der Pulverladung und der Hülle um beides, bestehend aus kräftigem Papier. Diese Papierhülle wurde trapezförmig zugeschnitten, über einen runden Stab, das Rollierholz, gerollt und mit Leim zusammengeklebt. War sie trocken, wurde die Kugel eingelegt und vorn und hinten mit einem kräftigen Faden abgebunden. Nun erfolgte das Einfüllen der entsprechenden Pulverladung und das Verschließen der Patrone mit Hilfe eines Fadens. Gab es noch einen produktionsbedingt überstehenden, leeren Teil der Papierhülse, so wurde dieser nach einem bestimmten Muster gefaltet.

Um sein Gewehr schußbereit zu bekommen, mußte der Schütze mit den Schneidezähnen das der Kugel gegenüberliegende Ende der Patrone abreißen und zunächst ein wenig Pulver auf die Zündpfanne schütten. Anschließend klappte er den Zündmechanismus herunter und schüttete das restliche Pulver von vorne in den Lauf seiner Waffe. Schließlich stopfte er die Kugel samt dem Papier, das noch daran hing, von oben in den Lauf und stampfte das Ganze mit seinem eisernen Ladestock fest. Jetzt war das Gewehr schußbereit und der Schütze konnte im Anschlag auf das Feuerkommando warten. Nicht selten aber traten Störungen beim Zündmechanismus auf, und bei Wind

[67] *Horsetzky*, Kriegsgeschichtliche Übersicht der wichtigsten Feldzüge seit 1792, wie Anm. 3, S. 12; auch *k. und k. Kriegsarchiv*, Hrsg., Krieg gegen die Französische Revolution 1792 - 1797, Bd. 1, wie Anm. 1, S. 232 f.

[68] *Schwarz*, Gefechtsformen der Infanterie in Europa durch 800 Jahre, wie Anm. 62, S. 336 und S. 351; vgl. auch *Ortenburg*, Waffe und Waffengebrauch im Zeitalter der Revolutionskriege, wie Anm. 66, S. 58; vgl. auch *Anton Dolleczek*, Monographie der k. u. k. österr.-ung. blanken und Handfeuer-Waffen. Kriegsmusik, Fahnen und Standarten seit Errichtung des stehenden Heeres bis zur Gegenwart, Wien 1896, unveränderter Nachdruck Graz 1970, S. 69 –79.

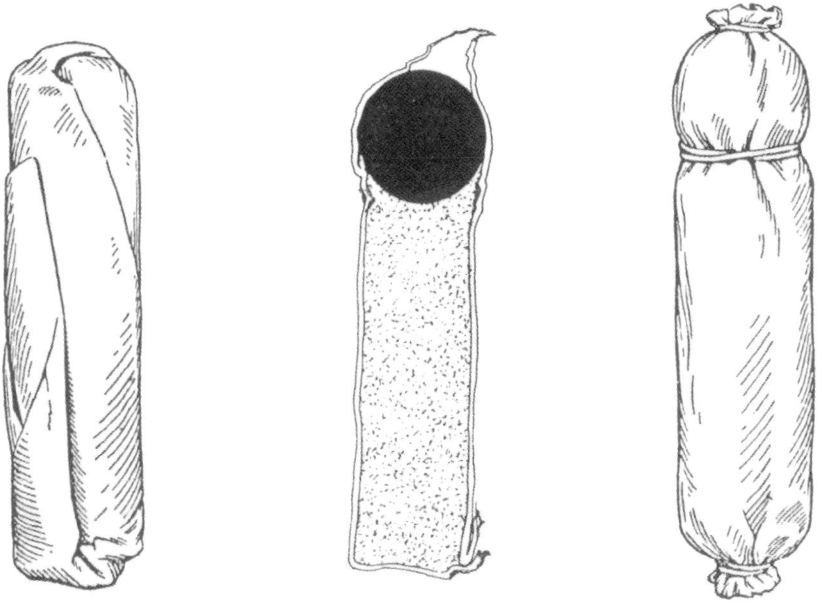

Abbildungen von Papierpatronen, die in dieser oder ähnlicher Ausführung bei den Armeen in Verwendung standen (nach Guido Zobel, SWGM Salzburg).

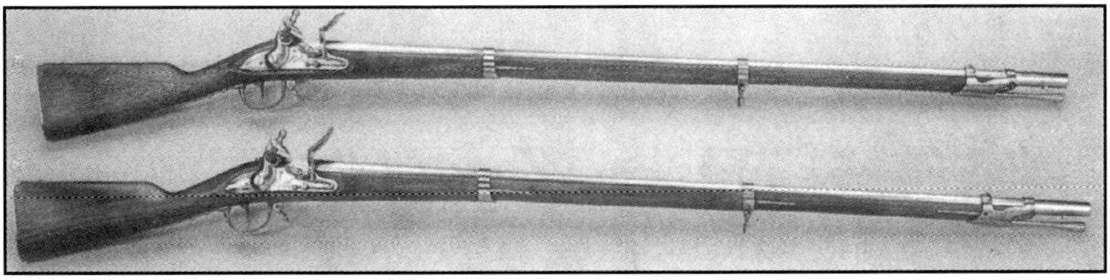

Infanteriegewehr M 1777 (Modell anno IX)

Glatter Vorderlader mit Batterieschloß

- Gesamtlänge: 1497 mm
- Länge des Laufes: 1117 mm
- Kaliber: 17,4 mm
- Gewicht: 4600 g

und Regen war das Abfeuern oft ein Lotteriespiel. Eine zusätzliche Belastung ergab sich auch für die Soldaten dadurch, daß durch die ständige Berührung des Mundes mit dem Schießpulver ein starkes Durstgefühl entstand, eine typische Erscheinung auf den Schlachtfeldern jener Zeit.[69] Unabhängig von den eingedrillten Ladegriffen versuchten damals die Soldaten oft möglichst die Schußgeschwindigkeit in den bedrängten Phasen des Gefechtes zu steigern. Über mehrere Methoden kann in der jeweiligen Spezialliteratur nachgelesen werden.[70]

Die Schützen stießen zum Beispiel die Patrone insgesamt, hinten geöffnet, mit solcher Wucht in den Lauf, daß dadurch eine kleine Pulvermenge durch das Zündloch auf die geschlossen bleibende Zündpfanne gedrückt wurde. Auch konnte man damals beobachten, wie viele Soldaten versuchten, das gleiche Ergebnis zu erzielen, indem sie ihr Gewehr mit dem Kolben fest auf den Boden stießen. Verbreitet war auch das Feuern mit der sogenannten „rollenden Kugel". Diese wurde ohne Papierumhüllung einfach in den Lauf geschoben, wobei allerdings die fehlende Papierabdichtung zwischen Kugel und Laufinnenwand zu unvorhersehbaren Trefferergebnissen führen konnte. Auch versuchten damals die Soldaten Zeit zu gewinnen und steckten den Ladestock einfach neben sich in die Erde, anstatt ihn jedesmal wieder vorschriftsmäßig in seiner Halterung zu versorgen. So kam es nicht selten zu einem Fiasko, wenn die Einheit plötzlich Stellungswechsel durchführen mußte und dann auf die im Boden steckenden Ladestöcke vergessen wurde. Abschließend sei noch erwähnt, daß damals sämtliche Staaten verschiedene Gewehrmodelle nebeneinander im Stand hatten, da die Verwendung von Beutewaffen durchaus üblich war.

Im „Generals-Reglement" wurde für die gesamte k.k. Infanterie festgelegt, daß jede Kompanie in je zwei Halbkompanien und in vier Züge zu gliedern ist. Zwei Kompanien bildeten eine „Division".

---

[69] *Arnoldo Mondadori*, Hrsg., Feuerwaffen, Mailand, Rastatt 1991, S. 44 f; auch in: *k. und k. Kriegsarchiv*, Hrsg., Krieg gegen die Französische Revolution 1792 - 1797, Bd. 1, wie Anm. 1, S. 381 ff.

[70] Ein gutes Werk zur Waffenkunde dieser Zeit mit zahlreichen Literaturangaben ist *Georg Ortenburg*, Waffe und Waffengebrauch im Zeitalter der Revolutionskriege, wie Anm. 66; für Österreich *Rudolf Forenbacher*, Die Entwicklung der Handfeuerwaffen in Österreich, in: Graz als Garnison. Beiträge zur Militärgeschichte der steirischen Landeshauptstadt, hrsg. von *Wilhelm Steinböck*, Graz, Wien 1982, S. 99 – 116.

So kam auch die taktisch übliche Bezeichnung „Halb-Division" an Stelle Kompanie zustande. Ein Füsilier- oder Feldbataillon umfaßte schließlich drei Divisionen (6 Kompanien). Drei Bataillone, nämlich das Leib-, Obristen- und Obristleutnantsbataillon, formierten zusammen mit einer Grenadierdivision (2 Kompanien) das Infanterieregiment.

In Kriegszeiten wurden die Grenadierdivisionen von den Regimentern abgegeben und jeweils unter Kommando eines Oberstleutnants zu Grenadierbataillonen mit drei Divisionen (6 Kompanien) zusammengefaßt. Diese Eliteverbände hielt man meist als Reserve für die entscheidende Phase der Schlacht bereit.

Die Gliederung eines Infanterieregiments im Kampfeinsatz war wie folgt:

Das 1. Feld- oder Leibbataillon, bestehend aus der Leib-, mittleren und 1. Majors-Division; das 2. Feld- oder Obristenbataillon, gebildet aus der 2. Majors-, mittleren und Obristen-Division; das 3. Feld- oder Obristleutnantsbataillon, formiert aus der Obristleutnants-, mittleren und 2. Division. Jedes Bataillon war mit zwei Fahnen ausgestattet.[71]

Die Offiziere mit Kommandofunktion waren im Gefecht an fixe Plätze gebunden, von wo aus sie lediglich die Ausführung der von ihnen gegebenen Befehle zu überwachen hatten. Der Oberst mußte sich mit dem 1. Major und dem Regimentsadjudanten hinter der Fahne des Leibbataillons, der Oberstleutnant und der 2. Major hinter jener des Obristenbataillons aufhalten. Dem Regimentskommandanten war es streng untersagt, ohne Befehl der Generalität mit seinem Regiment auch nur irgendeine Bewegung auszuführen.[72] Beim Vorrükken in der Schlacht traten die Offiziere vier Schritte vor die Front, die beiden Fahnen in die Mitte des Bataillons. Nur in Ausnahmefällen wird in den vorhandenen Quellen von einem selbständigen Agieren

[71] *Gallina*, Beiträge zur Geschichte des österreichischen Heerwesens, wie Anm. 63, S. 74 f; siehe Organisationsübersichten bei *Alphons von Wrede*, Geschichte der K. und K. Wehrmacht. Die Regimenter, Corps, Branchen und Anstalten von 1618 bis Ende des XIX. Jahrhunderts, I.Bd., Wien 1898, S. 34, Beilage II.

[72] *Horsetzky*, Kriegsgeschichtliche Übersicht der wichtigsten Feldzüge seit 1792, wie Anm. 3, S. 22; auch *Gustav Adolph-Auffenberg Komarów*, Das Zeitalter Maria Theresias. Josephinische Reformen auch im Heerwesen – System und Pedanterie, in: Unser Heer - 300 Jahre österreichisches Soldatentum in Krieg und Frieden, hrsg. von *Herbert St. Fürlinger*, Wien, München, Zürich 1963, S. 155 f.

der Truppenkommandanten und einem Einfluß derselben auf Gefechtsabläufe berichtet. Durch das Nichtvertrautsein mit der Absicht des jeweiligen Feldherrn oder anderer maßgeblicher Vorgesetzter wurde zumeist durch Angst vor der Verantwortung jede selbständige taktische Beurteilung oder kühner Unternehmungsgeist verhindert. Allzu oft gingen auch günstige Gelegenheiten für eine erfolgversprechende Gefechtsentwicklung durch ängstliches Anfragen verloren. Die Ansichten über die Verantwortlichkeit verschoben sich oft derart, daß man nicht in der bestmöglichen, sondern in der wortgetreuesten Ausführung die wirkliche und wahrhafte Pflichterfüllung erblickte.

Nicht selten wurden die Dispositionen des Höchstkommandierenden für viele Unterkommandanten zu einem Freibrief für Unfähigkeit und manchmal sogar für üble Absicht ausgelegt. Dies kam besonders in solchen Zeiten oft vor, in denen man bei der Verleihung von Kommandostellen weniger auf militärisches Wissen und taktische Urteilsfähigkeit als auf einen hohen Namen Bedacht nahm.[73]

In den Jahren von 1798 bis 1801 waren alle Infanterieregimenter für einen Kriegsstand mit einer Stärke von 3.550 Mann normiert. Der tatsächliche Stand war aber in der Regel um bis zu 20% geringer.[74] Die Bataillone im Regiment wurden nach dem Aussehen, der Größe und der physischen Leistungsfähigkeit der Soldaten zusammengestellt. Die beiden Grenadierkompanien rekrutierten sich aus den schönsten und stärksten Menschen. Dann folgten das 1. und 2. und endlich aus den schwächsten Leuten das 3. Feldbataillon, das eigentlich das Ersatzbataillon sein sollte. Bei der Verwendung wurde allerdings kein Unterschied gemacht.

Die gesamte Linieninfanterie war zu jener Zeit mit dem historischen weißen Rock, den sie erst nach 1866 verlieren sollte, ausgestattet. Die deutsche Infanterie hatte weiße Kniehosen und schwarze Gamaschen, die ungarische Infanterie und die Grenzer trugen enge Hosen nach ungarischem Schnitt in lichtblauer oder anderer Farbe. Die Grenadiere erkannte man sofort an ihrer Kopfbedeckung, der schweren Bärenmütze, da die andere Infanterie seit 1799/1800 einen ledernen Helm, mit Bügel, gelben Beschlägen und schwarzgelber Raupe

[73] *Wrede*, Geschichte der K. und K. Wehrmacht, I. Bd.. wie Anm. 71, S. 60 ff; auch *Horsetzky*, Kriegsgeschichtliche Übersicht der wichtigsten Feldzüge seit 1792, wie Anm. 3, S. 22.

[74] Im Kriegsfall kam von 1798 bis 1801 noch eine gekaderte Ausbildungseinheit in der Stärke von 130 Mann dazu; *Wrede*, I. Bd., wie Anm. 71, S. 34 Beilage II.

trug.[75] Bekleidung, Ausrüstung, Munition und ein viertägiger Brotvorrat wogen um die 30 kg.

Die Infanterieoffiziere waren am Marsch beritten, im Gefecht mußte alles vom Hauptmann abwärts absitzen. Auf einem zweiten Pferd hatten sie ihr Gepäck sowie Zelt fortzubringen. Nicht nur die Zelte des Stabes und der Mannschaften, auch die schweren Kochkessel und Kasserollen wurden durch Packpferde befördert. Dazu kamen noch Zugpferde für Versorgungsvorspannwägen und Geschütze. Dies bedeutete, daß einem Regiment nicht weniger als 300 Pferde folgten.[76] Der Nutzen durch das Mitführen von Zelten stand in keinem Verhältnis zur dadurch bedingten starken Anhäufung des Trosses und deren nachteiligen Einfluß auf die Beweglichkeit der Regimenter.

Die Franzosen hingegen erhöhten ihre Operationsfähigkeit aus dem Mangel heraus, indem sie auf Zelte verzichteten und den Soldaten mit einem Kochgeschirr ausstatteten.[77] Die französische Armee lebte also prinzipiell aus dem besetzten oder eroberten Land.

Die Gliederung der k. k. Armee war bei Beginn der Revolutionskriege bis zur durchgreifenden Heeresreform durch Erzherzog Karl ab dem Jahre 1806 nach den Festlegungen des „Generals-Reglementes" normiert. Eine Unterteilung der Armee in operative selbständige Körper bestand demnach nicht, obwohl die Benennungen Korps, Division und am meisten Brigade sehr häufig gebraucht wurden. Auch verband man diese Benennungen nie mit den heute feststehenden Begriffen für zur Operation fähigen Verbänden.

Die Armeen kannten damals weder im Frieden noch in Kriegszeiten eine stabile „Ordre de bataille". Unter „Ordre de bataille" verstand man lediglich die jeweilige Anordnung von Truppen neben-

[75] *Herbert Knötel d. J.* und *Herbert Sieg*, Farbiges Handbuch der Uniformkunde. Die Entwicklung der militärischen Tracht der deutschen Staaten, Österreich-Ungarns und der Schweiz bis 1937, I. Bd., Stuttgart 1985, S. 115 ff; auch *Liliane* und *Fred Funcken*, Historische Uniformen. Napoleonische Zeit - 18. Jahrhundert und 19. Jahrhundert. Preußen, Deutschland, Österreich, Frankreich, Großbritannien, Rußland; München 1997, S. 51 ff und S. 347 ff; siehe auch Adjustierung der österreichischen Armee im Jahre 1792, in: Krieg gegen die Französische Revolution 1792 - 1797, Bd. 1, wie Anm. 1, S. 544 ff.

[76] *Gallina*, Beiträge zur Geschichte des österreichischen Heerwesens, wie Anm. 63, S. 85; auch *Horsetzky*, Kriegsgeschichtliche Übersicht der wichtigsten Feldzüge seit 1792, wie Anm. 3, S. 12.

[77] *Gallina*, Reglements und Instructionen für die Ausbildung der Truppe und ihrer Führer, wie Anm. 65, S. 8 f; besonders informativ bei *Henri de Nanteuil*, Logistische Probleme der napoleonischen Kriegführung, in: Napoleon I. und das Militärwesen seiner Zeit, wie Anm. 26, S. 65 - 74.

und hintereinander im Lager, auf dem Marsch und im Gefecht.[78] Der eigentliche Schlachtkörper der Armee stellte sich im Lager und zum Gefecht stets nach einer eigenen Rangordnung in drei Treffen auf. In die Mitte des ersten und zweiten kam das Gros der Infanterie, die Kavallerie an die Flügel. Das dritte Treffen stellte das Corps de reserve, in welches die Elitetruppen, die Grenadierbataillone, ein paar schwere Reiterbrigaden und das Reservegeschütz eingeteilt waren. Manchmal wurden auch leichte Truppen, nachdem sie das Gefecht eingeleitet hatten, zur Reserve zurückgenommen, wenn sie nicht an den Flügeln wiederum die Flanken der Reiterei decken mußten.[79]

In der Regel bildeten zwei Regimenter eine Brigade, die von einem Generalmajor oder Oberst, zwei bis drei Brigaden eine Infanteriedivision, die von einem Feldmarschallleutnant, zwei bis drei Infanteriedivisionen einen Flügel, der von einem Feldzeugmeister und bei der Reiterei von einem General der Kavallerie befehligt wurde.[80] Die Brigaden und Divisionen standen in der Ordre de bataille stets in einem einzigen Treffen; die Bataillone nach ihrer bereits beschriebenen Ordnung im Regiment, und diese nach einer festgesetzten Rangordnung ihrer Kommandanten in der Brigade nebeneinander. Bei der Infanterie war der Platz am rechten Flügel der Ehrenplatz und gebührte dem Rangältesten, der am linken dem jeweiligen Jüngsten. Bei der Kavallerie war der Ehrenplatz am inneren Flügel, wo auch immer die schwere Reiterei stand. Die zu einem Flügel gehörigen zwei, manchmal auch drei Infanteriedivisionen standen aber treffenweise im Abstand von 180 bis 240 Metern hintereinander. Eine, bisweilen auch zwei Infanteriedivisionen waren im ersten, die zweite, bei drei Divisionen die

---

[78] *Ortenburg*, Waffe und Waffengebrauch im Zeitalter der Revolutionskriege, wie Anm. 66, S. 152 ff; *Gallina*, Beiträge zur Geschichte des österreichischen Heerwesens, wie Anm. 63, S. 10 - 14.

[79] Siehe: Zusammensetzung und Führung der Heere, in: Krieg gegen die Französische Revolution 1792 - 1797, Bd. 1, wie Anm. 1, S. 445 ff; ebenda: Die leichten Truppen. Aufklärungs- und Sicherungsdienst, S. 418 ff; zu den „leichten Truppen" zählten die irregulären Aufgebote, insbesondere die Husaren und die Grenzer. Vgl. auch *Schwarz*, Gefechtsformen der Infanterie in Europa durch 800 Jahre, wie Anm. 62, S. 348 ff mit Plänen 108 - 111.

[80] *Gallina*, Beiträge zur Geschichte des österreichischen Heerwesens, wie Anm. 63, S. 10 f; auch *Horsetzky*, Kriegsgeschichtliche Übersicht der wichtigsten Feldzüge seit 1792, wie Anm. 3, S. 21. Zur Zeit des Zweiten Koalitionskrieges hatte die k.k. Armee neben der Grenz-Infanterie, leichten Infanterie, den Frei-Korps und Jägern einen Stand von 63 Infanterieregimentern; dazu *Philip Haythornthwaite* and *Bryan Fosten*, Austrian Army of the Napoleonic Wars 1: Infantry, in: Men-At-Arms-Series 176, hrsg. von *Martin Windrow*, London 1997, S. 22 f.

dritte, meist als weniger kampferprobt beurteilte, im zweiten Treffen aufgestellt. Das zweite Treffen war im allgemeinen nur zur Ablösung des ersten bestimmt und um entstandene Lücken aufzufüllen. Das dritte Treffen, die Reserven, stand ca. 80 bis 150 Meter hinter dem zweiten. Da in der Ordre de bataille nie anders als in entwickelter Linie aufmarschiert wurde, war man folglich immer mit einer verhältnismäßig geringen Tiefe der Schlachtordnung konfrontiert.

Die Kavallerie war so wie die Infanterie in Brigaden, Kavalleriedivisionen und Flügel eingeteilt. Sie befand sich im Lager und in der Schlachtordnung stets an den Flügeln der Infanterie in beiden Treffen. Die Kavallerie hatte daher einen rechten und einen linken Flügel und der betreffende General der Kavallerie befehligte die in beiden Treffen stehende Reiterei.

Eine Vorhut oder „Avantgarde" bestand so wie auch das Corps de reserve jedoch nur aus einem Treffen. Auch hier war die Reiterei auf beide Flügel der Infanterie verteilt, stand aber unter dem Befehl ein und desselben Flügelkommandanten. Meist wurden der Avantgarde direkt oder unmittelbar dahinter technische Truppen, wie Pioniere und Pontoniere, zur Unterstützung beigegeben.[81]

Von den 42 Reiterregimentern im zweiten Koalitionskrieg waren 12 schwere Kürassier- und 30 leichte Regimenter, nämlich 15 Dragoner-, 12 Husaren-, 2 Ulanenregimenter und 1 Jäger-Regiment zu Pferd. Die Kürassiere und Dragoner zählten 6, alle übrigen 8 Eskadronen im Regiment, wozu im Krieg noch ein „Abrichtungs-Depot" kam.[82] Mit 1163 Mann normierte man ein Kürassierregiment für den Kriegsfall. Die leichten Regimenter waren zwischen 1439 und 1764 Mann normiert. Auch hier, wie bei den anderen Waffengattungen, wurde dieser Stand aber kaum jemals erreicht und war meistens um ca. 20% niedriger.[83]

---

[81] Aufstellungen und Gefechtsformen, in: *Ortenburg*, Waffe und Waffengebrauch im Zeitalter der Revolutionskriege, wie Anm. 66, S. 121 ff; ebenda: Das Zusammenwirken der Waffen in der Feldschlacht, S. 151 ff.

[82] Das „Abrichtungs-Depot" hatte bei der schweren Reiterei eine Stärke von 50 Mann und 46 Pferden, bei der leichten Reiterei von 62 Mann und 58 Pferden; *Wrede*, Geschichte der K. und K. Wehrmacht, III/1, wie Anm. 53, S. 24 f; vgl. auch *Andreas von Thürheim*, Die Reiter-Regimenter der k.k. österreichischen Armee, I. Bd., Die Cürassiere und Dragoner, Wien 1862, S.28 f; vgl. auch *Philip Haythornthwaite* and *Bryan Fosten*, Austrian Army of the Napoleonic Wars (2): Cavalry, in: Men-At-Arms-Series 181, hrsg. von *Martin Windrow*, London 1997.

[83] *Wrede*, III/1, wie Anm. 53, S. 47, S. 55 und S. 62 f; siehe auch: Friedens- und Kriegsstände der österreichischen Kavallerie-Regimenter, in: Krieg gegen die Französische Revolution 1792 - 1797, Bd. 1, wie Anm. 1, S. 560 f.

Je zwei Eskadronen wurden zu einer Division zusammengeführt und hatten eine eigene Standarte. Die Kavallerie ergänzte sich aus erfahreneren und bereits als Infanteristen ausgebildeten Leuten. Bis zum Jahre 1805 rangierte sich die Kavallerie innerhalb des Schlachtkörpers in Linie zu drei Gliedern. Die Regimenter aus dem deutschsprachigen Raum der Monarchie führten den 2,8 kg schweren Pallasch, die Husaren den leicht gekrümmten Säbel, die Ulanen eine 4 Meter lange Lanze. Zusätzlich war jeder Mann mit zwei Pistolen und ein großer Teil noch mit dem 4 kg schweren Karabiner, die Kürassiere mit dem 7 kg schweren Vorderküraß, ausgestattet. Die Belastung des Pferdes betrug samt dem Reiter und dem Karabiner um die 130 kg.[84]

Das „Generals-Reglement" sah in der Kavallerie noch die schlachtentscheidende Waffe, von deren erster und zur rechten Zeit durchgeführter Attacke der Sieg in der Schlacht abhing. Die kaiserlichen Armeen waren den französischen in den ersten Revolutionskriegen an Zahl der Reiter meist immer weit überlegen. Doch diese Überlegenheit kam aufgrund der zurückhaltenden Art ihrer Verwendung, besonders bei der Verfolgung, kaum zur Wirkung. Während die Franzosen bereits gegen Ende des 1. Koalitionskrieges (1792 bis 1797) die Kavallerie in größeren Körpern zum Aufkärungsdienst vor die Front schoben, befahl Erzherzog Karl noch 1809, die Reiterei möglichst zu schonen, um sie zur Schlachtentscheidung intakt zur Verfügung zu haben. Lediglich Streifenkommandos und die üblichen Schleichpatrouillen durften für Aufklärungszwecke durch die Kavallerie wahrgenommen werden.[85]

Die Artillerie wurde für jeden Feldzug mittels Ordre de bataille

[84] *Horsetzky*, Kriegsgeschichtliche Übersicht der wichtigsten Feldzüge seit 1792, wie Anm. 3, S. 15. *Gallina*, Beiträge zur Geschichte des österreichischen Heerwesens, wie Anm. 63, S. 17 f; *Egon Sauer von Nordendorf*, Die Ausrüstung und Bewaffnung der Kavallerie im 18. Jahrhundert, in: Österreichische Militärgeschichte. Sonderband 1997. Österreichische Kavallerie von den Anfängen bis zur Gegenwart, Wien 1997. S. 26 ff; vgl. auch *Erich Gabriel*, Die Hand- und Faustfeuerwaffen der habsburgischen Heere, in: Schriften des Heeresgeschichtlichen Museums in Wien, Bd. 11, Wien 1990, S. 44 -51.

[85] *Horsetzky*, Kriegsgeschichtliche Übersicht der wichtigsten Feldzüge seit 1792, wie Anm. 3, S. 16; Die Kavallerie, in: *Ortenburg*, Waffe und Waffengebrauch im Zeitalter der Revolutionskriege, wie Anm. 66, S. 107 - 111.

bekanntgegeben. Ebenso wurde bestimmt, wieviel Truppen insgesamt und wieviel Soldaten von jeder Waffengattung ausmarschieren sollten. Danach erfolgte die Festlegung der Anzahl und Gattung der Geschütze, die Zahl der Artilleriepersonen, des Bedarfes an Wagen, Munition sowie zusätzlichen Ausrüstungen. Mehr als vier Geschütze an einem Ort in der Linie nebeneinander aufzustellen wurde wegen der hierzu nötigen Größe der Öffnungen und der daraus resultierenden Unmöglichkeit, die entstehenden Räume zwischen solchen Batterien durch Kartätschen zu bestreichen, für zu gefährlich gehalten. An den Flügeln fanden meist Haubitzen und Geschütze größeren Kalibers ihre Aufstellung, mit der Aufgabe, die feindliche Kavallerie zu bekämpfen.

Es blieb dem Feldherrn unbenommen, zur eigenen Kavallerie Geschütze einzuteilen, jedoch mußte er für eine zusätzliche Infanteriegeschützbedeckung Sorge tragen. Alle Geschütze, welche nicht in der Linie standen, fanden ihre Aufstellung bei der Artillerie-Reserve. Diese hatte ihren Platz zwischen dem zweiten Treffen und dem Corps de reserve der Armee. In der Verteidigung wurden Reservegeschütze auch in den an entscheidenden Geländeteilen errichteten Redouten eingesetzt.[86] Im Feldzugjahr 1800 war auf dem deutschen Kriegsschauplatz die Geschützeinteilung derart, daß den Bataillonen der Linie je zwei sechspfündige Geschütze zugewiesen wurden. Die Reserve-Artillerie bildete man dahingehend, daß drei Geschütze desselben Kalibers pro Regiment berechnet wurden. Weiters kamen noch zwölfpfündige Geschütze und siebenpfündige Haubitzen, die ausschließlich in der Artillerie-Reserve eingeteilt waren, dazu. In den Jahren 1799 bis 1800 hatte die k.k. Armee 492 Liniengeschütze und 497 Reservegeschütze sowie 80 Kavalleriegeschütze und 48 Haubitzen.[87]

Die Geschützrohre bestanden aus Bronze. Die Kanonen verschossen Vollkugeln, die Haubitzen warfen Granaten mit Brandröhren und beide verwendeten auch Kartätschen. Bei den kleineren Kalibern befanden sich 120 bis 200, bei den großen 100 Schuß auf dem Munitionswagen. Man rechnete mit fünf Schuß pro Minute. Die größtmögliche Schußdistanz, bei der noch volle Wirkung erzielt wurde,

---

[86] Die Geschütze, in: *Ortenburg*, wie Anm. 66, S. 64 - 84; auch *Anton Semek*, Geschichte der K. und K. Wehrmacht. Die Regimenter, Corps, Branchen und Anstalten von 1618 bis Ende des XIX. Jahrhunderts, IV. Bd., I. Theil, Wien 1905, S. 61 ff.

[87] Ebenda *Semek*, IV/I, wie Anm. 86, S. 136 f.

betrug beim Zwölfpfünder 825 Meter, beim Acht- und Sechspfünder 750 Meter, beim Vier- und Dreipfünder 600 Meter. Durch Gellerwirkung konnte die Reichweite beim Schießen mit Vollkugeln noch um bis zu 500 Meter erweitert werden, was jedoch vom jeweiligen Gelände abhing. Haubitzen warfen bis zu 1500 Meter. Kartätschen waren zwischen 200 und 600 Metern am wirkungsvollsten. Die Schußpräzision war nicht gerade überwältigend, man rechnete auf weite Entfernung bis zu 100 Schuß, um z.B. ein gegnerisches Geschütz zu treffen und auszuschalten.[88]

Die Artillerieoffiziere befehligten ihre Abteilungen nur im Gefecht, ansonsten leitete sie der Kommandant der Fuhrwesenbespannung. Die Anzahl der eigentlichen Artilleristen war sehr gering, sodaß beim Liniengeschütz immer die Infanterie selbst, beim Reservegeschütz ein Artillerie-Füsilier-Bataillon und Teile der Grenz-Infanterie-Regimenter als Handlanger eingeteilt wurden. Das System der „Liniengeschütze" wies bisweilen eklatante Schwächen auf. Erstens kamen am Beginn eines Gefechtes nur die Geschütze des ersten Treffens ins Feuer. Zweitens, wenn das Artilleriefeuer am wirksamsten werden sollte, das war zumeist vor Beginn eines Angriffes, mußten die Liniengeschütze oft das Feuer einstellen und die Front räumen, um den Bataillonen für ihr Feuer Platz zu machen. Manchmal war dies ein höchst gefährliches Unterfangen, das oft genug zur Folge hatte, daß der Gegner mit seinen lockeren Schwarmattacken der Trailleurs die Geschütze erreichte, ehe sie abgefahren waren und ehe die Infanterie das notwendige freie Schußfeld zur Abwehr des Angriffes erhalten hatte. Dem Liniengeschütz fehlte eben völlig das offensive Element. Erst durch Erzherzog Karls Reformen entstand das wesentlich leistungsfähigere Batteriesystem mit geänderten Einsatzgrundsätzen, um das Haupttreffen wirkungsvoller zu unterstützen.[89]

---

[88] *Horsetzky*, Kriegsgeschichtliche Übersicht der wichtigsten Feldzüge seit 1792, wie Anm. 3, S. 17 f; vgl. auch: Die Artillerie, in: Krieg gegen die Französische Revolution 1792 - 1797, Bd. 1, wie Anm. 1, S. 430 - 444; ausführlich behandelt bei *Nosworthy*, The Artillery Arm, in: Battle Tactics of Napoleon and His Enemies, wie Anm. 24, S. 358 - 377. Zwischen 400 und 500 Meter lag jene Distanz, wo man mit dem Rollschuß (auch Geller- oder Prellschuß genannt) eine gleichzeitige Wirkung gegen beide Treffen erwarten konnte.

[89] *Gallina*, Beiträge zur Geschichte des österreichischen Heerwesens, wie Anm. 63, S. 204 - 208; auch *V. Streffleur*, Die Armee im Felde. Ein Gesammtbild aller Vorschriften über die Organisation, den inneren Dienstbetrieb, die Verwaltung und die Leitung und Verwendung des Heeres und der Heerestheile im Kriege. IV. Hauptstück. Die Organisation und der Dienstbetrieb bei der Artillerie, Wien 1854, S. 145 ff.

Zur Zeit der Koalitionskriege galt bei den Märschen immer noch die Norm, nach Möglichkeit bereits vor dem Aufbruch aus dem einen Lager die Ordre de bataille festzulegen, welche im nächsten Lager oder im Falle einer Feindberührung einzunehmen war. Die Festlegung über Anzahl der Marschkolonnen, ihre Zusammensetzung, die Art der Führung, sowie der Aufmarsch der einzelnen Kolonnen gegenüber dem Feind erfolgte schriftlich meist am Vortag abends mittels des sogenannten „Marschzettels".[90] Beim Anmarsch auf einen noch weiter entfernten Gegner bildeten die leichten Truppen – Grenzer, Husaren, Freikorps – die Avantgarde vor dem Zentrum oder vor einem Flügel der Armee und überwachten Tag für Tag mit überlegener Sicherheit die bedächtigen Bewegungen. Zusätzlich wurde natürlich der Gegner beobachtet und sein neu ausgemittelter Feldlagerplatz aufgeklärt.

Das Gefecht wurde in der Regel dadurch eingeleitet, daß unter dem Schutze der vorgeschobenen leichten Truppen und der Vorhut die Reserveartillerie auffuhr und unter deren Feuerschirm dann die Kolonnen auf die ihnen zugewiesenen Plätze einrückten. Etwa 700 bis 1000 Meter entfernt vom Feind formierte sich das erste Treffen: Bataillon neben Bataillon, Regiment neben Regiment, Brigade neben Brigade. Zwischen den Brigaden bezogen weitere Reservegeschütze Stellung. Die Treffen wurden genauestens ausgerichtet.

Im weiteren Gefechtsverlauf attackierten zunächst die am Angriffsflügel aufgestellten oder demselben vorausgehenden Kavallerieverbände, während die gesamte Artillerie – Linien- und Reservegeschütze aus dem ersten Treffen – auf die 600 bis 800 Meter vor ihnen stehenden feindlichen Truppen feuerte. Bei Erfolg versuchte die Kavallerie dann das gegnerische Infanterietreffen und die dortigen Geschütze anzugreifen. Die Linien- und ein Teil der Reservegeschütze stellten nun das Feuer ein und räumten die Front, um dem Hauptkampftreffen der Infanterie für den Angriff Platz zu machen.

[90] Marsch und Lager, in: *Ortenburg*, wie Anm. 66, S. 181 - 194; als Beispiel vgl. auch *Gallina*, Beiträge zur Geschichte des österreichischen Heerwesens, wie Anm. 63, S. 38 - 67.

Nun rückte die Infanterie des gesamten ersten Treffens vor. Jedes Infanteriebataillon ging im Rahmen seines Regimentes geschlossen auf etwa 250 Meter Breite, in Linie zu drei Gliedern entwickelt vor. Offiziere und Unteroffiziere waren an den Flügeln oder als Schließende, die mutigsten Soldaten im dritten Glied eingeteilt. Meist entschloß man sich, aus dem dritten Glied drei Halbdivisionen (12 Züge) als Reserven entlang der ganzen Linie mit ca. 30 bis 50 Metern Abstand hinter dem zweiten Glied des Bataillons bereitzuhalten. Jede Halbdivision hatte sich hinter der Mitte ihrer Division wiederum zu formieren. Auf Befehl schickte man aber auch bis zu zwei Halbdivisionen aus dem dritten Glied als Plänklerkette dem Bataillon voraus, um das Gefecht zu eröffnen. Die Plänkler zogen sich bald nach einigen Schwarmattacken auf die Haupttruppe zurück, um ihre Tätigkeit entweder an den Flügeln fortzusetzen oder wieder aufgenommen zu werden und sich einzureihen. Deckungen wurden kaum ausgenutzt und es galt als geniale Neuerung, daß sich das erste Glied, um ein kleineres Ziel zu bieten, beim Feuern niederkniete. Etwa 80 Meter vom Gegner entfernt, wurde durch die Linie das Feuer eröffnet.

Das Feuergefecht bestand in der Regel aus einem ganzen Bataillonssalvenfeuer. Man schoß aber auch gliederweise oder pelotonsweise, d. h. zugsweise. Mit vollkommener Präzision funktionierte diese Feuerart aber nur auf dem Exerzierplatz. Auf dem Gefechtsfeld lastete auf den Soldaten ein starker psychischer Druck als Folge des Kampfgeschehens. Die Verluste und die dadurch bedingte Auflockerung der Gefechtsordnung beeinträchtigten das Kampfgeschehen derart, daß lediglich zwei bis drei kommandierte Salven pro Minute das Maximum darstellten. Da aber die Gewehre nur eine geringe Reichweite und Treffsicherheit hatten und trotz des sorgfältigsten Eindrillens der Ladegriffe die Fehlleistungen sehr zahlreich waren, mußte man schließlich zum Bajonettkampf kommen, um die Entscheidung zu erzwingen. Zu einem langandauernden, mit letzter Konsequenz durchgeführten Nahkampf ist es aber nach den Aussagen der einschlägigen Quellen nur selten gekommen. Oft versetzte ein entschlossen anstürmender Angreifer, wenn er auf Nahkampfweite heran war, den Verteidiger bereits in Unruhe, ja des öfteren sogar in Panik. Dies führte meist sehr schnell zur Aufgabe des Widerstandes. Oder aber eine standhafte feindliche Infanterie bewahrte Ruhe und warf sich ihrerseits mutig mit dem Bajonett dem Angreifer entgegen.

Je nach den eingetretenen Verlusten und der Kampfmoral der Truppe wies der Angreifer den Gegenstoß ab und rückte weiter vor oder es kam tatsächlich zum Nahkampf, zum Schwanken oder vollen Nachgeben eines oder des anderen Regiments des ersten feindlichen Treffens. Bis dahin hatte dessen zweites Treffen nur fallweise Aushilfe geleistet, indem es die Lücken des ersten ausfüllte. Begannen aber ganze Bataillone oder Regimenter aus der Front zu weichen, so traten die vollen Truppenteile des zweiten Treffens an deren Stelle und versuchten die Ablösung unter gleichzeitigem Bemühen um eine Wiederherstellung der Gefechtsform. Die ins zweite Treffen zurückgehenden Teile mußten sich sammeln und neu ordnen, um anschließend wieder vorgeführt zu werden. Das war meist der kritische Moment, in dem der Gewinner des Nahkampfes, unterstützt vom Druck seiner eigenen nachfolgenden Treffen, die Verwirrung ausnutzte, um das gegnerische vermischte erste und zweite Treffen endgültig zurückzuwerfen und dessen Geschütze zu erobern.

Die in die Schlachtfront eingedrungenen Regimenter waren nun aufgrund der Verzahnung von allen Seiten bedrängt. Dabei griffen auch oft noch feindliche und eigene Kavallerie immer wieder ein. Die Nahkämpfe wogten oft stundenlang hin und her, ohne daß es zu einer Entscheidung über Sieg oder Niederlage kam. Den endgültigen Ausgang entschied dann meistens der Einsatz des dritten Treffens, des Corps de reserve.

Erfolgte ein zusätzlicher Impuls durch einen weiteren Angriff größerer Kavallerieverbände in der Flanke und im Rücken des Feindes, so konnte der Verteidiger, wenn er dazu überhaupt noch in der Lage war, bataillonsstarke Karrees bilden und dann gliederweise aus den bedrohten Karreeseiten feuern. Die Einnahme dieser Karreegefechtsform war aber sehr umständlich und zeitraubend durchzuführen. Die attackierende Kavallerie trachtete stets überraschend vor oder noch während der Entwicklung bei der gegnerischen Infanterie zum Erfolg zu kommen. Dies war meist der Zeitpunkt für den Unterlegenen, das Gefecht abzubrechen und möglichst in geordneten Formationen den Rückzug anzutreten. Da die Truppen des Angreifers bereits seit dem Vorabend der Schlacht in höchster Gefechtsbereitschaft waren, marschierten und kämpften, so war es nicht verwunderlich, daß sich Ermüdungserscheinungen einstellten, die eine energische Verfolgung ausschlossen. Dem Feind nachzusetzen, sodaß er keine Zeit mehr fand, eine neue Stellung einzunehmen und durch die Eile des Rückzuges in völlige Auflösung geraten mußte, konnte einem Linearheer nicht zugemutet werden. Das Höchste war erreicht, wenn die eigene Kavallerie das Zurückgehen des Gegners bis zum nächsten Abschnitt dazu ausnutzte, um über die angeschlagene Infanterie Erfolge zu erringen und Gefangene zu machen. Selbst die Reiterei durfte in der Verfolgung nicht zu hitzig sein, wollte sie sich nicht der Gefahr eines Rückschlages aussetzen. Deshalb folgte sie in geschlossenen Formationen in gemäßigter Gangart.[91]

Nach diesem Überblick noch einige Worte über den Leitungsapparat der kaiserlichen Armee. Die oberste militärische und administrative Behörde blieb bis 1801, dann wieder von 1809 an, der Hofkriegsrat. Nur dessen Präsident und Vizepräsident waren immer Militärs. Außer ihnen gab es dann noch 3 bis 6 andere Generäle und 12 bis 15 Hofräte. Die Anweisungen und Verfügungen des Hofkriegsrates ergingen in Friedenszeiten im Wege der General- und Militärkommanden an die Truppen. Groß war damals die Anzahl der Generalität. Für das 300.000-Mann-Heer standen der Monarchie 13 Feldmarschälle, 31 Feldzeugmeister (Generäle der Kavallerie), 79 Feldmarschall-Leutnants und 232 Generalmajore (Generalfeldwachtmeister), zusammen 355 Generäle, zur Verfügung.[92]

Als Gehilfen der verschiedenen Kommandanten fungierten für die Befehlsübermittlung in erster Linie die Adjutanten der Generäle. Ferner waren sie auch für die Verfassung der Anträge und Rapporte, die tägliche Abfertigung u.s.w. zuständig. Erst in zweiter Linie konnten sie dem Aufgabenbereich des Generalquartiermeisters nachkommen. Gerade dieser Aufgabenbereich war aber in Kriegszeiten sehr umfangreich und zeitaufwendig.

Der Generalquartiermeister zeichnete verantwortlich für das Abfassen der Marschbefehle bzw. der sogenannten Marschzettel, die Ausmittlung und Einteilung der Lager, alle Arten von Erkundungen

---

[91] Die Taktik am Ende des 18. Jahrhunderts, in: *Gallina*, Beiträge zur Geschichte des österreichischen Heerwesens, wie Anm. 63, S.123 - 145; vgl. auch *Ortenburg*, Aufstellungen und Gefechtsformen, in: Waffe und Waffengebrauch im Zeitalter der Revolutionskriege, wie Anm. 66, S. 121 - 150; ebenda: Das Zusammenwirken der Waffen in der Feldschlacht, S. 151 - 180.

[92] *Oskar Regele*, Generalstabschefs aus 4 Jahrhunderten. Das Amt des Chefs des Generalstabes in der Donaumonarchie. Seine Träger und Organe von 1529 bis 1918, Wien, München 1966, S. 21 ff; vgl. auch: Uibersicht des Wirkungskreises des Generalstabes im Kriege, in: *Streffleur*, Die Armee im Felde, wie Anm. 89, S. 24 - 83.

und Aufklärungen, für sämtliche Versorgungsmaßnahmen und den Sicherungsdienst. Erst über ausdrücklichen Antrag von FM Daun schuf man 1758 einen eigenen Generalquartiermeisterstab, dessen erster Chef FML Graf Lacy wurde. Die Angehörigen dieses Kops trugen eine eigene Uniform und hatten eine eigene militärische Laufbahn. Aber gleich zu Beginn verwendete man die Offiziere des Generalstabskorps beinahe ausschließlich zur Mappierung und bei der Landesaufnahme für ein einheitliches Kartenwerk der gesamten Monarchie im Maßstab 1: 28.800. So wichtig und überaus nützlich auch diese Arbeit war, so kann sie doch nicht gerade als die richtige Ausbildung und Vorbereitung für die operative Tätigkeit des Generalstabes im Krieg angesehen werden. Dieses Manko wirkte sich von Beginn der Revolutionskriege an für Österreich nachteilig aus.

Nach den Intentionen der Schöpfer des Generalstabsdienstes sollten vor allem wissenschaftlich vorgebildete und erfahrene Truppenoffiziere von besonderer Begabung dazu ausgewählt werden. Es fanden daher in erster Linie Wienerneustädter und Genieakademiker dort ihre Verwendung, aber neben ihnen auch reine Protektionskinder. „Und da es überdies zahlreiche Generäle gab, die durch den Dünkel eines vermeintlich höheren Wissens geblendet“[93] dem zugeteilten Generalstäbler alles überließen, dabei oft auch die Dienstestätigkeiten der Generaladjutanten und Generalquartiermeister nicht richtig auseinandergehalten wurden, so wirkte sich dies bisweilen auf die Befehlsgebung katastrophal aus.

Erst Erzherzog Karl trennte 1805 deutlich den von allen Nebengeschäften befreiten operativen und taktischen Dienst des Generalquartiermeisterstabes von den übrigen umfangreichen Geschäften des Armeeoberkommandos, die unter dem Generaladjutanten im Armee-Generalkommando vereinigt wurden.

Nun zu den Grundsätzen, nach denen die französische Armee gegen die Koalitionsheere der Monarchien kämpfte.

Mit der Revolution hatte sich die alte Armee, die ebenfalls nach der Elementartaktik ausgerichtet war, praktisch aufgelöst. An ihre Stel-

[93] *Horsetzky*, Kriegsgeschichtliche Übersicht der wichtigsten Feldzüge seit 1792, wie Anm. 3, S. 19 f.

le traten neue Heere, oft disziplinlos und unter jungen ungeschulten Kommandanten, die sich ihre Fähigkeiten für Taktik und Operation erst im Wege der leidvollen Praxis aneigneten. Etwa 6.000 von 9.000 Offizieren der alten Armee emigrierten, da ja bis dahin die Offiziersstellen alle vom Adel vereinnahmt waren.

Den gewaltigsten Einbruch in das alte System verursachte aber die in allen Departements bereits im Dezember 1789 verfügte Aufstellung von Nationalgarden. Damit trat neben die Linienarmee eine Armee von zwei bis drei Millionen starken, meist nur mit einfachen Hieb- und Stichwaffen ausgerüsteten Bürgerwehren, deren Kampfwert allerdings nicht allzu hoch war, aber ein großes Reservoir bildete, aus welchem nach und nach die wahren Armeen der Revolution hervorgingen.

Möglich wurden die sich zunächst nur zögernd einstellenden Erfolge der französischen „Revolutionsarmee" durch eine Verbesserung der Ausbildung und Ausrüstung der Massenaufgebote und die damit einhergehende Einführung der „Allgemeinen Wehrpflicht" im August 1793. Freilich, allein damit war der Erfolg noch nicht gesichert, wie die Niederlagen im Feldzug 1793 zeigten, und es dauerte noch einige Jahre, bis die fortschreitende Konsolidierung der öffentlichen Zustände gesichert war und somit auch der militärische Geist von notwendiger Disziplin und Ordnung sich in der Armee wieder durchzusetzen begann.[94]

Mit dem Sturz der Terrorherrschaft des Konvents, im Sommer 1794, setzte allerdings zunächst noch ein Niedergang der militärischen Leistungen der Republik ein. Die durch das nun regierende Direktorium erlassene neue Verfassung vom Jahre 1795 blieb zwar bei der allgemeinen Wehrpflicht, jedoch schlugen die Belastungen der vergangenen Feldzüge voll durch und überforderten so die Republik.

Die Stärke der aktiven Stände, im Jahre 1795 noch beinahe 1.200.000 Mann, wurde für 1796 nur mehr mit 500.000 Mann festgelegt. Diese starke Reduzierung machte eine Reorganisation des Heeres notwendig. Diese wurde in den damals bestehenden 7 Armeen von 1796 bis 1799 armeeweise vollzogen. Die 251 Halbbrigaden der

---

[94] Das französische Heer der I. Republik und des I. Kaiserreiches, in: Streffleur's österreichische Militärische Zeitschrift, hrsg. von *Carl Skala*, 3. Bd., Wien 1886, S. 1 ff; vgl. auch *Jähns*, Das französische Heer von der großen Revolution bis zur Gegenwart, wie Anm. 19, S. 74 ff.

Infanterie wurden in 140 Halbbrigaden zusammengezogen und die Kavallerie von 75 Regimentern in 68 reduziert. Die Armeen wurden kleiner, aber was schließlich neuorganisiert übrigblieb, war die kaderstarke, kampferprobte Auslese der vergangenen großen Aushebungen des gesamten Volkes.

Von dem Prinzip der allgemeinen Wehrpflicht glitt die Republik unter der von zahlreichen Krisen geschüttelten Direktorialregierung 1798 wieder zum Konskriptionsgesetz herab, das zwar noch immer alle Tauglichen vom 20. bis zum 25. Lebensjahr als Militärpflichtige bezeichnete, jedoch schon wieder die Stellvertretung und viele Ausnahmen zuließ. Auch nach der Machtergreifung Napoleons am 9. November 1799 wurde am Konskriptionssystem, das immerhin etwa 80.000 Mann Rekruten jährlich brachte, bis Dezember 1806 festgehalten.[95]

Das französische Infanterieexerzierreglement, 1791 knapp vor dem Ausbruch der Kriege ausgegeben, hatte gegenüber dem österreichischen den Vorzug, um mehr als 20 Jahre jünger zu sein, und nahm bereits auf Änderungen in den taktischen Anschauungen Rücksicht. Es war auch das erste Reglement, das ein sogenanntes „Zielfeuer" vorschrieb und Schulscheiben von 180 cm Höhe, 50 cm Breite mit drei Zielstreifen einführte. Dies bedeutete im Laufe der Kriege gegenüber den Linienarmeen der Koalition, die ja ausschließlich „Massenfeuer" und „Salvenfeuer", ohne genauer zu visieren, ausbildeten, einen gewissen Grad an Überlegenheit im Gefecht.[96]

In den ersten Jahren nach der Revolution mangelte es jedoch nicht nur an Zeit, sondern auch an Gelegenheit, die jungen Rekruten so auszubilden, wie es die Prinzipien der Elementartaktik, die ja noch immer wesentliche Bestandteile des Infanteriereglements von 1791 waren, verlangt hätten.

Der eklatante Mangel an Lagerzelten, an Kleidung und Verpflegung schuf im Laufe der Zeit aber eine hingebungsvolle, bedürfnislose, alles mitführende Armee, die in den Feldzügen ihr Schicksal ganz in die Hände ihrer Feldherrn legte. Motiviert durch die immer wie-

---

[95] Vgl. *Ortenburg*, Vom Söldner zum Volk in Waffen, in: Waffe und Waffengebrauch im Zeitalter der Revolutionskriege, wie Anm. 66, S. 89 - 98; auch *Jähns*, wie Anm. 19, S. 86 ff.

[96] *Gallina*, Reglements und Instructionen für die Ausbildung der Truppe und ihrer Führer, wie Anm. 65, S. 71 ff; *Horsetzky*, Kriegsgeschichtliche Übersicht der wichtigsten Feldzüge seit 1792, wie Anm. 3, S. 45.

derkehrenden Reden von Freiheit und Gleichheit, entwickelte sich ein leidenschaftlicher französischer Nationalismus, der sich in Anhänglichkeit für die Fahnen, Begeisterung für die Feldherrn und Aufopferung für das Vaterland manifestierte.[97]

In den ersten Feldzügen erscheint diese neu gebildete, in ihrem inneren und äußeren Gefüge zunächst noch geschwächte Armee als eine in beständiger Bewegung befindliche, schwer greifbare Masse. Ganze Regimenter und Brigaden ziehen in aufgelöster Ordnung voran, gefolgt von Kolonnen, welche sich hintendrein als Schwärme ausnahmen. Von der reitenden Artillerie unterstützt, setzte das Heer durch die Leichtigkeit und Raschheit seiner Märsche den Gegner in Verlegenheit und Bestürzung, vereitelte alle Beurteilungen der Methode und verhinderte so die Ausführung der besten Operationspläne. Gegen eine solche, auf Mobilität und aggressive Entschiedenheit ausgerichtete Kriegsführung vermochte die allzu vorsichtig agierende Koalition, im alten Elementarsystem zu sehr verhaftet, nicht aufzukommen.

Die angewandte Taktik der Franzosen, von der sie am häufigsten Gebrauch machten und der sie zu einem großen Teil ihre Erfolge zu verdanken hatten, beruhte auf dem Grundsatz des Umgehens und Durchbrechens der feindlichen Stellungen. Dabei formierten sie jene Kolonnen, welche durch die Gewalt des Massenstoßes bald das ersetzten, was ihnen an Übung und Manövrierfähigkeit fehlte. Jene Angriffsform, die darauf abzielte, die Mehrzahl der zur Verfügung stehenden Soldaten ins Gefecht zu bringen und in Kolonnen und Massen kämpfen zu lassen, erwies sich in den meisten Fällen als erfolgversprechend. Man umging den Gegner, unter gleichzeitiger Beschäftigung und Bindung der feindlichen Front, um dann mit überlegener Anzahl von Truppen die gegnerischen Flügel umfassend konzentrisch anzugreifen. In der Folge versuchte man durch Ansatz weiterer starker Kräfte gegen den schwächsten Punkt der feindlichen Stellungen vereinigt vorzugehen, diesen vehement zu attackieren und zu nehmen. Eine lineare Front konnte dem Stoß einer starken tiefen Kolonne selten widerstehen und erzwang so beim Verteidiger meist den

[97] *Delbrück*, Geschichte der Kriegskunst im Rahmen der politischen Geschichte, wie Anm. 21, S. 460 ff; siehe auch *Skala*, Hrsg., Point d´honneur, in: Das französische Heer der I. Republik und des I. Kaiserreiches, wie Anm. 94, S. 14 f.

vorzeitigen Einsatz vom zweiten Treffen oder von Teilen der Reserve.

Eine entsprechende Organisation der einzelnen Heereskörper trug weiter dazu bei, die „Kolonnentaktik“ noch zweckdienlicher zu entwickeln und so ihre großen Erfolge über die starren Formen der „Elementartaktik“ schlußendlich zu sichern.[98]

Bereits die Schlachtordnung der französischen Armeekörper unterschied sich wesentlich von jener der Koalition. Während bei der Koalition die einzelnen Brigaden und Divisionen, wie schon früher beschrieben, ihren fixen Platz in der Ordre de Bataille hatten, gruppierten sich die französischen Heereskörper im Gefecht nach der jeweiligen Zweckmäßigkeit. Eine gut funktionierende Aufklärung war für den Kräfteansatz der Angriffskolonnen Voraussetzung und wurde auch immer besonders initiativ betrieben.

Mangelhaft dagegen blieb der Sicherungsdienst in der französischen Armee. Die hierin entwickelte Sorglosigkeit fand aber ihr Gegengewicht in dem unbehilflichen Melde- und Aufklärungsdienst bei den Koalitionsarmeen.[99]

Die französische Infanterie focht ihre vielen Kriege mit einem 1777 eingeführten und erst 1845 abgeschafften Vorderladersteinschloßgewehr, das ähnlich wie das österreichische Gewehr seine beste Wirkung auf 90 bis 120 Meter besaß. Das 1800/1801 herausgekommene „Modell anno IX“ wies keinerlei technische Fortschritte auf, sondern hatte lediglich ein paar äußere Veränderungen. Das französische Gewehr war 4,6 kg schwer, hatte einen glatten Lauf, ein Kaliber von 17,4 mm, war 1 $^1/_2$ Meter lang mit einem $^1/_2$ Meter langen Bajonett. Diese Waffe hatte dieselben waffentechnischen Mängel, besonders u.a. in puncto Zündung bei Regen und Wind, wie bereits beim österreichischen Gewehr beschrieben. Die Treffergebnisse des Infanteriemassenfeuers betrugen bei einer Geschwindigkeit von zwei Schuß in der Minute pro Soldat 80 Prozent auf 75 Meter Entfernung, auf 150 Meter nur noch 65 Prozent. Sie verringerten sich obendrein durch Sichtbehinderung infolge Witterungseinflüsse, Pulverdampf

[98] *Siegfried Fiedler*, Grundriß der Militär- und Kriegsgeschichte, 2. Bd., Das Zeitalter der Französischen Revolution und Napoleons, München 1976, S. 118 ff; auch *Delbrück*, Geschichte der Kriegskunst im Rahmen der politischen Geschichte, wie Anm. 21, S. 463 ff.

[99] *Günther*, Geschichte des Feldzuges von 1800, wie Anm. 20. S. 5; siehe auch *Ortenburg*, Die Feldschlacht in den Kriegen mit der französischen Republik, in: Waffe und Waffengebrauch im Zeitalter der Revolutionskriege, wie Anm. 66, S. 157 - 163.

und Geländebeschaffenheit, außerdem durch die Feindeinwirkung und die schwankende Gefechtsdisziplin der Truppe.[100]

Im Hochgefühl ihrer Errungenschaften eliminierte die Republik für die Infanterie den Namen „Regiment" als zu sehr an die Monarchie erinnernd und bildete aus einem Linien- und zwei Freiwilligenbataillonen zusammenfassend bis zu 209 Linien- und 42 leichte „Halbbrigaden" mit einer Stärke von je 1.700 Mann. Diese halbbrigadenweise Gliederung wurde 1796 reformiert und auf 110 Linien - bzw. 30 leichte Infanteriehalbbrigaden mit einer Stärke von 2.500 Mann pro Halbbrigade festgelegt.[101]

In der Schlachtordnung führten die Kompanien den Namen „Pelotons". Sie bestanden aus zwei „Sectionen" und diese wiederum aus zwei Zügen, bezeichnet als „Escouades", bei den Grenadieren, und aus drei Zügen bei den Füsilieren. Beim Manövrieren waren die Bataillone in Halb-Bataillone, letztere in Divisionen à zwei Pelotons eingeteilt. Acht Pelotons (Kompanien) und eine Grenadierkompanie formierten ein Bataillon und drei Bataillone bildeten, wie bereits erwähnt, eine Linien- bzw. leichte Halbbrigade. Zwei Halbbrigaden wurden zu einer Brigade und zwei Brigaden zu einer (Infanterie-)Linien-Division zusammengefaßt. Brigaden und Linien-Divisionen wurden jeweils nach ihren Kommandanten benannt. Weiters erhielt eine Linien-Division noch zwei Kavallerieregimenter sowie eine Kompanie fahrende Artillerie mit einer Batterie von sechs Geschützen und eine Kompanie reitende Artillerie mit einer Batterie von ebenfalls sechs Geschützen zugeteilt. Diese Normierung wurde im großen und ganzen auch im Verlauf von Feldzügen aufrecht erhalten, wenngleich es des öfteren aufgrund von Verlusten auch zu Umgruppierungen, Abänderungen und Zusammenfassungen kam. Dies besonders dann, wenn der Feldzug von längerer Dauer war und die Ausfälle stark zunahmen.[102]

---

[100] *Philip J. Haythornthwaite*, The Napoleonic Source Book, London 1996, S. 71 ff; *Mondadori*, Hrsg., Feuerwaffen, wie Anm. 69, S. 51; auch *Skala*, Hrsg., Das französische Heer der I. Republik und des I. Kaiserreiches, wie Anm. 94, S. 43 f.; siehe auch Abb. S. 31.

[101] *H. de Carrion-Nisas*, Allgemeine Geschichte der Kriegskunst, ihrer Entstehung, Fortschritte und Veränderungen in Europa, wie Anm. 17, S. 291 ff; auch *Skala*, wie Anm. 94, S. 46; besonders gut illustriert bei *Philip Haythornthwaite* and *Bryan Fosten*, Napoleon's Light Infantry, in: Men-At-Arms-Series 146, hrsg. von *Martin Windrow*, London 1997; derselbe: Napoleon's Line Infantry, in: Men-At-Arms-Series 141, hrsg. von *Martin Windrow*, London 1997.

[102] *Schwarz*, Zur Entwicklung der französischen Infanterie, in: Gefechtsformen der Infanterie in Europa durch 800 Jahre, wie Anm. 62, S. 384 ff; vgl. auch *Ortenburg*, Zusammengesetzte Truppenabteilungen, in: Waffe und Waffengebrauch im Zeitalter der Revolutionskriege, wie Anm. 66, S. 152 - 157.

Die beliebteste Kampfart war, wie bereits erwähnt, der Angriff. Die beiden Brigaden einer Linien-Division entwickelten sich hierbei nebeneinander, jede zumindest in zwei Treffen. Es fanden weder Intervalle noch Abstände der Bataillone besondere Beachtung. Während des Vorgehens deployierte[103] das erste Treffen zur Linie, schickte seine Tirailleurs vor oder löste sich ganz in Plänklerschützenschwärme auf. Die folgende Halbbrigade ging dichtauf in Bataillonskolonnen entwickelt ins Gefecht. Diese Art des Angriffs war wesentlich schneller als in der Linie, und unter dem Schutz der Tirailleursschwärme konnten auch die dicht geschlossenen Kolonnen meist bis mitten in die feindlichen Linien herangeführt werden. Wurde der Gegner durch die Wirkung der Tirailleurs stark verunsichert oder sah er sich in der Flanke bedroht, zog er sich meist rasch zurück. Hielt er in der Stellung aus, so war es möglich, unter Vorziehen und Entwicklung der Reserven, als quasi drittes Treffen, das erste Treffen im Schutz des zweiten Treffens ablösen zu lassen, um es nach dem Sammeln hinter dem zweiten Treffen neu zu organisieren.

Ging der Feind jedoch seinerseits zum Angriff über, so traf er auf das zweite Treffen, welches den Stoß mit seinen in Kolonnen entwikkelten Bataillonen auffing. Durch die Zwischenräume der Kolonnen zog sich dann das erste Treffen zurück, um sich unter dem Schutz der Reserven neu für das Gefecht hinter dem zweiten aufzustellen. Für das Feuergefecht in Linie konnte es sich leicht deployieren, für einen Bajonettangriff verblieb es in Kolonnen gegliedert.

Den einzelnen Treffen wurden somit ganz bestimmte Aufträge zugewiesen. Das erste Treffen hatte das Gefecht zu eröffnen, den Gegner zu binden, zu zermürben und die Stoßkolonnen des folgenden Treffens an die erfolgversprechendste Einbruchsstelle heranzuführen. Das zweite sollte das erste unterstützen, aufnehmen und in Notsituationen ablösen. Daraus ergab sich für das abgelöste Treffen natürlich, die Funktion des zweiten zu übernehmen. Das dritte Treffen war eine disponierbare Reserve und wurde mit hoher Beweglichkeit im Schwer-

---

[103] Deployieren hieß der Aufmarsch aus Kolonnen in die Linie, wenn er nicht durch Einschwenken geschah. Als Quelle über Kampfverfahren der französischen Armee siehe *Ernst Ludwig Posselt*, Europäische Annalen, Jahrgang 1800, III. Bd., Tübingen 1800, S. 173 - 196.

gewicht des Gefechtes oder zum Erzwingen einer Entscheidung eingesetzt.[104]

Die französische Kavallerie der Revolutionszeit exerzierte und manövrierte nach einem Reglement vom Jahre 1788, das erst 1804 geringfügig abgeändert wurde. Keine Waffengattung war infolge der Revolution durch die Emigration des Adels und der altgedienten Offiziere so in Mitleidenschaft gezogen worden wie die Kavallerie. In der Elementartaktik und im Unternehmungsgeist stand sie während der Revolutionskriege weit hinter der österreichischen zurück. Ihre Bewegungen waren oft schwerfällig, ja sie galoppierte selbst bei der Attacke nur ausnahmsweise. Erst unter Napoleon begann sich ihre Kampfkraft zu heben und bereits 1797 überraschte sie trotz der mangelhaften Remontierung durch einen verbesserten Ausbildungsstand sowie einen wiedererstarkten Einsatzwillen und die Kühnheit ihres Auftretens. Die Kavallerieregimenter bestanden jetzt aus drei oder vier Eskadronen mit einer Stärke von 140 bis zu 225 Mann pro Eskadron.[105]

Im Gefecht formierte sich die Kavallerie, um breitere Fronten zu erhalten, in zwei Gliedern. Ihr Auftrag war in erster Linie, das Gefecht vorzubereiten, d.h. feindliche Vorposten aufzuklären und zurückzudrängen, um den Feind zu zwingen, seine Kräfte voll zu entwickeln. Hernach stellte sie sich hinter dem zweiten Treffen in der Mitte oder hinter dem Flügelbataillon auf, bei dem kein Nachbar sich anlehnte. Die Hauptaufgabe der Reiterei war es nun, die Infanterie zu schützen und überall dort einzugreifen, wo Not am Mann war. Wurde der Feind in die Flucht geschlagen, so führte die Kavallerie das Verfolgungsgefecht mit dem Ziel, dem Gegner möglichst hohe Verluste zuzufügen. Meist hatte ein französischer Großverband, bestehend aus drei bis fünf Linien-Divisionen, auch noch eine Kavallerie-Reservedivision zur Verfügung. In der Regel hatte diese zur Umfassung der gegnerischen Flanken bereitzustehen oder wurde schwerpunktmäßig zum Abriegeln gegen einen eingebrochenen Feind ein-

[104] *Peter Broucek*, Zum Kriegsbild Österreichs im Zeitalter Kaiser Franz' II. (I.), wie Anm. 13, S. 228 ff; vgl. auch: Manövriren, in: Das französische Heer der I. Republik und des I. Kaiserreiches, Streffleur's österreichische Militärische Zeitschrift, hrsg. von *Georg van Walmisberg*, 4. Bd., Wien 1886, S. 29 - 49.

[105] *Skala*, Hrsg., Das französische Heer der I. Republik und des I. Kaiserreiches, wie Anm. 94, S. 29; auch *Horsetzky*, Kriegsgeschichtliche Übersicht der wichtigsten Feldzüge seit 1792, wie Anm. 3, S. 46 f.

gesetzt.[106]

Die französische Feldartillerie wurde seit Gribeauvals Reformen in den Achtzigerjahren des 18. Jahrhunderts bereits von der Belagerungs-, Festungs- und Küstenartillerie vollkommen getrennt und eigenständig organisiert. Sie war mit 4-, 6-, 8- und 12pfündigen Kanonen und 6pfündigen Haubitzen ausgestattet. Nach Einführung einer leichteren Blocklafette gelangten auch 16pfündige Geschütze auf das Gefechtsfeld. Ursprünglich wies man auch hier den Infanteriebataillonen direkt Geschütze zu, aber im Zuge der Reformen gab es seit 1796 nur mehr Batterien, die den Divisionen zugeteilt wurden. Sie waren in kleine, bewegliche fahrende und reitende Batterien zusammengefaßt, die überraschend vor der Front, in den Zwischenräumen der Kolonnen oder auf den Flügeln postiert zum Einsatz gelangten und ihr Feuer auf die schwachen Stellen des Feindes massierten, um so den Infanterieangriff wirksam zu unterstützen. Man achtete besonders darauf, daß alle Geschütze so in Stellung gebracht wurden, um möglichst lange, ohne die eigenen Angriffskräfte zu behindern, das Feuer aufrecht halten zu können.

In der Verteidigung kompensierte das zusammengefaßte Artilleriefeuer das Massenfeuer der eigenen Infanterie. Auch die zusätzlichen in den Armeeparks zurückgehaltenen schweren 8- und 12-Pfünder-Reservebatterien wurden immer öfter den Divisionen nach vorne gegeben, wodurch sie meist früher als bisher konzentriert ins Gefecht treten konnten.[107]

Unterstützt wurden die Divisionen, wie bei allen anderen Armeen auch, durch Genietruppen, wie Pioniere, Pontoniere, Mineure und Sappeure sowie durch Versorgungstruppen.

---

[106] *Walmisberg*, Hrsg., Das französische Heer der I. Republik und des I. Kaiserreiches, wie Anm. 104, S. 11 ff und 46 ff; auch *Ortenburg*, Waffe und Waffengebrauch im Zeitalter der Revolutionskriege, wie Anm. 66, S. 162 f; vgl. *Nosworthy*, French Cavalry Tactics, in: Battle Tactics of Napoleon and His Enemies, wie Anm. 24, S. 334 ff.

[107] *Fiedler*, Grundriß der Militär- und Kriegsgeschichte, 2. Bd., Das Zeitalter der Französischen Revolution und Napoleons, wie Anm. 98, S. 85 ff; auch *Carrion-Nisas*, Strategie und Taktik der Heere der Republik. Einzelheiten über den Gebrauch des Geschützes, in: Allgemeine Geschichte der Kriegskunst, ihrer Entstehung, Fortschritte und Veränderungen in Europa, wie Anm. 17, S. 298 - 302; vgl. auch *Terence Wise* and *Richard Hook*, Artillery Equipments of the Napoleonic Wars, in: Men-At-Arms-Series 96, hrsg. von *Martin Windrow*, London 1997, bes. S. 33 ff; vgl. ebenso *J. Campana*, L'artillerie de campagne. 1792 –1901. Étude technique et tactique, Paris, Nancy 1901, S. 27 ff.

Der 12. Dezember 1800
Aufmarsch an der Saalach-Salzach-Linie

Ohne Erfolg versuchte der damalige Salzburger Erzbischof Colloredo noch am 8. Dezember 1800, von Obergeneral Moreau gegen eine hohe Summe von 60.000 Dukaten, eine Uhr und vier Pferde[110], eine Art Neutralitätszusage zu erreichen. Salzburgs eigene Verteidigungsfähigkeit war wegen des weiteren Verbleibens seines gestellten Reichskontingents im fränkischen Raum und der Ablieferung seiner sämtlichen Geschütze und Infanteriewaffen im September 1800 an das kaiserliche Reichskommando nicht gegeben.[111] Dies führte schließlich am 10. Dezember nach Einsetzung einer Statthalterschaft zur Flucht des Erzbischofs über die Steiermark und Wien nach Brünn. Colloredo sah Salzburg nie mehr wieder.

Noch am 11. Dezember gegen 21 Uhr abends traf Erzherzog Johann in Salzburg ein und nahm im Lodronischen Sekundogenitur-Palast Quartier. Der Generalstab des Hauptquartiers mit seinen Stabstruppen verlegte noch in der Nacht zum 12. Dezember von Teisendorf dorthin und war ab dem Morgen wieder uneingeschränkt führungsfähig.[112] Im Verlaufe des Tages erreichten das Korps Baillet-Latour (II.) und Riesch (IV.) Salzburg und bezogen ihre Verfügungsräume von der Einmündung der Saalach in die Salzach entlang der Saalach bis zum Walserberg. Ihre Lager errichteten sie auf den Feldern ostwärts Rott, südlich Liefering (II. Korps) und ostwärts Glanhofen entlang des damaligen Eichetwaldrandes (IV. Korps).

Zur Aufnahme der Nachhut, der Brigade Görger von der Divisi-

---

110 *Hammermayer,* Die letzte Epoche des Erzstifts Salzburg. Politik und Kirchenpolitik unter Erzbischof Graf Hieronymus Colloredo (1772-1803), wie Anm. 5, S. 509; auch *Heinz Dopsch* und *Robert Hoffmann,* Hrsg., Salzburg-Chronik, Salzburg 1984, S. 208 f; vgl. *Judas Thaddäus Zauner,* Beyträge zur Geschichte des Aufenthaltes der Franzosen im Salzburgischen und in den angränzenden Gegenden, Bd. I, Salzburg 1801, S. 47 f.

111 *Nikolaus Schaffer,* Zur Geschichte der Salzburger Geschütze im Jahr 1800, in: MGSL 125, Salzburg 1985, S. 523 -563; auch *Franz Martin,* Die Salzburger Chronik des Felix Adauktus Haslberger, in: MGSL 74, Salzburg 1934, S. 163; vgl. ebenfalls *Nißle,* Als die Franzosen kamen. Aufzeichnungen aus dem Winter 1800/1801, wie Anm. 37, S. 14 f.

112 *Journal zur K.K. Hauptarmee in Deutschland vom 17. März bis 30. Dezember,* KA, AFA 1800/Dtld/13/6-52, S. 3; auch *Zauner,* Beyträge zur Geschichte des Aufenthaltes der Franzosen im Salzburgischen und in den angränzenden Gegenden, Bd. III, Salzburg 1802, S. 132.

on Merveldt, die sich seit 6 Uhr morgens von Teisendorf verzögernd zurückkämpfte, wurde durch das IV. Korps jenseits der Saalach bei Hausmoning - Feldkirchen ein Détachement unter GM Stahel befohlen. Es setzte sich aus einem Bataillon Manfredini-Infanterie (12. Ungarisches Infanterieregiment) und dem Kinsky-Dragonerregiment (Dragonerregiment Nr. 12) zusammen.[113] Zur Unterstützung der Aufnahme der Nachhut sowie zur Sicherung der Brücke bei Rott wurde bei Salzburghofen ein weiteres Détachement, gebildet aus dem II. Korps unter GM Roschovsky, stationiert.[114] Gleichzeitig begann man mit den Grabungsarbeiten für Feldbefestigungen der Artillerie bei Liefering, Taxham, Pointing und im Bereich der Tiroler-Straße von Glanhofen bis Himmelreich.

In Maxglan wurden Verbandplätze eingerichtet und in Sankt Rochus wurde ein Feldspital etabliert. Die Munitionskolonnen und der Troß der Hauptarmee befanden sich rechts der Salzach vor den Stadtbefestigungen im Bereich der heutigen Stadtteile Froschheim, Itzling und Schallmoos.[115]

Da die Jochbrücke in der Stadt Salzburg die einzige Verbindung über die Salzach war, wurde bereits seit dem 11. Dezember mit dem Bau von zwei Schwimmbrücken im Bereich der jetzigen Eisenbahnbrücke in Mülln begonnen. Unter Major Roth errichteten die Pioniere eine Brücke, bestehend aus 10 Salzburger Plätten, und etwa 200 Meter salzachaufwärts eine Kriegsbrücke mittels 14 Pontons. Beide Übergänge waren am 12. Dezember fertiggestellt und wurden auch sofort

[113] *Mras*, Der Feldzug 1800 in Deutschland. Nach östereichischen Originalquellen. Dritter Abschnitt. Zeitraum vom 28. November 1800 bis 9. Februar 1801, wie Anm. 45, S. 203 f; auch *Journal zur K.K. Hauptarmee in Deutschland vom 17. März bis 30. Dezember*, KA, AFA 1800/ Dtld/13/6-52, S. 3.

[114] 1 Bataillon 29. Ungarisches Infanterieregiment (Wallis-Infanterie), Dragonerregiment Nr. 2 (Erzherzog Ferdinand-Dragoner) sowie 2 Eskadronen Kürassierregiment Nr. 9 (Nassau-Kürassiere); *Journal zur K.K. Hauptarmee in Deutschland vom 17. März bis 30. Dezember*, KA, AFA 1800/Dtld/13/6-52, S. 2; vgl. dazu auch die Regimentsgeschichte vom Kürassierregiment Nr. 9, dem späteren Dragonerregiment Nr. 5, in: Geschichte des k.u.k. Dragoner-Regiments Nikolaus I. Kaiser von Russland Nr. 5, hrsg. im Selbstverlag des Regiments, Görz 1912, S. 81; auch *Hödl*, Geschichte des k. und k. Infanterieregiments Nr. 29, wie Anm. 44, S. 228.

[115] *Maretich*, Die Gefechte in der Umgebung von Salzburg in den Jahren 1800, 1805 und 1809, wie Anm. 52, S. 199; auch *Brunswik*, Militärischer Führer durch das Donau-Tal von Passau bis zur Marchmündung. Niederösterreich, Oberösterreich und Salzburg, wie Anm. 45, S. 52.

stark frequentiert.[116]

Das Détachement unter Oberst Auer (IV. Korps FML Riesch) hatte nun entgegen seinem ursprünglichen Auftrag vom 10. Dezember, sich hinhaltend zurückzukämpfen und mit den Truppen in Tirol die Verbindung herzustellen, den Befehl bekommen, nun doch über Marquartstein zum Schutz der linken Flanke der Hauptarmee nach Reichenhall zu marschieren. Am 12. Dezember morgens erreichten die ersten Teile dieses Détachements Reichenhall und begannen das Feldlager abzustecken und zu errichten. Im Verlauf des Tages kamen die restlichen Truppenteile an, wobei das Infanteriebataillon (vom 3. Infanterieregiment, Erzherzog Carl) sich in einem ziemlich erschöpften Zustand befand. Trotzdem wurde unverzüglich damit begonnen, die Brücken über die Saalach zu zerstören und Gefechtsvorposten bis über den Walserberg vorzuschieben, um die linke Flanke des Korps Riesch zu überwachen. Erst in der Nacht vom 13. auf den 14. Dezember sollte dieses Détachement wegen der geänderten Lage wieder aufbrechen, um den Anschluß an die Hauptarmee zu finden.[117]

FML Liechtenstein erreichte mit dem Reservekorps gegen Mittag Laufen, passierte die Brücke über die Salzach und marschierte unverzüglich nach Salzburg weiter. Zur aufgetragenen Verbindung mit Laufen sowie zur Überwachung der Salzachstrecke Salzburg-Anthering dislozierte er bei Bergheim Oberstleutnant Mohr mit einer Kompanie Benjovszky-Infanterie (Infanterieregiment Nr. 31), zwei Eskadronen Ferdinand- und zwei Eskadronen Vécsey-Husaren (Husarenregiment Nr. 3 und 4). Am Abend bezog das Korps Liechtenstein sein Feldlager in Lehen vorwärts der ehemaligen Lieferinger Au.[118]

---

[116] *Wilhelm Brinner,* Geschichte des k.k. Pionnier-Regimentes in Verbindung mit einer Geschichte des Kriegs-Brückenwesens in Oesterreich, I. Theil, I. Bd., Wien 1878, S. 606; auch *Mras,* Der Feldzug 1800 in Deutschland. Nach östereichischen Originalquellen, wie Anm. 45, S. 205. vgl. auch *Philip Haythornthwaite* and *Bryan Fosten,* Austrian Specialist Troops of the Napoleonic Wars, in: Men-At-Arms-Series 223, hrsg. von *Lee Johnson,* London 1996, S. 21 ff.

[117] *Journal zur K.K. Hauptarmee in Deutschland vom 17. März bis 30. Dezember,* KA, AFA 1800/Dtld/13/6-52, S. 4 und 6-53, S. 1; *Zauner,* Beyträge zur Geschichte des Aufenthaltes der Franzosen im Salzburgischen und in den angränzenden Gegenden, Bd. I, wie Anm. 110, S. 261 f; vgl. auch die Geschichte des k. und k. Dragoner-Regiments Graf Paar Nr. 2 von seiner Errichtung bis zur Gegenwart. 1672 - 1891, wie Anm. 53, S. 351 f.

[118] *Journal zur K.K. Hauptarmee in Deutschland vom 17. März bis 30. Dezember,* KA, AFA 1800/Dtld/13/6-52, S.3; *Maretich,* Die Gefechte in der Umgebung von Salzburg, wie Anm. 52, S. 195; vgl. auch den Bericht über die Grenadiere im Reservekorps Liechtenstein in: Gedenkblätter zum Zweihundertjährigen Jubiläum und zur Fahnenweihe des k.k. 42. Infanterie- Regiments „Georg V. König von Hannover“, hrsg. im Selbstverlag des Regiments, Wien 1874, S. 101.

Das I. Korps Kienmayer, welches, wie bereits früher erwähnt, starke Kräfte nach Braunau und Burghausen detachieren mußte[119], traf, gefolgt von der Avantgarde GM Löpper (Korps Liechtenstein), ebenfalls gegen Mittag bei Laufen ein. Zahllose Troßkolonnen der Hauptarmee nützten die Brücke den ganzen Tag hindurch. Nach Überschreiten der Salzach auf das rechte Ufer begann man die einzige Brücke in Laufen abzutragen und nach achtstündiger Rast wurde eiligst nach Salzburg weitermarschiert. Die Nachhut verließ erst am Morgen des 13. Dezembers gegen 9 Uhr früh Oberndorf.

Zur Sicherung ließ FML Kienmayer am rechten Salzachufer vom Totenberg bis Oberndorf gegenüber Laufen das Infanterieregiment Nr. 21 Gemmingen mit 6 Geschützen und zwei Eskadronen vom Dragonerregiment Nr. 6 Coburg zurück. Mit Oberst Ambschel, Kommandant des Coburg-Dragonerregiments, wurde ein erfahrener Offizier mit der Führung dieses Détachements betraut, das einen schwierigen Verteidigungsauftrag zu erfüllen hatte, nämlich den nachrückenden französischen Divisionen das Forcieren der Salzach im Raum Laufen zu verwehren.[120]

Bei Anthering wurde ein Verbindungsdétachement von zwei Eskadronen des Croatisch-slavonischen Grenzhusarenregiments (Husarenregiment Nr. 12) samt zwei Geschützen aus Löppers Brigade stationiert, während das Korps Kienmayer bei Bergheim zwei Bataillone Stain-Infanterie (Infanterieregiment Nr. 50), 4 Geschütze und 3 Eskadronen Coburg-Dragoner (Dragonerregiment Nr. 6) zurückließ, welche die Einheiten des Reservekorps ablösten. Diese rückten unverzüglich zum Reservekorps Liechtenstein ins Feldlager bei Lehen ein. Lediglich ihr Kommandant Oberstleutnant Baron Mohr blieb

[119] Siehe KA, AFA/1800/Dtld/12/224; auch KA, AFA/1800/Dtld/12/240; weiters: Geschichte des K. u. K. Infanterie-Regiments Erzherzog Ludwig Salvator Nr. 58, wie Anm. 44, S. 78. Auch war das 7. Infanterieregiment Schröder zur Gänze in Braunau verblieben; siehe *Andreas Graf Thürheim,* Gedenkblätter aus der Kriegsgeschichte der k. k. Oesterreichischen Armee, Bd. I, Teschen, Wien 1880, S. 30.

[120] KA, AFA/1800/Dtld/12/222 $^{1}/_{4}$; auch *Schallhammer,* Kriegerische Ereignisse im Herzogthume Salzburg in den Jahren 1800, 1805 und 1809, wie Anm. 61, S. 5.

in Bergheim zurück und übernahm die Führung des hier neu stationierten Détachements.

Zurück zum 12. Dezember: Bereits um 6 Uhr früh verließ das Gros der Nachhutbrigade des GM Görger Teisendorf, lediglich das Dragonerregiment Nr. 7 Waldeck und einige Kompanien vom 3. Bataillon des 60. Ungarischen Infanterieregiments erwarteten den Feind.[121] Nach kurzem Feuerwechsel mit dem Spitzenbataillon der 94. Linien-Halbbrigade (Division Gudin) zogen sich auch diese Kräfte unter Zurücklassung zweier Kanonen gegen 8 Uhr in Richtung Salzburg zurück. Während die Österreicher „schärfste Manneszucht" gegenüber der Bevölkerung hielten, zeigten sich dagegen die durch Teisendorf ziehenden französischen Kolonnen von ihrer übelsten Seite:

. . . „Jetzt zeigte sich erst des Krieges Elend; denn die Undisciplin und das Plündern erregten die fürchterlichsten Auftritte. Die Hausthüren wurden mit Gewalt gesprengt, in den Zimmern alle Kästen erbrochen; von den Anwesenden das Geld mit gespanntem Gewehre abgefordert, und andere unzählige Mißhandlungen, zumal an dem weiblichen Geschlechte verübt. Ein vorzüglich betrübtes Schiksal hatten die Gasthäuser; denn die Soldaten wütheten in den Kellern wie Rasende; sie schleppten ganze Weinfässer zu 12 und mehr Eimer auf die Gasse, soffen widernatürlich, und was ihre Kehle nicht mehr verschlingen konnte wurde entweder mit fortgeführt, oder muthwillig zu Grunde gerichtet; und so flossen mehrere Eimer des besten Ungarischen Weins, den sie zum Unglück im Kühnlischen Weinhause fanden, im Keller, und auch auf der Gasse aus. Der größte Theil der hiesigen Bürger und Einwohner flüchtetete sich.". . .[122]

Die beiden Divisionen Gudin und Montrichard (I. Korps Lecourbe) blieben der österreichischen Nachhutbrigade Görger dicht auf den Fersen und marschierten ab Adelstetten, nördlich Ainring, getrennt. Die Division Gudin rückte am frühen Nachmittag, mit der 94. Linien-Halbbrigade an der Spitze, gefolgt von der 36. und 38. Linien-

[121] *Thürheim,* Die Reiter-Regimenter der k.k. österreichischen Armee, wie Anm. 82, S. 247 f; *Coloman Rupprecht von Virtsolog,* Geschichte des k.k. 60. Linien-Infanterie-Regimentes gegenwärtig Gustav Prinz von Wasa, Wien 1871, S. 29.

[122] *Zauner,* Beyträge zur Geschichte des Aufenthaltes der Franzosen im Salzburgischen und in den angränzenden Gegenden, Bd. II, Salzburg 1802, S. 66 f, bes. S. 70.

Gefechte am 12. Dezember 1800
13 - 17 Uhr

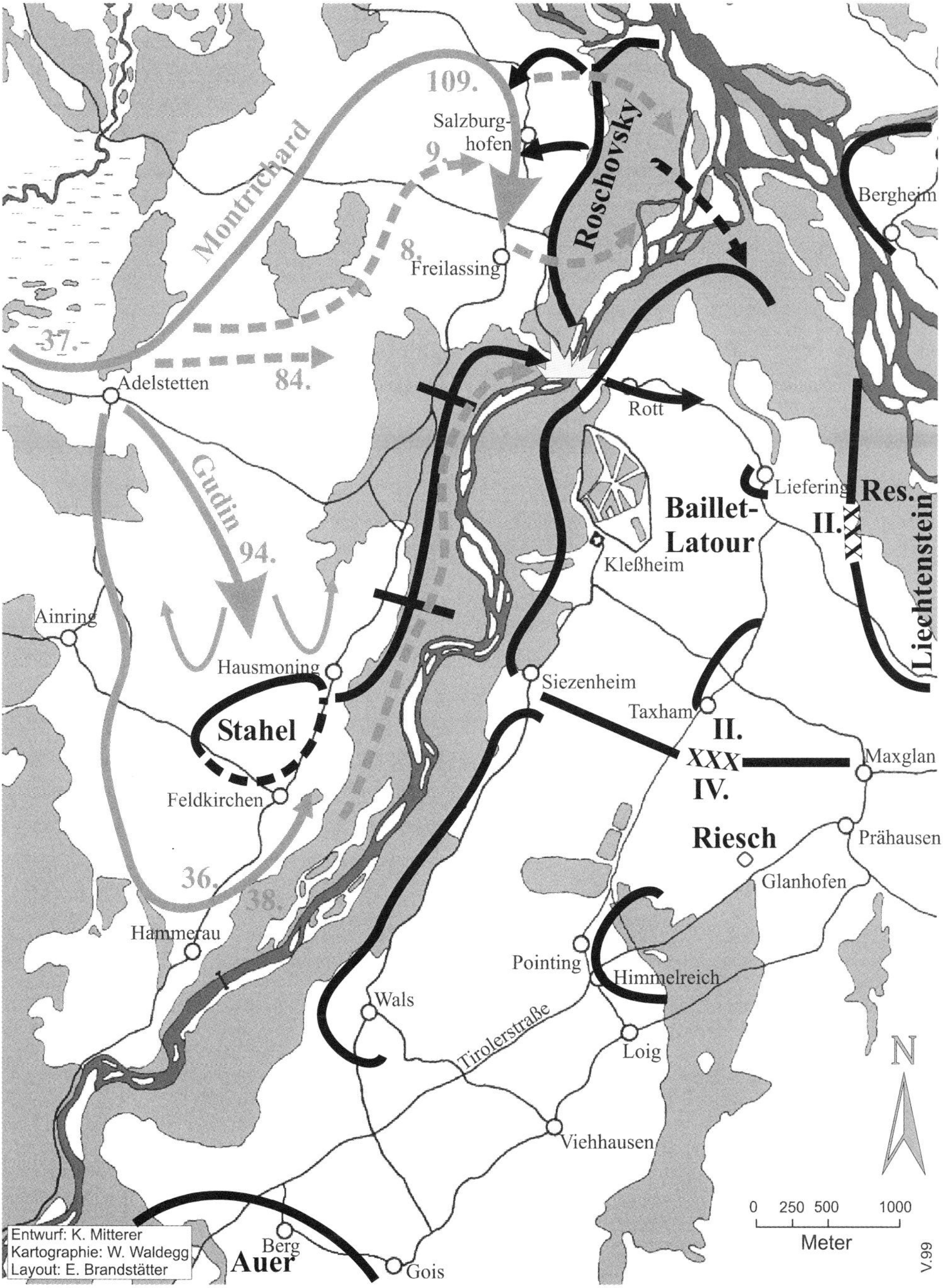

Halbbrigade, auf Feldkirchen vor, wo das Détachement Stahel vor dem Ort auf dem freien Feld in Linie entwickelt bereits die Franzosen erwartete. Die Nachhutbrigade Görger hatte um diese Zeit die Saalach über die Brücke bei Rott bereits passiert und reihte sich der Ordre de Bataille entsprechend in die Division Merveldt (IV. Korps Riesch) wieder ein.[123]

Die Division Montichard marschierte zur Deckung der linken Flanke des Korps Richtung Salzburghofen auf die Straße aus Laufen Richtung Rott einschwenkend, um sich bei der Brücke mit den Kräften der Division Gudin zu vereinigen und sie zu nehmen. Hier stieß die französische Vorhutbrigade (109. Linien-Halbbrigade) allerdings auf das überraschend aus der ehemaligen Salzburghofener Au heraustretende Détachement Roschovsky, das die Franzosen in der Flanke erfolgreich attackierte. Nur mit Mühe und unter Einsatz von zwei Husarenregimentern der Reserve (8. und 9.) der beiden Vorhutdivisionen aus dem Raum Adelstetten-Perach konnten die Franzosen diese Situation meistern und bereinigen.

Auch dem Détachement Stahel gelang es, mehrere Angriffe aus der Bewegung der 94. Linien-Halbbrigade siegreich abzuwehren. Nach etwa drei Stunden wurden aber die Österreicher am linken Flügel durch die anderen Linien-Halbbrigaden Gudins umgangen und aus dem Raum Hammerau energisch attackiert. Dies führte zum Rückzug unter ständigen Feuerhalts und Nahkämpfen über Hausmoning entlang der Saalach zur Brücke bei Rott.[124] Da Stahel zum Zeitpunkt des Erreichens der Brücke keinerlei Verbindung zu Roschovsky hatte und der Feind ihm dicht auf den Fersen war, ließ er nach dem Überschreiten der Saalach die Brücke abbrennen. Dadurch wurde aber den Truppen Roschovskys, die noch bei Salzburghofen in starke Gefechte verwickelt waren, der Rückzug versperrt. Roschovsky zog sich

[123] *Dessolle*, Journal historique des operations de l'armée du Rhin depuis le 7 Frimaire, epoque de la reprise des hostilités, jusqu'au 4 Nivose, wie Anm. 61, S. 60 f; vgl. auch *Seida*, Historisch-Chronologische Darstellung des wichtigen Feldzugs in Deutschland vom Jahre 1800, wie Anm. 56, S. 405 f.

[124] Aufschlußreich die Meldungen des IV. Korps in: KA, AFA 1800/Dtld/12/227, ad 227, 228, ad 228a und ad 228b. Das Dragonerregiment Nr. 12 (Kinsky-Dragoner) war im Détachement GM Stahl eingeteilt, siehe bei *Cajetan Pizzighelli*, Geschichte des K. u. K. Dragoner-Regimentes Johannes Josef Fürst von und zu Liechtenstein Nr. 10. 1631 - 1903, Wien 1903, S. 238; auch *k. k. Kriegs-Archiv*, Kriegs-Chronik Österreich - Ungarns. Militärischer Führer auf den Kriegsschauplätzen der Monarchie, II. Theil, wie Anm. 50, S. 101.

Die Kämpfe in der ehemaligen Salzburghofener Au. Nassau-Kürassiere attackieren Teile der 109. Linien-Halbbrigade.

Nachbearbeitete Abbildung aus: Eduard Duller, Erzherzog Carl von Oesterreich, Pest 1859.

durch die ehemalige Salzburghofener Au in Richtung Saalach, ständig vom Feind bedrängt, zurück. Im unübersichtlichen Augelände gelang es ihm schließlich, sich von den Verfolgern zu lösen und eine einigermaßen brauchbare Furtmöglichkeit zu erkunden. Unter Zurücklassung der beiden Bataillonsgeschütze wegen der unwegsamen und sumpfigen Aulandschaft setzten die Reiter durch das eistreibende Wasser über, wobei sich die Füsiliere an den Pferden festhalten mußten, um so das rettende Ufer zu erreichen.[125]

Der Bataillonskommandant meldete nach diesem Gefecht dem Regimentskommando (29. Ungarisches Infanterieregiment, Vakat-Wallis):

. . . „ Es gehen noch sehr viel Leute ab, die theils ersoffen, theils ganz zersprengt sind, so wie auch die Kanonen des Bataillons verloren gegangen sind," . . .[126]

Die Verluste für die Österreicher jenseits der Saalach betrugen mehr als 200 Gefallene, 2 Kanonen und über 600 gefangene Soldaten.[127]

Gegen 17 Uhr abends fielen die französischen Truppen der beiden Vorausdivisionen plündernd in die Ortschaften Adelstetten, Ainring, Hammerau, Feldkirchen, Freilassing und Salzburghofen ein und konnten nur durch scharfes Eingreifen der eigenen Offiziere wieder zu einem disziplinierten Verhalten veranlaßt werden.[128]

---

[125] *Mras*, Der Feldzug 1800 in Deutschland. Nach östereichischen Originalquellen, wie Anm. 45, S. 203 f; auch bei *Brunswik*, Militärischer Führer durch das Donau-Tal von Passau bis zur Marchmündung. Niederösterreich, Oberösterreich und Salzburg, wie Anm. 45, S. 42 f.

[126] KA, AFA 1800/Dtld/12/247; vgl. auch *Hödl*, Geschichte des k. und k. Infanterieregiments Nr. 29, wie Anm. 44, S. 228.

[127] *Brunswik*, Militärischer Führer durch das Donau-Tal von Passau bis zur Marchmündung. Niederösterreich, Oberösterreich und Salzburg, wie Anm. 45, S. 43; auch *Posselt*, Die Schlacht zu Hohenlinden in Baiern, im Jahre 1800 den 3ten Dec. - Auch der Uebergang über die Salza, Einzug in Salzburg vom 13ten und 14ten Dec., wie Anm. 54, S. 88. Die Darstellung der Begebenheiten nach *Willi Huber*, Die Franzosen in der Umgebung von Salzburghofen. Die kriegerischen Ereignisse in den Jahren 1800/1801, in: Das Salzfaß, hrsg. vom Historischen Verein Rupertiwinkel e. V., Jahrgang 24 - 1, München, Tittmoning 1990, S. 45 - 52, bes. S. 46, dürfte auf mehrere ungenaue Überlieferungen aus zweiter oder dritter Hand zurückgehen. Z. B. kann aufgrund der Aktenlage in den Feldakten des Kriegsarchives (u. a. KA, AFA 1800/Dtld/12/ad 253) von einer Gefangennahme des Brigadekommandanten Freiherr Carl von Roschovsky durch die Franzosen nicht die Rede sein.

[128] *Zauner*, Beyträge zur Geschichte des Aufenthaltes der Franzosen im Salzburgischen und in den angränzenden Gegenden, Bd. II, wie Anm. 122, S. 195 ff; auch *Nißle*, Als die Franzosen kamen. Aufzeichnungen aus dem Winter 1800/1801, wie Anm. 37, S. 56 ff.

Rückzug der Truppen Roschovskys über die Saalach.

Nachbearbeitete Abbildung aus: Eduard Duller, Erzherzog Carl von Oesterreich, Pest 1859.

Der 13. Dezember Abschluß des Aufmarsches und letzte Vorbereitungen

Dieser Tag war auf österreichischer Seite gekennzeichnet von eifrigen Vorbereitungen für die bevorstehende Auseinandersetzung. Die Schanzarbeiten für die Redoute vor Liefering, die offenen Feldwerke bei Taxham, Pointing, Himmelreich und Glanhofen gestalteten sich wegen des gefrorenen Bodens äußerst schwierig.[129] Im Verlauf des Vormittags, nachdem nun auch das I. Korps Kienmayer und die Vorhutbrigade Löpper im befohlenen Raum eingetroffen waren, hatte Erzherzog Johann alle verfügbaren Kräfte seiner Armee westlich von Salzburg vereinigt.

Der Salzach-Saalach-Winkel, ostwärts, südlich und westlich im weiten Bogen von niederen und höheren Bergen umsäumt, lag in einer welligen und zum Teil moorigen Ebene. Diese erstreckte sich als Fortsetzung der beiden Flußtäler hauptsächlich links der Salzach und über die Saalach hinweg in Richtung Nordwesten in das bayrische Hügelland.

Ostwärts der Salzach ab Höhe Gaisberg säumte nur mehr ein niederes Bergland den Fluß, das bei Bergheim, dann nördlich Acharting und schließlich bei Laufen, nahe an das Ufer heranreichte. Den südlichen Abschluß der Ebene bildeten die letzten steilen Abstürze des Untersbergmassivs in der Linie Grödig-Walserberg. Vorwärts dieser Linie zog sich ein ausgedehntes Sumpf- und Moorgebiet[130] hin, das vom Walserberg südlich am Dorf Gois vorbei über die Gehöftgruppe Laschensky bis nach Maxglan reichte. Die westliche Einrahmung stellten die Abfälle des Hochstaufen und des Teisenberges dar.

---

[129] *Brunswik*, Militärischer Führer durch das Donau-Tal von Passau bis zur Marchmündung. Niederösterreich, Oberösterreich und Salzburg, wie Anm. 45, S. 52; auch bei *Maretich*, Die Gefechte in der Umgebung von Salzburg in den Jahren 1800, 1805 und 1809, wie Anm. 52, S. 199.

[130] *Friedrich Graf Spaur*, Reise durch Oberdeutschland, Nachrichten ueber das Erzstift Salzburg nach der Säkularisation, Bd. II, Paßau 1805, Neuauflage als Faksimile Salzburg 1985, S. 25 ff; vgl. auch *Schallhammer*, Kriegerische Ereignisse im Herzogthume Salzburg in den Jahren 1800, 1805 und 1809, wie Anm. 61, S. 8 f.

Geteilt wurde der Flußwinkel durch den Glanbach, der beiderseits von moorigem Boden gesäumt war und sich vom Fuß des Untersberges über Maxglan, Lehen, ostwärts vorbei an Liefering bis zur Salzach-Saalach-Mündung hinzog.[131]

Aus dem Moorgebiet bei der Laschenskygehöftgruppe schlossen die Niederungen des Eichetwaldes an, der sich im flachen Bogen bis zur Remise, dem heutigen Bischofswald, erstreckte. Die Remise und das an sie anschließende Kuschelgelände teilten das Kleßheimer vom Walser Feld.[132]

Westlich des Glanbaches bis zu den Niederungen der Saalach hin lag das Schlachtfeld, eine Ebene mit einigen wenigen Terrainwellen, durch welche auch die Straße von der Stadt Salzburg über den Walserberg nach Tirol führte. Die Saalach als auch der Unterlauf des Glanbaches wurden beiderseits von ziemlich beträchtlichen Uferböschungen begrenzt, zwischen denen sich manchmal dichtes Augehölz hinzog.

Am Unterlauf des Glanbaches lag das Dorf Liefering, das von seiner auf einem niederen Hügel stehenden Kirche sowohl die Münchner Straße gegen Rott als auch das Kleßheimer Feld beherrschte.[133] Etwa 1.300 Meter südwestlich davon befand sich das Schloß Kleßheim mit seinem ausgedehnten, mit Mauern umgebenen Park. Südwestlich des Schlosses, am Rande der ausgedehnten Aulandschaft der Saalach, lagen die Ortschaften Siezenheim und Wals. Die beiden Dörfer eigneten sich gegen Westen hin nicht zur Verteidigung, jedoch einem Gegner, der über die Saalach vordringen wollte, boten die zahlreichen Geländekanten gute Stellungsmöglichkeiten gegen Osten.

Südlich von Wals, nahe am Moor und isoliert, befand sich das kleine Dorf Gois mit seiner markanten Kirche, die alleinstehend auf

---

[131] *Josef Hübl,* Die Glan, in: Heimatkunde Stadt Salzburg, Salzburg 1985, S. 180ff; vgl. auch *Maretich,* Die Gefechte in der Umgebung von Salzburg in den Jahren 1800, 1805 und 1809, wie Anm. 52, S. 197 f.

[132] *Friedrich Graf Spaur,* Spaziergänge in den Umgebungen von Salzburg, Salzburg 1834, Neuauflage als Faksimile Salzburg 1985, S. 69 f; weiters derselbe in: Reise durch Oberdeutschland, Nachrichten ueber das Erzstift Salzburg nach der Säkularisation, Bd. II, wie Anm. 130, S. 22ff.

[133] *Kurt Conrad* und *Otmar Weber,* Flur, Dorf und Haus in Liefering, in: Liefering - Das Dorf in der Stadt, hrsg. vom Kuratorium der Peter-Pfenninger-Schenkung Liefering, Salzburg 1997, S. 247 ff, bes. Abb. S. 251; vgl. auch ebenda *Herbert Klein,* Aus der Geschichte Lieferings im Mittelalter und in der frühen Neuzeit, S. 36 - 47, bes. S. 44 ff.

einem Hügel errichtet war. Viehhausen, Loig, Himmelreich und Pointing - kleine unbedeutende Ortschaften beziehungsweise Häusergruppen - waren dem Eichetwald westlich vorgelagert.[134]

Am Glanbach im vertieften Gelände befand sich Maxglan mit dem Sankt Rochus-Gebäude.[135] Vorwärts Maxglan an der Tirolerstraße (heute Bundesstraße Nr. 1) lag die Gehöftgruppe Glanhofen und im Kleßheimer Feld Taxham.

Sowohl die Salzach als auch die Saalach waren bei Niederwasser an manchen Stellen durchwatbar, hatten jedoch teilweise starkes Gefälle und zahlreiche, mitunter von sumpfigen Aulandschaften durchzogene Nebenarme. Bei der Ortschaft Rott brannte man die Jochbrücke zwar ab, der „Kohlensteg"[136] bei Wals jedoch wurde von den österreichischen Sicherungskräften nicht berücksichtigt. Wie sich noch am selben Tag herausstellte, eine folgenschwere Unterlassung.

Der Glanbach, über den auch drei Brücken führten, stellte als Wasserlauf kein besonderes Hindernis dar, hatte allerdings südlich von Maxglan aufgrund des ihn umgebenden Moorgrundes an manchen Stellen einen hohen Sperrwert.[137]

Vom Salzach-Saalach-Mündungsgebiet beginnend über die Kleßheimer und Walser Felder bis nach Viehhausen bezog die österreichische Hauptarmee ihre Verfügungsräume und errichtete dort die Feldlager in Schlachtordnung.

Am rechten Flügel ostwärts Rott und südlich Liefering, beiderseits der Straße, lag das II. Korps Baillet-Latour, mit der Württembergischen Brigade am Lieferinger Bühel. Die Stärke betrug über 12.000

---

[134] *Franz Müller,* Heimatbuch von Wals-Siezenheim, Wals 1963, S.187 ff.

[135] *Spaur,* Reise durch Oberdeutschland, Nachrichten ueber das Erzstift Salzburg nach der Säkularisation, Bd. II, wie Anm. 130, S. 30 ff; derselbe in: Spaziergänge in den Umgebungen von Salzburg, wie Anm. 132, S. 70; vgl. auch *Robert Messner,* Salzburg im Vormärz. Historisch-topographische Darstellung der Stadt Salzburg auf Grund der Katastralvermessung, Bd. I, Wien 1990, S. 420 f.

[136] *Müller,* Heimatbuch von Wals-Siezenheim, wie Anm. 134, S. 55 f; vgl. auch *Zauner,* Beyträge zur Geschichte des Aufenthaltes der Franzosen im Salzburgischen und in den angränzenden Gegenden, Bd. II, wie Anm. 122, S. 202.

[137] *Maretich,* Die Gefechte in der Umgebung von Salzburg in den Jahren 1800, 1805 und 1809, wie Anm. 52, S. 198; vgl. auch *Schallhammer,* Kriegerische Ereignisse im Herzogthume Salzburg in den Jahren 1800, 1805 und 1809, wie Anm. 61, S. 8.

Mann, gegliedert in 15 Bataillone und 27 Eskadronen.[138]

In der Mitte auf dem Kleßheimer Feld bis zum Waldstreifen und Remise war das durch viele Detachierungen geschwächte I. Korps Kienmayer mit 6 Bataillonen und $17^1/_2$ Eskadronen disloziert.[139]

Für den linken Flügel von der Tirolerstraße einschließlich bis Viehhausen war das IV. Korps Riesch, gegliedert in 11 Bataillone und 20 Eskadronen, verantwortlich. Sein Lager errichtete es, wie bereits erwähnt, auf den Feldern ostwärts des Eichetwaldes.[140]

Das Reservekorps Liechtenstein lagerte mit 7 Bataillonen und 24 Eskadronen hinter dem rechten Flügel in zwei Treffen im Raum Le-

---

[138] Die Stärke von 12.243 Mann des II. Korps wurde anhand der Feldakten des Kriegsarchivs/Wien errechnet; KA, AFA 1800/Dtld/12/224, ad 238 und 542. Diese Stärkeangabe schließt die dem Korps Baillet unterstellten Subsidientruppen der Württemberger Brigade unter GLt von Hügel (5 verm. Bataillone, 3 verm. Eskadronen; 1760 Mann Infanterie, 167 Mann Kavallerie) mit ein. Im Gegensatz zu *Schallhammer*, Kriegerische Ereignisse im Herzogthume Salzburg in den Jahren 1800, 1805 und 1809, wie Anm. 61, S. 8, sowie *Maretich*, Die Gefechte in der Umgebung von Salzburg in den Jahren 1800, 1805 und 1809, wie Anm. 52, S. 198, welche die Württemberger Brigade am äußerst rechten Flügel festlegen, berichten nicht nur die Feldakten (KA, AFA) des Kriegsarchivs, sondern auch sämtliche Regimentsgeschichten, daß diese Brigade in der Redoute und am Lieferinger Bühel zum Einsatz kam. Vgl. auch *Schneidawind*, Das Leben des Erzherzogs Johann von Oesterreich. Mit besonderer Berücksichtigung der Feldzüge dieses Prinzen in den Jahren 1800, 1805, 1809 und 1815, wie Anm. 52, S. 41 f.

[139] Stärke 6.610 Mann; errechnet aus KA, AFA 1800/Dtld/12/224, ad 238, 240 und $282^1/_4$. Das I. Korps Kienmayer detachierte nach Braunau die Reste (5 Bataillone und $^1/_2$ Eskadron; zusammen 2.627 Mann) der bei Hohenlinden zerschlagenen wallonischen Infanterieregimenter (Nr. 9 Graf Clerfayt, Nr. 30 Fürst de Ligne, Nr. 55 Graf Murray, Nr. 58 Baron Beaulieu) sowie des ungarischen Infanterieregiments Nr. 38 Herzog Ferdinand von Württemberg und $^1/_2$ Eskadron Kavallerie des Kürassierregiments Nr. 10 (Mack FML); nach Burghausen 1 Bataillon Infanterie (3. Bataillon vom Infanterieregiment Nr. 50 Graf Stain) und $^1/_2$ Eskadron Kavallerie des Dragonerregiments Nr. 6 Prinz zu Sachsen-Coburg-Saalfeld (zusammen 355 Mann); nach Laufen das Infanterieregiment Nr. 21 Baron Gemmingen und 2 Eskadronen Kavallerie des Dragonerregiments Nr. 6 (zusammen 2.616 Mann); nach Bergheim 2 Bataillone vom Infanterieregiment Nr. 50 Graf Stain sowie 3 Eskadronen Kavallerie ebenfalls des Dragonerregiments Nr. 6 (zusammen 1.615 Mann).

[140] Stärke 11.251 Mann; berechnet aus KA, AFA 1800/Dtld/12/224 und ad 238. Das IV. Korps Riesch detachierte nach Reichenhall bzw. Walserberg 1 Bataillon Infanterie vom Infanterieregiment Nr. 3 Erzherzog Carl sowie 4 Eskadronen Kavallerie des Kürassierregiments Nr. 2 Erzherzog Franz Joseph von Este (zusammen 940 Mann). In der Nacht vom 13. auf 14. Dezember rückte das Bataillon über Hallthurm, Bischofswiesen, Berchtesgaden, Marktschellenberg zum Schutz der linken Flanke bzw. vor feindlichen Angriffen in den Rücken des IV. Korps in den Raum Grödig - Glanegg, die Kavallerie hingegen fand sich wieder bei seiner Brigade (Stahel) ein; KA, AFA 1800/Dtld/13/6-52, S. 4 und 6-53, S. 1; auch *Zauner*, Beyträge zur Geschichte des Aufenthaltes der Franzosen im Salzburgischen und in den angränzenden Gegenden, Bd. I, wie Anm. 110, S. 262.

hen vorwärts der ehemaligen Lieferinger Au.[141]

Die zum Reservekorps gehörende Avantgardebrigade Löpper übernahm mit 2 Bataillonen und 4 Eskadronen die Sicherung der Hauptarmee von Rott über Kleßheim, Siezenheim entlang den Böschungen, die die Saalachauen begrenzten, über Wals bis Gois. In Kleßheim wurde das 3. Bataillon des 9. Peterwardeiner Grenzinfanterieregimentes und in Wals eine Eskadron Slavonische Husaren sowie eine Kompanie Gradiscaner Grenzerinfanterie postiert[142]. Auch nach Gois verlegte man eine Kompanie Gradiscaner Grenzerinfanterie mit einer Kanone. Zur Unterstützung der Sicherungskräfte stellte jedes der drei in vorderer Linie lagernden Korps je ein Infanteriebataillon und zwei Eskadronen vorwärts seines Lagers auf, und zwar bei Rott, in der Remise (heute Bischofswald) südostwärts von Siezenheim und bei Viehhausen.

Die Redoute bei Liefering wurde durch Geschütze der Artilleriereserve und die Württemberger Brigade besetzt. Die offenen Feldwerke mit ihren Geschützständen bei Taxham, Pointing, Himmelreich und Glanhofen erhielten ebenfalls Reservegeschütze. Als Besatzung dienten das 1. Feld-Artillerieregiment sowie Détachements des 2. und 3. Feld-Artillerieregiments samt den Resten des Artillerie-Füsilierbataillons.[143]

Das Hauptquartier, die restlichen Armeetruppen und die Versorgungseinrichtungen mit dem Fuhrpark wurden durch das Stabsinfanterieregiment und 2 Eskadronen des Kürassierregiments Nr. 4

[141] Stärke 7.336 Mann; errechnet aus KA, AFA 1800/Dtld/12/224, ad 238 und 282$^{1}/_{4}$; aufgrund der überaus hohen Verluste bei Hohenlinden wurden die Grenadierbataillone Schulz, De Ligne und Wouvermanns zu einem Bataillon zusammengefaßt. Ebenso verfuhr man mit den Grenadierbataillonen Eichler, Eggerdess (Fölseis) und Tegetthoff; vgl. auch *Mras*, Der Feldzug 1800 in Deutschland. Nach östereichischen Originalquellen, wie Anm. 45, S. 204; siehe ebenso *Alphons von Wrede*, Geschichte der K. und K. Wehrmacht. Die Regimenter, Corps, Branchen und Anstalten von 1618 bis Ende des XIX. Jahrhunderts, II. Bd., Wien 1898, S. 314 - 317, S. 324 - 325.

[142] *Journal zur K.K. Hauptarmee in Deutschland vom 17. März bis 30. Dezember*, KA, AFA 1800/Dtld/13/6-53, S. 3 u. 4; *Brunswik*, Militärischer Führer durch das Donau-Tal von Passau bis zur Marchmündung. Niederösterreich, Oberösterreich und Salzburg, wie Anm. 45, S. 52; vgl. auch bei *Zauner*, Beyträge zur Geschichte des Aufenthaltes der Franzosen im Salzburgischen und in den angränzenden Gegenden, Bd. II, wie Anm. 122, S. 198 f und S. 216 f.

[143] KA, AFA 1800/Dtld/12/542; auch *Schneidawind*, Das Leben des Erzherzogs Johann von Oesterreich. Mit besonderer Berücksichtigung der Feldzüge dieses Prinzen in den Jahren 1800, 1805, 1809 und 1815, wie Anm. 52, S. 41 f.

(Czartoryski) gesichert.[144]

Inzwischen hatte die französische Rheinarmee ihre Bereitstellungsräume zur Fortsetzung ihrer Offensive eingenommen. Die Divisionen des rechten Flügels unter GLt Lecourbe (I. Korps) lagen links der Saalach und Salzach von Bicheln über Salzburghofen bis Eham. Die Division Gudin mit den beiden Brigaden Puthod und Marula war im Raum Bicheln, Hammerau, Feldkirchen und Ainring disloziert, die Division Montrichard mit den Brigaden Schinner und Roussel im Raum Hausmoning, Freilassing und Perach. Im Anschluß an Montrichard im Raum Salzburghofen, Eham, Saaldorf standen die Brigaden Boyer, Walter und Grandjean der Division Grouchy. In der Tiefe und als disponierbare Reserve stationierte Lecourbe im Großraum Adelstetten - Straß die Kavalleriedivision Nansouty.[145]

Das Zentrum, von Obergeneral Jean-Victor Moreau persönlich geführt, hatte seine Vorausdivision Decaen, verstärkt mit der 2. Polnischen Legion, seit dem Morgen bereits vor Laufen stehen.[146] Der Auftrag von Decaen lautete, einen Übergang über die Salzach im Raum Laufen zu finden, nötigenfalls zu erzwingen, um für das Zentrum die Voraussetzungen zu schaffen, die kaiserliche Armee in weiterer Folge auf Höhe Neumarkt am Wallersee von den Verbindungen nach Österreich abzuschneiden, sie entweder einzukesseln oder zumindest in die Gebirgsregionen abzudrängen. Einen Marsch auf die Hauptstadt des Kaiserreiches hätte in der Folge nichts mehr aufhalten können und den Krieg endgültig zugunsten Frankreichs entschieden.

---

[144] Ebenda KA, AFA 1800/Dtld/12/542; auch *Brunswik*, Militärischer Führer durch das Donau-Tal von Passau bis zur Marchmündung. Niederösterreich, Oberösterreich und Salzburg, wie Anm. 45, S. 52.

[145] *Dessolle*, Journal historique des operations de l'armée du Rhin depuis le 7 Frimaire, epoque de la reprise des hostilités, jusqu' au 4 Nivose, wie Anm. 61, S. 60 f; auch *Posselt*, Die Schlacht zu Hohenlinden in Baiern, im Jahre 1800 den 3ten Dec. - Auch der Uebergang über die Salza, Einzug in Salzburg vom 13ten und 14ten Dec., wie Anm. 54, S. 87 f; vgl. auch *k. k. Kriegs-Archiv*, Kriegs-Chronik Österreich - Ungarns. Militärischer Führer auf den Kriegsschauplätzen der Monarchie, II. Theil, wie Anm. 50, S. 101 f.

[146] Die Division Decaen (gesamt 11.328 Mann) bestand aus der Brigade Debilly (14. Leichte-Halbbrigade, 4. Linien-Halbbrigade, 100. Linien-Halbbrigade, 6 Geschütze), Brigade Durutte (6. Chasseurs à cheval-Regiment, 10. Husarenregiment, 17. Dragonerregiment, 6 Geschütze) und der 2. Polnischen Legion (3 Bataillone Infanterie, 4 Eskadronen Lanciers); siehe auch *Dessolle*, Journal historique des operations de l'armée du Rhin, wie Anm. 61, S. 62 f; auch *Seida*, Historisch-Chronologische Darstellung des wichtigen Feldzugs in Deutschland vom Jahre 1800, wie Anm. 56, S. 409; auch *Nißle*, Als die Franzosen kamen. Aufzeichnungen aus dem Winter 1800/1801, wie Anm. 37, S.30 f.

Dislokation am 13. Dezember 1800
bis 12 Uhr

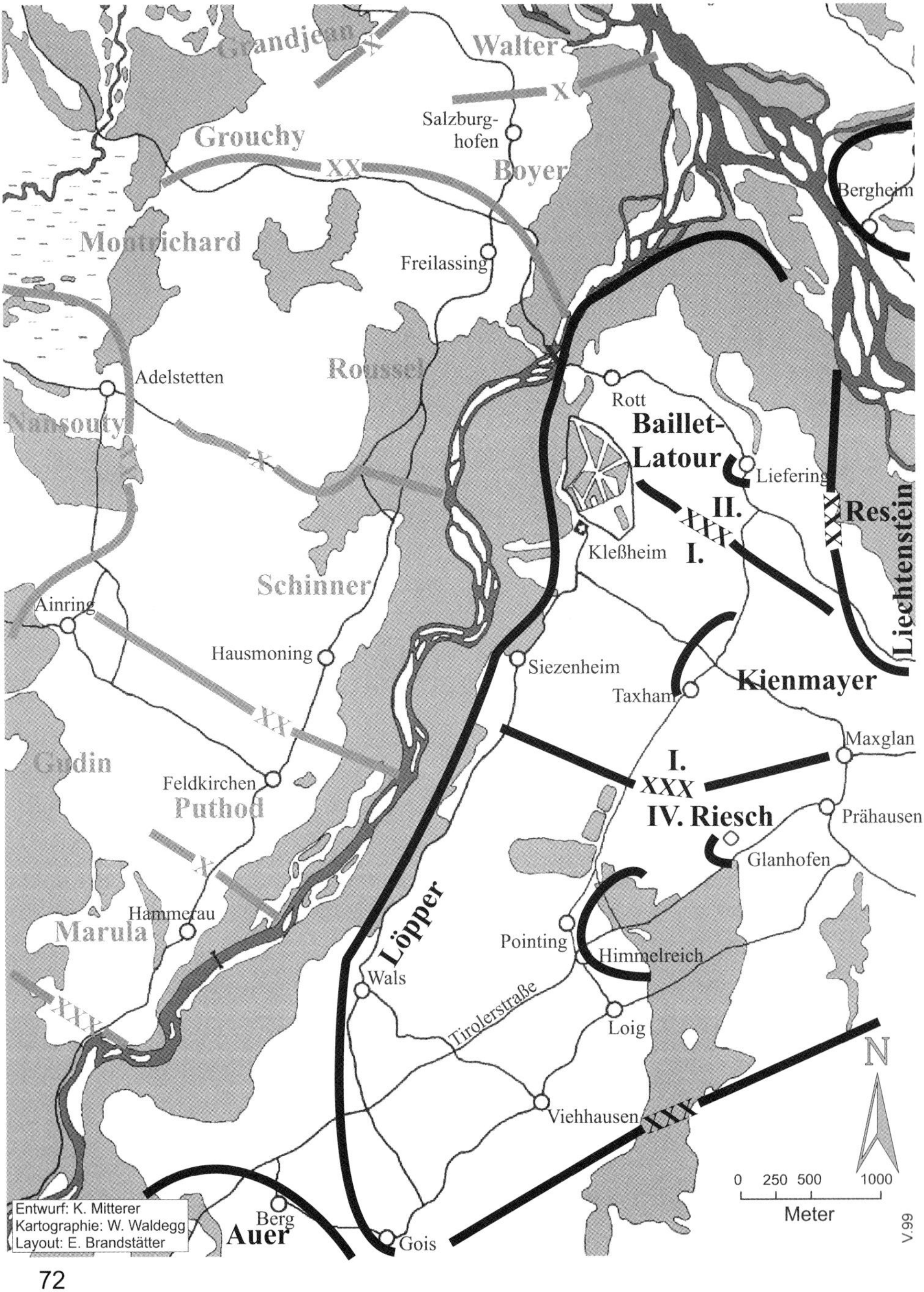

Diesem Vorausverband folgte, den Großraum Waging am See verlassend, in langen Marschkolonnen entwickelt die Zentrumsdivision Richepanse, während die Kavallerie-Reservedivision d'Hautpoult nach Teisendorf als disponierbare Reserve in Marsch gesetzt wurde.[147] Weiters sollten bei einem Erfolg des Zentrums die Divisionen Bonnet und Legrand des linken Flügels (III. Korps Grenier), die bereits in den Großraum Trostberg umdirigiert worden waren, ebenfalls in Richtung Laufen marschieren. Der verminderte linke Flügel, bestehend nur mehr aus der Division Ney und der Reserve des III. Korps, band die österreichischen Kräfte bei Braunau und Burghausen.

Somit hatte Moreau die Initiative vom rechten Flügel wieder auf das Zentrum verlagert und Lecourbes Auftrag lautete lediglich, die kaiserliche Hauptarmee am rechten Flügel möglichst lange zu binden.[148]

Obwohl das Hauptquartier der Rheinarmee noch in Traunstein verblieb und ein vorgeschobener Gefechtsstand in Teisendorf eingerichtet worden war, fand aufgrund des Zeitdrucks und vielleicht auch als Täuschungsmanöver die Befehlsausgabe für den 14. Dezember an die Kommandanten des rechten Flügels durch den Obergeneral ab 15 Uhr in Salzburghofen statt.[149] Bis zu diesem Zeitpunkt hatte jedoch der ehrgeizige und gegen Moreau des öfteren schon opponierende Lecourbe bereits die Befehle zum Forcieren der Saalach erteilt, um vielleicht doch noch durch die Macht des Faktischen das Schwergewicht für die Offensive wieder auf seinen rechten Flügel zurückzubekommen.

---

147 Die Division Richepanse (gesamt 5.671 Mann) setzte sich aus den Brigaden Sahuc (27. Linien-Halbbrigade, 48. Linien-Halbbrigade, 6 Geschütze) und Drouet (3 Bataillone Grenadiersreunis) zusammen, die Kavalleriereservedivision d'Hautpoult (gesamt 6.728 Reiter) aus den Brigaden Espagne (1. und 2. Carabiniersregiment, 8. und 9. Kavallerieregiment), Lorcet (5. Husarenregiment), Lacoste (1. und 20. Chasseurs à cheval-Regiment), Lacour (7. und 10. Kavallerieregiment) und 12 Geschützen; siehe auch *Posselt,* Die Schlacht zu Hohenlinden in Baiern, im Jahre 1800 den 3ten Dec. - Auch der Uebergang über die Salza, Einzug in Salzburg vom 13ten und 14ten Dec., wie Anm. 54, S. 88 f; vgl. auch *Hinrichs,* Hrsg., General Moreau´s Leben und Feldzüge mit hierauf beziehenden merkwürdigen Anecdoten, wie Anm. 49, S. 132 f.

148 *A. u.,* Moreau und sein lezter Feldzug - eine historische Skizze von einem Offizier seines Generalstabes, wie Anm. 51, S. 107 f; auch *Jochmus,* General Moreau. Abriß einer Geschichte seines Lebens und seiner Feldzüge, wie Anm. 51, S. 158.

149 *Zauner,* Beyträge zur Geschichte des Aufenthaltes der Franzosen im Salzburgischen und in den angränzenden Gegenden, Bd. II, wie Anm. 122, S. 196; auch *Brunswik,* Militärischer Führer durch das Donau-Tal von Passau bis zur Marchmündung. Niederösterreich, Oberösterreich und Salzburg, wie Anm. 45, S. 53.

13. Dezember nachmittags
Beginn der Schlacht an der Saalach

Bereits in der Nacht vom 12. auf 13. Dezember befahl Lecourbe der Division Gudin, entlang des rechten Saalachufers Aufklärungstrupps in Marsch zu setzen, um Übergänge, Furten, Brückenschlagstellen für Pontonschnellbrücken und den genauen Verlauf der österreichischen Vorpostenkette zu erkunden. Die Brücken über die Saalach bei Rott und Reichenhall hatten die Kaiserlichen abgebrannt beziehungsweise abgeworfen und die Widerlager, soweit es der Zeitdruck zuließ, zerstört.

Dichter Nebel und zeitweise einsetzender leichter Schneefall begünstigten dennoch ein unbemerktes Überqueren der Saalach über erkundete Furten, wobei die einheimische Bevölkerung gezwungen wurde, diese zu verraten. Verwundert stellten die Franzosen fest, daß der Kohlensteg bei Hammerau, weit und breit von österreichischen Soldaten verlassen, vollkommen intakt zu ihrer Verfügung stand[150].

Auch die bis zu diesem Zeitpunkt eingerichteten Wachfeuer der kaiserlichen Vortruppen waren schnell erkannt und ihre Lager ausgekundschaftet. Schwieriger gestaltete es sich, die günstigen Bereiche zum Errichten von Pontonschnellbrücken zu erkunden. Dies geschah ebenfalls von den Österreichern unbemerkt am 13. vormittags.

Der Angriffsbeginn war für 12 Uhr befohlen. Um die Mittagszeit überquerten die drei Bataillone der 38. Linien-Halbbrigade der Vorhutbrigade Marula (Division Gudin), von schwerem Nebel begünstigt, bei Hammerau die Saalach und sickerten in das von dichtem Gehölz bewachsene und mit Schnee bedeckte Augebiet von den Österreichern

---

[150] *Schallhammer*, Kriegerische Ereignisse im Herzogthume Salzburg in den Jahren 1800, 1805 und 1809, wie Anm. 61, S. 9 f; auch *Müller*, Heimatbuch von Wals-Siezenheim, wie Anm. 134, S.58.

unbemerkt ein.[151] Diese Halbbrigade sicherte zunächst den Brückenkopf und schickte sofort Aufklärungspatouillen ins Augehölz mit dem Auftrag, die österreichische Vorpostenlinie genau zu erkunden und, wenn möglich, Gefangene einzubringen. Auch wurde für das Forcieren der Kavallerie eine Furt neben dem Kohlensteg markiert und ausgesteckt. Über diese Furt folgten die vier Eskadronen des 8. Husarenregiments der Brigade Marula. Am rechten Saalachufer angekommen, wurde abgesessen und, die Pferde am Zügel führend, möglichst Geräusche vermeidend, im Augehölz untergezogen.

Nun folgte bei gleichzeitiger Ausdehnung des Landekopfes in Richtung Wals die zweite Brigade der Division Gudin.[152] Diesen Truppen schloß sich unverzüglich die Division Montrichard, bestehend aus der Infanteriebrigade Schinner und der Kavalleriebrigade Roussel, an.[153] General Montichard hatte den Auftrag, mit der Infanteriebrigade am Ufer die Saalach entlang bis vor Siezenheim vorzustoßen und die Ortschaft zu nehmen. In weiterer Folge sollte er versuchen, bis Rott vorzudringen, um gemeinsam mit der Division Grouchy, die am jenseitigen Flußufer stand, die zerstörte Brücke wieder instandzusetzen und diese zu besetzen.[154] Die Kavalleriebrigade Roussel sollte sich als Reserve für Angriffe aus dem Landekopf heraus bereithalten.

Inzwischen hatte man auch das Armeebrückengerät, das man ja seit Beginn der Offensive zur Gänze dem I. Korps Lecourbe zugeteilt hatte, an die beiden erkundeten Brückenschlagplätze bei Feld-

---

[151] *Brunswik*, Militärischer Führer durch das Donau-Tal von Passau bis zur Marchmündung. Niederösterreich, Oberösterreich und Salzburg, wie Anm. 45, S. 53. In den meisten Abhandlungen, die heute vorhanden sind, wird auf den in Paris veröffentlichten Generalstabsbericht des Generalstabschefs General *Dessolle*, Journal historique des operations de l'armée du Rhin, wie Anm. 61, zurückgegriffen. Dieser Bericht ist, obwohl sehr ausführlich, aus verständlichen Gründen nicht immer objektiv. So werden hier die Ereignisse des 13. Dezembers mit denen des 14. Dezembers vermengt. Dies ist durch die vollständig vorhandenen Feldakten des Kriegsarchivs in Wien zu belegen. Auch wird dies durch die Untersuchungen und Quellenauswertungen bei *Zauner*, *Mras*, *Schallhammer*, *Maretich* und *Brunswik* bestätigt.

[152] Gemäß Truppeneinteilung war dies die Brigade Puthod bestehend aus der 36. und 94. Linien-Halbbrigade mit je 3 Bataillonen (zusammen 4.300 Mann) und 6 Geschützen.

[153] Die Brigade Schinner bestand aus der 37., 84. Linien-Halbbrigade mit je 3 Bataillonen und aus der 109. Linien-Halbbrigade mit 2 Bataillonen (zusammen 5.950 Mann) und 6 Geschützen; die Brigade Roussel setzte sich aus dem 7. und 9. Husarenregiment mit je 4 Eskadronen und reitende Artillerie mit 1 Batterie von 6 Geschützen zusammen.

[154] *Maretich*, Die Gefechte in der Umgebung von Salzburg in den Jahren 1800, 1805 und 1809, wie Anm. 52, S. 202; auch *Schallhammer*, Kriegerische Ereignisse im Herzogthume Salzburg in den Jahren 1800, 1805 und 1809, wie Anm. 61, S. 9.

C. E. Gudin (1768 - 22-August 1812)

Nachbearbeitete Abbildung aus: Portraits des Généraux Francais, faisant suite aux victoires et conquêtes des Francais, hrsg. von C.L.F. Panckoucke, Paris 1818.

kirchen und Hausmoning herangekarrt. Obwohl mit dem Brückenschlag, nach Sicherung der rechten Saalachlandungsköpfe, unverzüglich begonnen wurde, erkannten die Kaiserlichen noch immer nicht das französische Landungsunternehmen. Augenscheinlich gelang es den französischen Vorauspatrouillen, den größten Teil der österreichischen Vorposten, die in den Saalachauen postiert waren, überraschend lautlos auszuschalten, noch bevor sie Alarm schlagen konnten.

In den Quellen ist nun zu lesen:

. . . „Um 3 Uhr Nachmittags eilten die Vorposten ins Lager (bei Wals) zurück, mit der Nachricht: ‚Der Feind sey im Anzuge; sie hörten ihn durch die, beym Fluß Saal befindlichen Gesträuche rauschen. „Der Commandant befahl ihnen, alsogleich ihre verlassenen Posten wieder zu besetzen, bis der Feind wirklich da sey. Um 1 Viertel nach 3 Uhr kam ein Franzose, und schoß sein Gewehr ab, gieng wieder zurück, und kam wieder mit 9 Mann. Diese schossen unter die Kaiserlichen Vorposten, erschossen Einen davon, jagten sie in die Flucht, und verfolgten sie bis vor Wals hinaus. Nun brach die feindliche Armee, 20,000 Mann stark, von allen Seiten heraus.“. . .[155]

Sämtliche weitere österreichische Vorposten wurden völlig überrascht. Sicherlich begünstigte dichter, schwerer, bleigrauer Nebel, der nicht nur über dem Fluß schwebte, sondern sich auch über die mit Schnee bedeckte Landschaft erstreckte, den französischen Angriff. Während die Pontonbrücken geschlagen wurden, rückten die Verbände der Kavallerie-Reservedivision Nansouty aus ihrem Verfügungsraum Adelstetten - Straß an die Saalach heran.[156] Auch die Artillerieparks der Divisionen bezogen Verfügungsräume nahe der Brückenbaustellen.

---

[155] *Zauner,* Beyträge zur Geschichte des Aufenthaltes der Franzosen im Salzburgischen und in den angränzenden Gegenden, Bd. II, wie Anm. 122, S. 216 f. Die tatsächliche Stärke des I. Korps Lecourbes betrug zu diesem Zeitpunkt 19.700 Mann Infanterie und 7.000 Mann Kavallerie, sowie 3.000 Mann Pioniere, Pontoniere, Artilleristen, Traintruppen und sonstige Truppen.

[156] *k. k. Kriegs-Archiv,* Kriegs-Chronik Österreich - Ungarns. Militärischer Führer auf den Kriegsschauplätzen der Monarchie, II. Theil, wie Anm. 50, S. 102; *Schallhammer,* Kriegerische Ereignisse im Herzogthume Salzburg in den Jahren 1800, 1805 und 1809, wie Anm. 61, S. 9; auch *Müller,* Heimatbuch von Wals-Siezenheim, wie Anm. 134, S.58.

Gegen 15[30] Uhr griff General Gudin mit der Brigade Puthod das Dorf Wals an und eroberte es im Handstreich. Sofort wurde das Dorf verteidigungsbereit gemacht. Die kaiserlichen Vortruppen sammelten sich wieder und nahmen die Franzosen unter ständiges Plänklerfeuer.

Kurz vor 16 Uhr gelang es auch General Montichard, mit der 84. Linien-Halbbrigade an der Spitze die Ortschaft Siezenheim einzunehmen und sich zur Verteidigung einzurichten. Besonders wurde die Friedhofsmauer mit eingebunden und mit Grenadieren besetzt.[157] Die 37. Linien-Halbbrigade setzte ihren Angriff entlang der Saalach in Richtung Rott fort. Die 109. Linien-Halbbrigade wurde mit einem Bataillon der 84. verstärkt und vom Brigadechef persönlich geführt, südlich aus Siezenheim heraustretend, in Richtung Remise (heute Bischofswald) angesetzt.

Inzwischen waren die Kaiserlichen alarmiert und zogen mit ihren Korps aus den Feldlagern in langen Marschkolonnen zur Rettung der Vortruppen den Franzosen entgegen. Kurz nach 16 Uhr setzte bereits allmählich die Dämmerung[158] ein und die Sicht, ohnehin durch den Nebel schon stark beeinträchtigt, wurde noch mehr eingeschränkt.

Über die rasch errichteten Pontonbrücken zog der Korpskommandant GLt Lecourbe mit Ausnahme der Division Grouchy seine gesamte Artillerie und Kavallerie über die Saalach nach und ließ unverzüglich zum Angriff rechts vorwärts der Ortschaft Wals mit Front gegen die allgemeine Linie Gois-Viehhausen entwickeln. Die Kavalleriebrigade Roussel[159] der Division Montrichard stellte das erste Treffen, das 11. Dragonerregiment der Kavallerie-Reservedivision Nansouty bildete das zweite Treffen und das 23. Kavallerieregiment mit

[157] *Brunswik,* Militärischer Führer durch das Donau-Tal von Passau bis zur Marchmündung. Niederösterreich, Oberösterreich und Salzburg, wie Anm. 45, S. 53; vgl. auch *Huber,* Die Franzosen in der Umgebung von Salzburghofen. Die kriegerischen Ereignisse in den Jahren 1800/1801, wie Anm. 127, S. 47 f; auch hier gibt es jedoch Aussagen, die auf ungenaue Überlieferungen aus zweiter oder dritter Hand zurückgehen. Z. B. kann aufgrund der Aktenlage in den Feldakten des Kriegsarchives (u. a. *Journal zur K.K. Hauptarmee in Deutschland vom 17. März bis 30. Dezember,* KA, AFA 1800/Dtld/13/6-52, S. 3) von einem Hauptquartier der Österreicher in der Kirche von Siezenheim keinesfalls die Rede sein. Dazu siehe auch *Zauner,* Beyträge zur Geschichte des Aufenthaltes der Franzosen im Salzburgischen und in den angränzenden Gegenden, Bd. III, Salzburg 1802, S. 132.

[158] Nach Berechnung von *Rudolf Ganglbauer,* Astrologie - Salzburg, Salzburg 1998, begann der Sonnenuntergang am Samstag, den 13. Dezember 1800, um 16[02] Uhr; $^{1}/_{4}$ Mond zunehmend.

[159] Bestehend aus 7. und 9. Husarenregiment mit je 4 Eskadronen (zusammen 1.620 Reiter) und reitende Artillerie mit 1 Batterie von 6 Geschützen.

nur drei Eskadronen[160], ebenfalls Division Nansouty, war disponierbare Reserve.

Zum Schutz der rechten Flanke mußte General Gudin mit einem Bataillon der 38. Linien-Halbbrigade und dem 8. Husarenregiment gegen Gois vorgehen. General Schinner mit der 109. Linien-Halbbrigade im ersten Treffen und dem 3. Bataillon der 84. im zweiten Treffen setzte seinen Angriff aus Siezenheim in Richtung Remise (heute Bischofswald) fort und erhielt zur Sicherung der linken Flanke der Hauptkraft die Ortschaft Himmelreich als Angriffsziel zugewiesen.[161]

All diese Bewegungen und Entwicklungen des Korps Lecourbe wurden, wie bereits erwähnt, durch die einbrechende Dämmerung und die dichten Nebellagen derart begünstigt, daß es gelang, nahe an die inzwischen formierten kaiserlichen Linien heranzukommen.

Gudin stand plötzlich vor dem Dorf Gois, griff aus der Bewegung erfolgreich an und vernichtete die dort stationierte Einheit der Vorhutbrigade Löpper. Auch wurde eine Kanone samt der dazugehörigen Munition erbeutet.[162] Dies führte auch dazu, daß das Détachement unter dem Kommando von Oberst Auer, welches sich am Walserberg und in Reichenhall zum Schutz der linken Flanke des IV. Korps Riesch befand, von seinem Korps abgeschnitten wurde.[163]

Die Hauptkraft unter GLt Lecourbe rückte nun in Richtung Tirolerstraße (heute Bundesstraße Nr. 1) vor, gewann diese und setzte den Vormarsch in Richtung Viehhausen und Himmelreich fort. Im Schritt ging das erste Treffen, die Kavalleriebrigade Roussel, in zwei Glieder entwickelt, in einer Breite von etwa 1.200 Metern vor. 200 Meter dahinter in vier Kolonnenblöcke entwickelte sich das zweite Treffen, das 11. Dragonerregiment, und schließlich nach weiteren 300 Metern ritt im dritten Treffen in drei Kolonnen tiefengestaffelt die Reserve, das 23. Kavallerieregiment.

---

[160] Das 11. Dragonerregiment hatte 4 Eskadronen. Das 6. und 4. Husarenregiment der Kavallerie-Reservedivision Nansouty mit je 4 Eskadronen verblieb am Ortsrand von Wals.

[161] *Dessolle*, Journal historique des operations de l'armée du Rhin depuis le 7 Frimaire, epoque de la reprise des hostilités, jusqu'au 4 Nivose, wie Anm. 61, S. 67 f; *Brunswik*, Militärischer Führer durch das Donau-Tal von Passau bis zur Marchmündung. Niederösterreich, Oberösterreich und Salzburg, wie Anm. 45, S. 53.

[162] *Maretich*, Die Gefechte in der Umgebung von Salzburg in den Jahren 1800, 1805 und 1809, wie Anm. 52, S. 203; vgl. auch *Müller*, Heimatbuch von Wals-Siezenheim, wie Anm. 134, S.225.

[163] *Zauner*, Beyträge zur Geschichte des Aufenthaltes der Franzosen im Salzburgischen und in den angränzenden Gegenden, Bd. I, wie Anm. 110, S. 262.

Diesen Kräften warf nun FML Riesch zuerst die Kavalleriebrigade Görger[164] der Division Merveldt entgegen, während die Infanteriebrigade Klein[165] derselben Division mit 10 Geschützen vorging und in Viehausen linear Aufstellung nahm.

Plötzlich lichtete sich etwas der Nebel und sofort nach Erkennen des Feindes ging die österreichische Kavallerie zur Attacke über und warf das erste französische Treffen. Das sofort zur Hilfe geeilte 11. Dragonerregiment konnte den Mißerfolg jedoch wieder ausgleichen, und die angeschlagenen Teile des ersten Treffens sammelten sich beim 23. Kavallerieregiment, um in weiterer Folge wiederum gemeinsam zur Attacke gegen die Kaiserlichen zu schreiten. Während dieses Kampfes wurde auf seiten der Österreicher der Divisionskommandant FML Merveldt verwundet und seine Reiter wichen auf Viehhausen zurück, um sich hinter der Infanteriebrigade Klein zu sammeln und anschließend den Schutz ihrer beiden Flanken zu übernehmen.[166]

Zur selben Zeit gelangte General Schinner mit seinen Truppen, lediglich durch vereinzeltes Plänklerfeuer der sich absetzenden kaiserlichen Vortruppen belästigt, durch die Remise (Bischofswald) und erreichte aus dem Wald heraustretend den Weg, der über Pointing zur Tirolerstraße bei Himmelreich führte. Hier erwartete ihn aber die in Linie entwickelte Brigade Leuven der Division Gyulai mit überraschendem, heftigem pelotonweisem Infanteriefeuer auf kürzeste Distanz. Einige Geschütze, gedeckt durch die gegrabenen Feldstellungen bei Pointing, feuerten flankierend vor die österreichischen Infanteriereihen. Die Franzosen, welche beim Durchziehen des Gehölzes anscheinend etwas in Unordnung geraten waren, konnten sich am Waldrand beim Weg wegen des heftigen und gut liegenden feindlichen Feuers nicht richtig formieren und festsetzen. Als dann auch noch General Schinner, durch eine Kanonenkugel an der Hand und durch

[164] Die Brigade Görger bestand aus den Waldeck-Dragonern (Dragonerregiment Nr. 7) und den Anspach-Kürassieren (Kürassierregiment Nr. 11) mit je 6 Eskadronen (zusammen 1.808 Reiter).

[165] Die Brigade Klein setzte sich aus dem 60. Ungarischen Infanterieregiment und dem 3. Infanterieregiment Erzherzog Carl mit je 3 Bataillonen zusammen (gesamt 4.166 Mann), wobei 1 Bataillon (600 Mann) vom 3. Infanterieregiment zu diesem Zeitpunkt im Raum Walserberg-Reichenhall detachiert war.

[166] KA, AFA 1800/Dtld/12/242; auch *Journal zur K.K. Hauptarmee in Deutschland vom 17. März bis 30. Dezember*, KA, AFA 1800/Dtld/13/6-54, S. 1; vgl. *Brunswik*, Militärischer Führer durch das Donau-Tal von Passau bis zur Marchmündung. Niederösterreich, Oberösterreich und Salzburg, wie Anm. 45, S. 54.

eine Vorderladerkugel am Oberschenkel verwundet, vom Gefecht getragen wurde, brach der Angriff völlig zusammen und die Franzosen zogen sich wieder auf Siezenheim zurück.[167] An ihre Fersen hefteten sich die vom Überraschungsschock inzwischen erholten und hinter der Division Gyulai gesammelten Vortruppen der Brigade Löpper und belästigten sie mit ständigem Plänklerfeuer. Zur Sicherung der Remise (Bischofswald) wurde den Truppen Löppers zusätzlich vom Reservekorps Liechtenstein das 31. Ungarische Infanterieregiment Benjovszky unterstellt. Dieses Regiment traf kurze Zeit später ein und machte sich an den Unterholzrändern der Remise Richtung Siezenheim verteidigungsbereit.

Auch ein Détachement des I. Korps Kienmayer unter GM Dienersperg wurde alarmiert und schnürte die Franzosen vor Siezenheim ein.[168]

In den Quellen finden wir über den Aufenthalt der Franzosen in Siezenheim vermerkt:

> ... „ Essen und Trinken mußte den Franzosen gereicht werden; sonst aber gieng Alles, auch die Nacht durch, ohne Excesse ab.“ ...[169]

Inzwischen hatte sich GLt Lecourbe mit seiner Kavallerie wieder in die Treffen formiert und ließ zur Unterstützung vor Viehhausen und Himmelreich zwei Batterien Artillerie (je 6 Geschütze) auffahren und in Stellung gehen, um mit ihrem Feuer den Angriff erneut in Schwung zu bringen. Auf einen Erfolg General Schinners zunächst noch bauend, ließ GLt Lecourbe von Viehhausen ab und setzte diesmal seine Kräfte in Richtung Himmelreich an. Hier geriet er jedoch unter den Beschuß von bis zu 32 kaiserlichen Geschützen, die auf ihn aus den Räumen Viehhausen, Pointing, Himmelreich sowie beiderseits der Tirolerstraße, bisweilen auch mit dem gefürchteten Kartätschenfeuer, wirkten. Im Zuge dieses heftigen Gefechtes gingen die Bauernhäuser von Pointing in Flammen auf. Das französische 9. Husaren-

---

167 *Maretich,* Die Gefechte in der Umgebung von Salzburg in den Jahren 1800, 1805 und 1809, wie Anm. 52, S. 203.

168 Das Détachement GM Dienersperg bestand aus $5^1/_2$ Eskadronen Mack-Kürassieren (Kürassierregiment Nr. 10) und dem 2. Ungarischen Infanterieregiment (Erzherzog Ferdinand Carl) mit 6 Geschützen (zusammen 3281 Mann).

169 *Zauner,* Beyträge zur Geschichte des Aufenthaltes der Franzosen im Salzburgischen und in den angränzenden Gegenden, Bd. II, wie Anm. 122, S. 202.

Gefechte am 13. Dezember 1800
12 - 18 Uhr

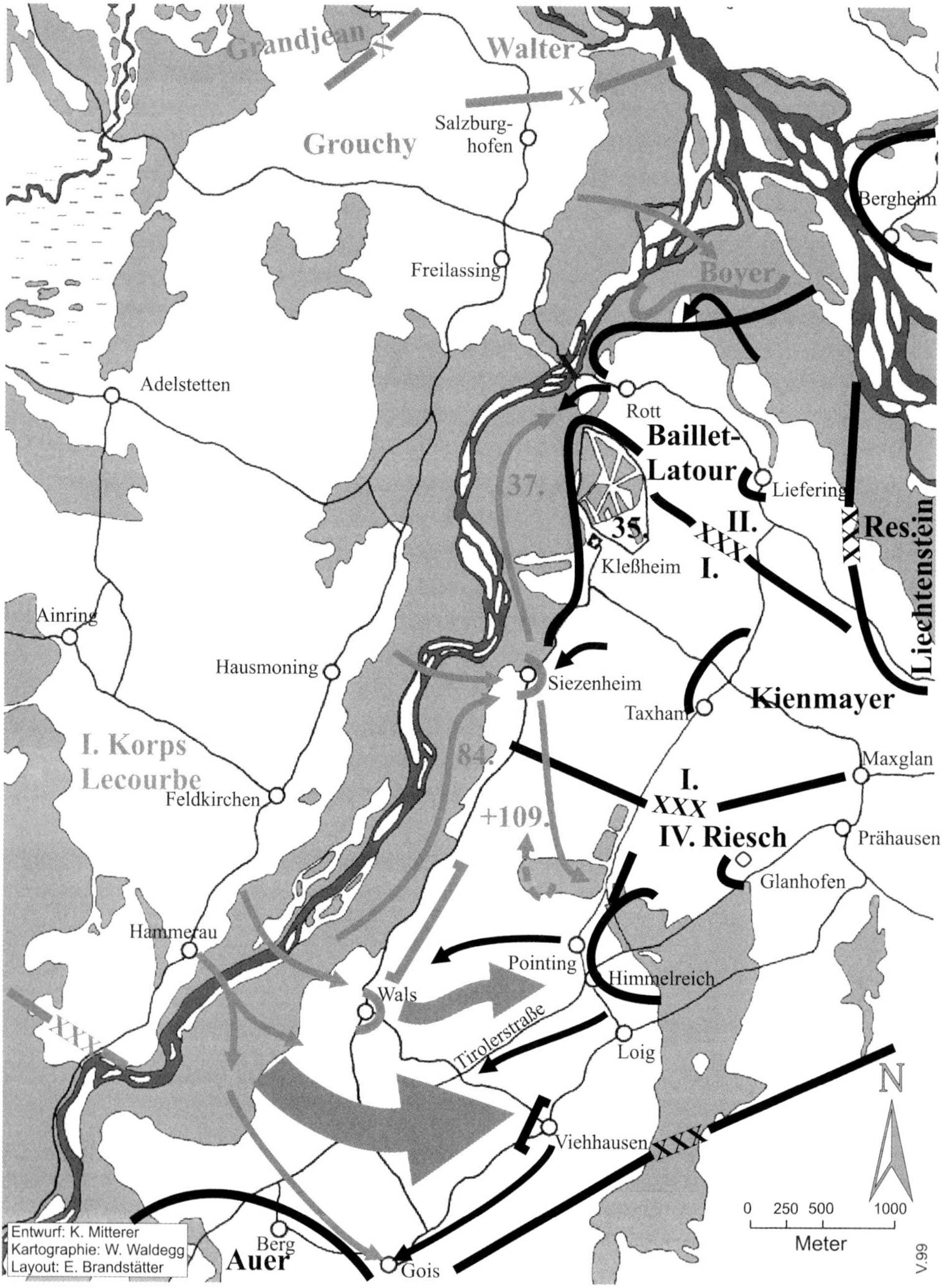

regiment (Brigade Roussel) verlor dabei den an seiner Spitze kämpfenden Regimentskommandanten Oberst Ducheron, der durch eine Kanonenkugel tödlich getroffen aus dem Sattel gerissen wurde.[170]

In dieser Phase befahl FML Riesch nach dem Erfolg bei der Remise (Bischofswald) der Division Gyulai, die Franzosen vor Himmelreich zu stellen und gemeinsam mit der Division Merveldt nach Wals zurückzuwerfen. Die Franzosen wichen vor den entschlossen angreifenden Österreichern zurück. Ja, sie konnten gerade noch fluchtartig die Geschütze aufprotzen und somit ihre eingesetzte Artillerie an den Ortsrand von Wals retten.[171]

Bei diesen Verfolgungsgefechten hatte sich besonders die Oberst-Division der Kinsky-Dragonern durch rasche und entschlossene Attacken, die dem Feind empfindliche Verluste beibrachten, ausgezeichnet.[172] Die Dunkelheit machte dem kaiserlichen Gegenangriff allerdings ein Ende und es gelang nicht, die Franzosen aus Wals zu werfen. Hier verteidigte sich erfolgreich die Division Gudin mit ihren Kräften, auch denen, die sie aus Gois samt den kaiserlichen Gefangenen wieder zurückgeholt hatte. General Gudin nahm die zurückflutenden Angriffstruppen GLt Lecourbes auf und behauptete sich in harten Abwehrkämpfen gegen die kaiserlichen Verfolger.

Die Spitzen der 37. Linien-Halbbrigade, welche von Siezenheim aus im Augehölz entlang der Saalach in Richtung Rotter Brücke vorgingen, wurden durch die Vortruppen der Kaiserlichen südwestlich von Rott erkannt, bekämpft und so am Weitermarsch gehindert.

Über eine erkundete Furt nördlich von Rott gelang es Teilen der Kavalleriebrigade Boyer, der Division Grouchy, die Saalach zu über-

[170] *Dessolle*, Journal historique des operations de l'armée du Rhin, wie Anm. 61, S. 66 ff; *Zauner*, Beyträge zur Geschichte des Aufenthaltes der Franzosen im Salzburgischen und in den angränzenden Gegenden, Bd. I, wie Anm. 110, S. 216 f; vgl. auch KA, AFA 1800/Dtld/12/242. Der im Kampf gefallene Oberst Ducheron wurde noch in derselben Nacht im Kirchhof zu Wals beerdigt; siehe *Schallhammer*, Kriegerische Ereignisse im Herzogthume Salzburg in den Jahren 1800, 1805 und 1809, wie Anm. 61, S. 11.

[171] *Journal zur K.K. Hauptarmee in Deutschland vom 17. März bis 30. Dezember*, KA, AFA 1800/Dtld/13/6-54, S. 1; auch *Brunswik*, Militärischer Führer durch das Donau-Tal von Passau bis zur Marchmündung. Niederösterreich, Oberösterreich und Salzburg, wie Anm. 45, S. 54.

[172] *Andreas von Thürheim*, Die Reiter-Regimenter der k.k. österreichischen Armee, III. Bd., Die Uhlanen, Wien 1863, S.254; vgl. auch *Wrede*, Geschichte der K. und K. Wehrmacht. Die Regimenter, Corps, Branchen und Anstalten von 1618 bis Ende des XIX. Jahrhunderts, III. Bd., 1. Hälfte, wie Anm. 53, S. 196.

winden. Eine Vereinigung mit der 37. Linien-Halbbrigade im Raume der zerstörten Rotter Brücke konnte durch das Vorgehen des Détachements Roschovsky gemeinsam mit den Vortruppen erfolgreich unterbunden werden. Es gelang jedoch Roschovsky nicht, im Rahmen eines Gegenangriffs die Truppen von Boyer wieder aus dem Augehölz zu vertreiben und über die Saalach zurückzuwerfen.[173] Die 37. Linien-Halbbrigade zog sich ebenfalls aufgrund der nun eingetretenen völligen Dunkelheit und dem gut liegenden österreichischen Infanteriefeuer, an dem sich auch einige Geschütze beteiligten, in den Raum Siezenheim zurück, um wie die anderen französischen Truppen auch im Freien zu biwakieren. Das letzte Plänklerfeuer hörte gegen 18 Uhr auf und auch auf kaiserlicher Seite kehrten die Truppen nach Ausscheiden von Nachhuten vor Wals, Siezenheim und bei Rott in ihre Feldlager zurück.

Nach beendigtem Gefecht gab das Armeekommando nachfolgenden Befehl für den 14. Dezember 1800 heraus:

. . . „ Disposition.
Auf den 14.ten December 1800

Der General Leppert (Löpper) muß die Avantgarde der hiesigen Stellung übernehmen und hiezu von dem Einfluß des Sa(a)labaches in den Salza Fluß, und längs dem rechten Ufer des besagten Baches eine schwache Beobachtungskette bis Ham(m)erau dergestalten aufstellen, daß die zum Übergang leichtesten Punkte mit Infanterie seiner beihabenden Gradiscaner und Peterwardeiner besetzt, die übrige Strecke hingegen nur mit Cavallerie, nämlich des Slavonischen Hussaren Regiments beobachtet werden, so wie solche ununterbrochen patrouiliert werden muß.

Zur Aufnahme dieser so leichten Vorkette müßen nachstehende Posten von der Armee ablösungsweise vorgestellt werden:

---

[173] Das die Vortruppen unterstützende Détachement Roschovsky bestand aus 1 Bataillon des 29. Ungarischen Infanterieregiments (Vakat-Wallis) und 4 Eskadronen des Dragonerregiments Nr. 2 (Erzherzog Ferdinand, Kronprinz); Teile der französischen Brigade Boyer verschanzten sich in der damals sogenannten Herrenau (Herrn Au), siehe dazu KA B IXa 270, 262, Franziszeische Landesaufnahme des Herzogthums Salzburg und des Fürstenthums Berchtesgaden, Blatt 37, 1:28 800; siehe auch *Gerhard Ammerer* und *Manfred Zollinger,* Des Kaisers neues Land - Militärgeographische Landesbeschreibung von Salzburg durch den k.k. Oberst Philipp de Lopez nach einer Reise im Jahre 1807, in: MGSL 138, Salzburg 1998, S. 443 - 466, bes. S. 444 f.

Auf dem rechten Flügel von der Division (Korps Baillet-Latour) 1 Baon (Bataillon) Infanterie und 1 Division (= 2 Eskadronen) Cavall(erie) vor Lief(e)ring auf der Straße gegen die Brücke des Sa(a)la Baches.

Zur der Mitte von der Division (Korps) Kienmayer 1 Batt. (Bataillon) und 1 Division (= 2 Eskadronen) Cavallerie bey Planhofen (Glanhofen).

Auf dem linken Flügel von der Division (Korps) Riesch 1 Baon. (Bataillon) und 1 Divis(ion) (= 2 Eskadronen) Cavallerie vor Viehhausen gegen die Straße von Reichenhall (Tirolerstraße).

Diese leichte Vorkette muß nach ihren Flügeln, und Mitte abgetheilt, und belehrt werden, auf welche Unterstützungen sich jeder Theil zu werfen habe, wenn der Feind den Saala Bach in besagter Stelle forcirt.

Von Hammerau aufwärts bis Reichenhall oder eigentlich bis an das Gebirg(e) vor Glanek (Glanegg), wenn man nicht mehr bis Reichenhall kommen könnte, muß die Straße von Reichenhall, und der Zwischen-Raum von Hammerau nach Glanek (Glanegg) durch ein eigenes Streif Comando von einer Escadr(on) Cavallerie dergestalten beobachtet werden, daß der linke Flügel der Armée nicht beunruhiget, und von allem verständiget werden können, was der Feind dahin zu unternehmen gedächte.

Dieses Streif Comando muß ebenfals von der Avantgard gegeben werden, und im Fall des nöthigen Rückzugs sich nach Glanek (Glanegg) oder Viehhausen auf die von der Division (Korps) Riesch vorstehende Unterstützung sich werfen.

Dermahlen, wo die Avantgard so nahe an der Armeé steht, bedarf selbe zur Beobachtung der besagten Strecke keiner weiteren Truppenzahl, als der schon beihabenden 4 Escadr(onen): Slavonier, 2 Comp(anien) Gradiscaner, und 4 Comp(anien) Peterwardeiner, und zwar um so weniger, da die Armée ihre Unterstützung selbst leistet.

E: H: Johann." . . .[174]

Aufgrund dieser Anordnung beauftragte FML Riesch (IV. Korps) seine Division Merveldt, Viehhausen mit einem Bataillon Infanterie

---

[174] KA, AFA 1800/Dtld/12/250. II.

und zwei Eskadronen Kavallerie zu besetzen. Das Détachement aus Reichenhall sollte während der Nacht auf den 14. Dezember über Berchtesgaden und Marktschellenberg zu seinem Korps einrücken, wobei das Infanteriebataillon den Auftrag bekam, im Raum Grödig - Glanegg Stellung zu beziehen, um das inzwischen dorthin befohlene Bataillon des 12. Infanterieregiments (Manfredini) abzulösen. Die Kavallerie des Reichenhaller Détachements, 4 Eskadronen des Kürassierregiments Nr. 2, erreichte erst gegen Morgen ihre Brigade Stahel. Die Division Gyulai bekam weiters den Auftrag, mit Kräften der Brigade Stahel so lange vor Wals die Franzosen zu binden und zu beobachten, bis GM Löpper seine Vorpostenkette aufgezogen hatte.[175]

Auf Anregung von Riesch veranlaßte Kienmayer (I. Korps), daß die Division Erzherzog Ferdinand zwei Bataillone Wenkheim-Infanterie (35. Infanterieregiment) noch in der Nacht in das Areal des damaligen Tiergartens von Schloß Kleßheim schickte, um die Verteidigung dort vorzubereiten.[176]

Als die Waffen schwiegen, begann für Wals eine schwere Zeit. Ein Teil der Bevölkerung, insbesondere Frauen und Kinder, konnte gerade noch rechtzeitig vor den Feindseligkeiten in die Untersbergwälder und in Richtung Grödig flüchten. Die übrigen Einwohner waren der Willkür der Franzosen ausgeliefert und verbrachten die Zeit während der Schlacht ängstlich in den Kellern ihrer Häuser. Nach dem Gefecht ging das Rauben, Zerstören und Plündern erst so richtig los:

. . . „ Schon während der Schlacht nahmen feindliche Soldaten aus den Häusern Haber, Stroh, Heu, Küchengeräthschaften und Betten, und führten Alles ins Lager. Eben so raubten sie auch alle vorfindigen Hühner, Gänse, Enten, Schweine, Schafe und 6 Stücke Hornvieh; auch wurde sonst noch besonders geplündert; und so verlor das Dorf 32 Pferde. Die Häuser an der vordern Dorfseite, und die letztern Häuser im untern Dorfe wurden am meisten hergenommen.“. . .[177]

---

[175] KA, AFA 1800/Dtld/12/ad250 III; vgl. auch *Zauner,* Beyträge zur Geschichte des Aufenthaltes der Franzosen im Salzburgischen und in den angränzenden Gegenden, Bd. I, wie Anm. 110, S. 262.

[176] *Maretich,* Die Gefechte in der Umgebung von Salzburg in den Jahren 1800, 1805 und 1809, wie Anm. 52, S. 205.

[177] *Zauner,* Beyträge zur Geschichte des Aufenthaltes der Franzosen im Salzburgischen und in den angränzenden Gegenden, Bd. II, wie Anm. 122, S. 217.

13. Dezember 1800
Entscheidung an der Salzach bei Laufen

Zur Erinnerung: Für den 13. Dezember wurde General Decaen mit seiner Vorhutdivision auf Laufen angesetzt, um im Bereich der Ortschaft einen Übergang über die Salzach zu erkunden und möglichst rasch den Fluß zu forcieren. Erklärtes Ziel Moreaus war es, die Offensive mit seinem Zentrum so voranzutreiben, daß den Kaiserlichen durch sein Vorstoßen in den Raum Neumarkt am Wallersee eine Einkesselung gedroht hätte oder nur mehr ein Ausweichen nach Süden ins Gebirge übriggeblieben wäre. Damit hätte man die Voraussetzungen für einen ungehinderten Marsch auf Österreichs Hauptstadt Wien geschaffen. Um die Stoßkraft zu erhöhen, verstärkte der Obergeneral sein Zentrum (II. Korps) um zwei weitere Divisionen des Korps Grenier (III. Korps).[178]

Die Spitze der Division Decaen stellte die Brigade Debilly mit der 14. Leichten Halbbrigade (3 Bataillone), verstärkt durch sechs Geschütze und eine Eskadron des 6. Chasseurs à cheval-Regiments von der Brigade Durutte. Dieses Vorausdétachement traf in der von den Österreichern bereits geräumten Stadt zwischen 8[30] Uhr und 9 Uhr ein und stand vor der abgetragenen Salzachbrücke. Da aber das gegenüberliegende rechte Salzachufer von den Kaiserlichen besetzt war, nahmen die Voraustruppen der Franzosen unverzüglich ihr Plänklerfeuer aus dem Raum Brücken- und Weißgärbertor gegen die Truppen unter Oberst Ambschel auf.

Oberst Ambschel hatte mit seinem Détachement, bestehend aus dem 21. Infanterieregiment Gemmingen und zwei Eskadronen Coburg-Dragonern (Dragonerregiment Nr. 6), teils auf dem in der Flußserpentine abwärts Laufen gelegenen Totenberg, teils bei der Gehöft-

---

178 Das III. Korps Grenier mußte die Division Legrand mit den Brigaden Saligny, Sabathier, Joba und Bontemps, sowie die Division Bonnet mit den Brigaden Durosnel und Heudelet an das Zentrum abgeben; siehe auch *Posselt,* Die Schlacht zu Hohenlinden in Baiern, im Jahre 1800 den 3ten Dec. - Auch der Uebergang über die Salza, Einzug in Salzburg vom 13ten und 14ten Dec., wie Anm. 54, S. 89 f.

gruppe Wimm Stellung bezogen.[179]

Der Totenberg, jener langgestreckte, in seinem oberen Bereich abgeflachte Hügel, fällt mit steilen Abhängen jäh zur Salzach ab. Auf seinem höchsten Punkt steht die Wallfahrtskirche Maria Bühel, von wo aus man eine gute Übersicht über das am linken Flußufer gelegene wellenförmige Gelände hat. Die Süd- und Ostböschung des Hügels ist eingesäumt durch den langgestreckten Ort Oberndorf, der sich knapp entlang der Salzach bis ostwärts der damaligen Straße nach Lamprechtshausen in einer Mulde fortsetzte.

Der westliche Ortsteil von Oberndorf, Altach genannt, war damals mit Laufen durch eine Brücke verbunden, von welcher eine massive breite steinerne Stiege zu einer Wallfahrtskapelle emporführt.[180] Beiderseits der Stiege hatte der k.k. Geniechef GM de Vaux bereits im August und September Feldbefestigungen zur Sicherung der Flußübergangsstelle anlegen lassen. Diese bestanden westlich der Steinstiege aus Feldstellungen für eine Batterie Geschütze, hinter deren Flügeln zwei durch einen Schützengraben verbundene Redouten lagen. Ostwärts der Steinstiege war zur Bestreichung der Brückenstelle mit gezieltem Artilleriefeuer eine weitere Redoute errichtet.[181]

Südlich vom damaligen Ort Oberndorf, noch vor dem Oichtenbach mit seinen dichten Augehölzen, vis-à-vis von Obslaufen an der Straße nach Salzburg, liegt die Gehöftgruppe Wimm. Von dieser

---

[179] KA, AFA 1800/Dtld/12/264; auch *Brunswik*, Militärischer Führer durch das Donau-Tal von Passau bis zur Marchmündung. Niederösterreich, Oberösterreich und Salzburg, wie Anm. 45, S. 55 f; vgl. auch *Nißle*, Als die Franzosen kamen. Aufzeichnungen aus dem Winter 1800/1801, wie Anm. 37, S. 30.

[180] Durch mehrere Jahrhunderte stand zwischen dem westlich gelegenen unteren Stadttor von Laufen und der Statue des Hl. Johannes von Nepomuk auf der Oberndorfer bzw. Altacher Seite der Salzach die ehemalige Laufener Jochbrücke. Bereits 1278 urkundlich, wurde sie 1904 an den neuen heutigen Standort verlegt. Bei Niedrigwasser sind die alten hölzernen Brückenpfosten auch heute noch zu erkennen. Siehe dazu *Helga Reindel-Schedl,* Laufen an der Salzach - Die alt-salzburgischen Pfleggerichte Laufen, Staufeneck, Teisendorf, Tittmoning und Waging, in: Historischer Atlas von Bayern, Teil Altbayern, 55, München 1989, S. 413, 573 und 579; vgl. auch *Hans Roth,* Schicksalsschläge der Stadt und ihrer Vororte, in: Laufen und Oberndorf. 1250 Jahre Geschichte, Wirtschaft und Kultur an beiden Ufern der Salzach, hrsg. von *Heinz Dopsch* und *Hans Roth,* Laufen, Oberndorf 1998, S. 177; siehe auch Abb. des Vorsatzes und Abb. S. 183.

[181] Die Feldbefestigungen wurden am oberen Rand des steil abfallenden Hanges zur Salzach durch Ingenieur Oberleutnant Wehn im August und September 1800 angelegt. *Maretich,* Die Gefechte in der Umgebung von Salzburg in den Jahren 1800, 1805 und 1809, wie Anm. 52, S. 206; auch *Schallhammer,* Kriegerische Ereignisse im Herzogthume Salzburg in den Jahren 1800, 1805 und 1809, wie Anm. 61, S. 5.

Gehöftgruppe bis zu dem südostwärts von Oberndorf gelegenen Mayrhof bezog die Kavallerie von Oberst Ambschel ihre Stellung. Die beiden Eskadronen Coburg-Dragoner (Dragonerregiment Nr. 6) hatten auch noch den Zusatzauftrag, die Verbindung zu den Kräften unter Major Graf Klebelsberg[182], die bei Anthering lagen, zu unterhalten.

Oberst Ambschel ließ seine Geschütze die Batteriestellungen beziehen, während die Infanterie die Redouten und Schützengräben besetzte. Zwei Kompanien Füsiliere seines III. Bataillons wurden zum Unterhalten des Plänklerfeuers in die am Salzachufer gelegenen Häuser von Altach und Oberndorf vorgeschoben. Um ein Übersetzen der Franzosen zu unterbinden, brachte man sämtliche Schiffe, derer man habhaft werden konnte, auf das rechte Salzachufer. Der Fluß stellte bei Laufen-Oberndorf ein starkes natürliches Hindernis dar, weil gerade in diesem Bereich die Salzach eine hohe Flußgeschwindigkeit aufweist und trotz Winter über eine entsprechende Breite und Tiefe verfügte.

Die Quellen berichten über das Verhalten der Österreicher bei der Ankunft der französischen Voraustruppen:

. . . „Sie (die Österreicher) hatten übrigens keine Anstalt gemacht, um das Annähern der Franken (Franzosen) zu verhindern; sie hatten diese nicht einmal mit einem KanonenSchuß begrüst; sie begnügten sich, die erhabene Böschung, welche die Brücke beherrscht, mit ihrer Infanterie zu besezen, und ihre Artillerie auf diesen Anhöhen vortheilhaft aufzustellen." . . .[183]

Gegen 9 Uhr verließ die Nachhut der Versorgungstruppen mit Teilen des Trosses des I. Korps Kienmayer Oberndorf. Die französische Artillerie der Vorhut fuhr sofort auf und

„Inquietierte . . . die . . . Bagagewägen, die den Weg nach Salz-

---

[182] Major Graf Klebelsberg diente zu diesem Zeitpunkt im Croatisch-slavonischen Grenz-Husarenregiment; *Oesterreichischer Militaer-Almanach für das Jahr 1800,* Wien 1800, S. 89. ebenso *Alphons von Wrede*, Geschichte der K. und K. Wehrmacht. Die Regimenter, Corps, Branchen und Anstalten von 1618 bis Ende des XIX. Jahrhunderts, V. Bd., Wien 1903, S. 340.

[183] *Posselt,* Die Schlacht zu Hohenlinden in Baiern, im Jahre 1800 den 3ten Dec. - Auch der Uebergang über die Salza, Einzug in Salzburg vom 13ten und 14ten Dec., wie Anm. 54, S. 91.

burg der Collone folgten, mittelst Canonen und Haubitzen feuer."[184]

Als gegen 10 Uhr vormittags der Rest der Brigade Durutte, 10. Husaren- und 17. Dragonerregiment sowie die restlichen drei Eskadronen des 6. Chasseurs à cheval-Regiments, südlich von Laufen auf der Anhöhe des Burgfeldes beim Kapuzinerkloster eintrafen, hatte das Gefecht schon lebhafte Gestalt angenommen. Einige französische Geschütze, die auf der sogenannten Siechenleite und im Pflegergarten in Stellung gegangen waren, feuerten über die Salzach auf die gegenüberliegenden Gebäude von Altach und Oberndorf.

. . . „Um halbe 12 Uhr ungefähr kommt General Dürutte mit seinem Stabe an . . . Der hochfürstliche Pfleger (von Laufen) . . . beklagt sich über die bereits verübten einzelnen Plünderungen. General Durutte versichert alles Tröstliche, verlangt Landcharten von Baiern und Salzburg, verschiedene Aufschlüsse über die Localität Laufens, und die ungesäumte Bestellung einer Tafel für sich, für General Decaen und die übrigen Generale im fürstlichen Residenzschloße, wo sie sich selbst einquartiren. Alles geschieht pünctlich . . . einzelne Haufen . . . dringen in die Stadt; und während des Schmauses der Generalität . . bricht die gewaltsamste Plünderung der Stadt diesseits der Salzach aus. Alles zittert und jammert . . . von allen Seiten werden die Leute mit ihren Habseligkeiten aus den Häusern vertrieben, und fallen neuen Räubern in die Hände. Endlich erscheint . . . (ein) Rittmeister mit einer Sauvegarde (Schutzwache) vor der Pflege, und stellt mit einer Patrouille in der Stadt wieder Ruhe her." . . .[185]

Am frühen Nachmittag traf dann das Gros der Division bei Laufen ein. Unverzüglich ließ General Decaen seine Artillerie auf dem Arbisbichl westlich der Stadt und auf dem Burgfeld in Stellung gehen und die Kaiserlichen heftig beschießen. Auch ordnete er ein verstärktes Plänklerfeuer auf Altach und Oberndorf an. Zu diesem Zweck verstärkte er seine Truppen am Salzachufer durch die 2. Polnische

[184] KA, AFA 1800/Dtld/12/264; vgl. auch *Maretich*, Die Gefechte in der Umgebung von Salzburg in den Jahren 1800, 1805 und 1809, wie Anm. 52, S. 205.

[185] *Zauner*, Beyträge zur Geschichte des Aufenthaltes der Franzosen im Salzburgischen und in den angränzenden Gegenden, Bd. II, wie Anm. 122, S. 23 f.

Legion unter General Kniacewicz.[186] Auch die Kaiserlichen führten jetzt einen intensiven Feuerkampf und fügten den Franzosen und Polen ständig Verluste zu. Im Verlauf dieses Gefechtes wurde eine österreichische Kanone am Totenberg ausgeschaltet. Aber auch den Kaiserlichen gelang es, mittels Volltreffer zwei französische Geschütze am Arbisbichl und eines am Burgfeld zu zerstören. Dennoch erreichten die Franzosen durch permanenten gut liegenden Beschuß, daß die beiden Eskadronen vom Coburg-Dragonerregiment vom Uferbereich und von der Straße Richtung Salzburg ins Angelände zurückgedrängt wurden. Dies bewirkte, daß die Aufmerksamkeit der Österreicher sich nun auf Laufen konzentrierte.[187]

Der „Hochfürstliche Pfleger" von Laufen wurde abermals zu den Generalen Decaen, Durutte, Debilly und Kniacewicz befohlen. Man verlangte von ihm, Übergänge und Untiefen zum Überschreiten der Salzach mitzuteilen. Da der Pfleger nicht imstande war, eine fachkundige Auskunft zu geben, wurde der „verpflichtete Wasseraufseher" gerufen. Dieser mußte mit einem Erkundungsdétachement, bestehend aus Teilen der 4. Halbbrigade, 14. Leichten Halbbrigade und des 6. Chasseurs à cheval-Regiments (gesamt ca. 400 Mann), den General Durutte die Salzach aufwärts begleiten.

Eindrucksvoll berichten die Quellen:

. . . „er (Durutte) habe dem Schiffer (verpflichteten Wasseraufseher), wenn er ihm eine Furt entdecken würde, 100 Louisdors versprochen; als aber dieser antwortete, er wisse keine Furt und es gebe auch keine, habe er ihm mit dem Todschießen gedrohet, und, zum Zeichen des Ernstes, ihm bereits die Augen verbinden lassen. Doch der Schiffer verharrte immer noch auf seiner ersten Antwort, und betheuerte, daß er unschuldig sterbe. Er wurde nun wieder seiner

186 Das Burgfeld hatte zur damaligen Zeit eine größere Ausdehnung nach Westen und Norden und reichte bis knapp an die Salzach heran; *Roth,* Schicksalsschläge der Stadt und ihrer Vororte, in: Laufen und Oberndorf. 1250 Jahre Geschichte, Wirtschaft und Kultur an beiden Ufern der Salzach, wie Anm. 180, S. 177 f, auch Abb. des Vorsatzes. Die 2. Polnische Legion bestand aus 3 Bataillonen Infanterie und 4 Eskadronen Lanciers. *H. de Carrion-Nisas,* Campagne des Francais en Allemagne – Année 1800, in: Mémorial du Dépôt général de la guerre, Tome V, Paris 1829, S. 429.

187 *Maretich,* Die Gefechte in der Umgebung von Salzburg in den Jahren 1800, 1805 und 1809, wie Anm. 52, S. 207; auch *Seida,* Historisch-Chronologische Darstellung des wichtigen Feldzugs in Deutschland vom Jahre 1800, wie Anm. 56, S.410.

Augenbinde entlediget, und wegen seiner Standhaftigkeit belobet."[188]

Auf Höhe Obslaufen entdeckte man am rechten Ufer vertäut einen Transportkahn. Zwei Jäger und ein Tambour der 14. Leichten Halbbrigade durchschwammen trotz der strengen Kälte die reißende Salzach und es gelang ihnen unter größten Anstrengungen, den Kahn auf das linke Ufer zu holen. Weiter den Fluß aufwärts, bei der Gehöftgruppe Villern, gelang es den Franzosen, einen zweiten Transportkahn in ähnlicher Weise zu erbeuten.[189]

Mit Hilfe beider Kähne setzten die Truppen des Erkundungsdétachements rasch über den Fluß. Auch die Reiterei entdeckte nach längerem Suchen doch eine einigermaßen brauchbare Furt. Nach Sicherung der Anlandezone schlichen sich zwei Kompanien unter Kommando von Capitän Caseneuve und Jean durch das Augehölz zur Gehöftgruppe Wimm, die aufgrund des massiven Artilleriefeuers gegen die Coburg-Dragoner gerade unbesetzt war. Zunächst verbarrikadierten sich die Franzosen in Wimm und warteten das Einfließen der restlichen übergesetzten Truppen ab. General Decaen entsandte nun seinen kommandierenden Adjutanten Plausanne mit dem Befehl, den Angriff in Richtung Oberndorf zu beginnen und den General Durutte, der die Kavallerieverbände vor Laufen führen sollte, abzulösen.[190]

Mit Einsetzen des Sonnenuntergangs kurz nach 16 Uhr drang nun das Détachement in den ostwärtigen Ortsteil von Oberndorf ein, nachdem zuvor ein Angriff der Coburg-Dragoner in die Flanke aus dem Raum Mayrhof im Pelotonfeuer des rasch gebildeten Schützenkarrees zusammenbrach. Von den zu Hilfe eilenden Chasseurs über eine kurze Strecke verfolgt, setzte sich die kaiserliche Reiterei über Kreuzerleiten und Ziegelhaiden nach Maria Bühel ab. Die in Laufen verschanzten französischen und polnischen Truppen erhöhten ihre

---

[188] *Zauner,* Beyträge zur Geschichte des Aufenthaltes der Franzosen im Salzburgischen und in den angränzenden Gegenden, Bd. II, wie Anm. 122, S. 25 *).

[189] *Dessolle,* Journal historique des operations de l'armée du Rhin depuis le 7 Frimaire, epoque de la reprise des hostilités, jusqu' au 4 Nivose, wie Anm. 61, S. 63; vgl. ebenfalls *Varnbüler,* Ueber den Feldzug der deutschen und französischen Armee in Deutschland, im Sommer und Winter des Jahres 1800, wie Anm. 49, S. 209.

[190] *Ernst Ludwig Posselt,* Europäische Annalen, Jahrgang 1801, I. Bd., Tübingen 1801, S. 156; auch *Brunswik,* Militärischer Führer durch das Donau-Tal von Passau bis zur Marchmündung. Niederösterreich, Oberösterreich und Salzburg, wie Anm. 45, S. 56.

Peloton- und Bataillonssalven auf die Kaiserlichen jenseits der Salzach derart, daß die in Altach und Oberndorf eingenisteten Vortruppen vom Ufer zum Rückzug gezwungen wurden.

Inzwischen trieben die aus Richtung Wimm angreifenden Franzosen, die einen Teil von Oberndorf bereits im Nahkampf erobert hatten, alle Schifferleute, deren sie habhaft werden konnten, zusammen und zwangen sie, die am rechten Ufer verankerten Kähne und Plätten nach Laufen zu bringen. Dort wurden die erbeuteten Wasserfahrzeuge im Bereich oberhalb des Bürgerturmes gesammelt.[191]

Begünstigt durch die bereits fortgeschrittene Dämmerung, Pulverrauch und aufziehenden Nebel über der Salzach, stürmten auf ein vereinbartes Zeichen mit einer kleinen Glocke der Stiftskirche Teile der Brigade Debilly durch die westlich gelegenen Tore zum Gestade des Flusses. Rasch waren die Kähne und Plätten von Soldaten bestiegen und unter geringen Verlusten nach Oberndorf und Altach übergesetzt.[192] Um die 800 Mann griffen sofort nach Ankunft am jenseitigen Ufer an und vertrieben nach Vereinigung mit den Kräften, die aus Wimm vorstießen, im Nahkampf mit dem Bajonett die dort verteidigenden Füsiliere des 21. Infanterieregiments Gemmingen.

Da die Dämmerung nun bereits stark fortgeschritten war, die Redouten auf dem Totenberg aufgrund ihrer beherrschenden Lage von den Franzosen infanteristisch nicht zu erobern waren, befahl General Decaen nach weiterer Verstärkung der übergesetzten Truppen einen Angriff in Flanke und Rücken der Österreicher über die Gehöftgruppe Gastag. Gleichzeitig wurde ein Bataillon Infanterie mit Beuteschiffen die Salzach abwärts bis auf Höhe Osing geschickt, um dort die kaiserlichen Sicherungsposten vom Ufer zu vertreiben und über Maria Bühel anzugreifen. Gelänge rasch eine Vereinigung mit den Kräften aus dem Raum Gastag, wären in der Folge die Österreicher eingekesselt und besiegt.

Oberst Ambschel erkannte jedoch rechtzeitig das französische Vorhaben, brach das Gefecht ab, protzte seine restlichen fünf Kano-

---

[191] *Dessolle,* Journal historique des operations de l'armée du Rhin depuis le 7 Frimaire, epoque de la reprise des hostilités, jusqu' au 4 Nivose, wie Anm. 61, S. 64; auch *Maretich,* Die Gefechte in der Umgebung von Salzburg in den Jahren 1800, 1805 und 1809, wie Anm. 52, S. 207 f.

[192] *Zauner,* Beyträge zur Geschichte des Aufenthaltes der Franzosen im Salzburgischen und in den angränzenden Gegenden, Bd. II, wie Anm. 122, S. 27 f.

Gefechte bei Laufen am 13. Dezember 1800

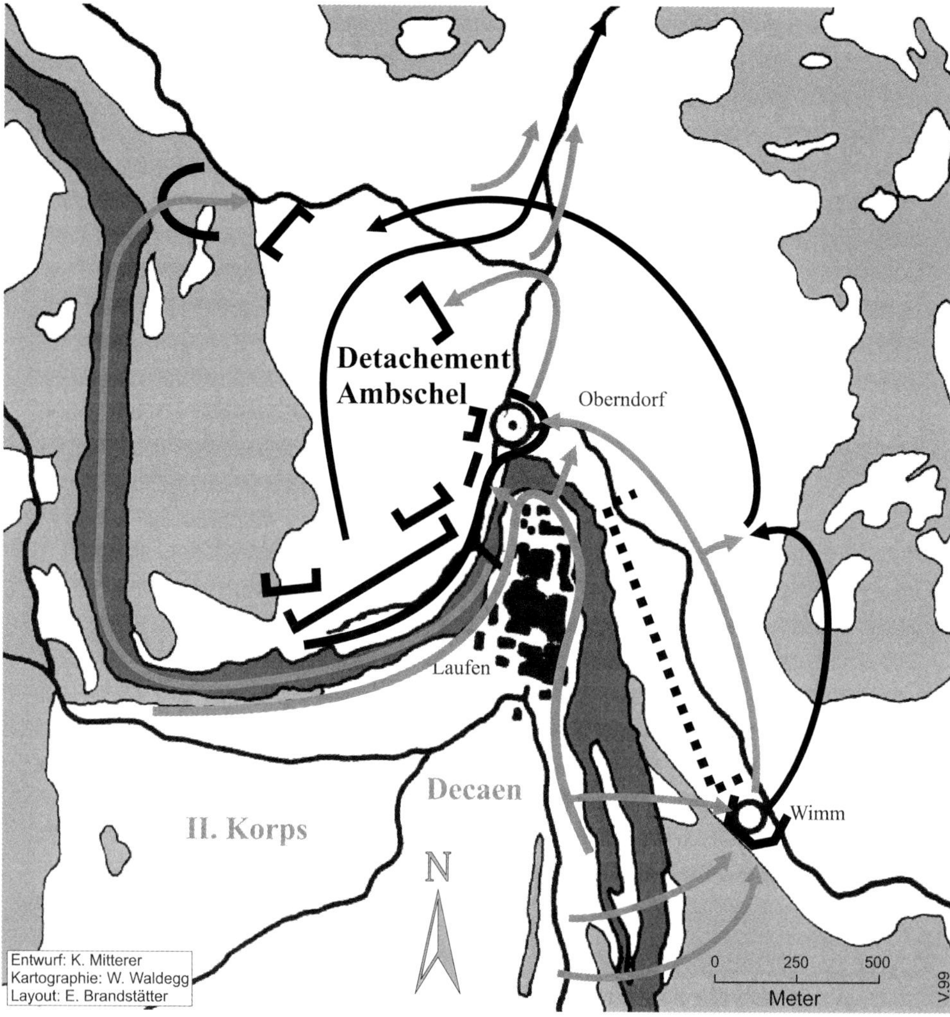

nen auf und schlug sich kämpfend über Bichlhaiden zur Straße nach Lamprechtshausen durch.

Bei Maria Bühel verschafften die Coburg-Dragoner durch eine kühne Attacke gegen die vis-à-vis Osing angelandeten Franzosen den absetzenden österreichischen Truppenteilen während der Absetzbewegung etwas Luft. Dies galt vor allem für die schweren Artilleriegespanne. Unmittelbar danach mußten die Dragoner aber auch die feindlichen Kräfte im Raum Gastag zurückschlagen, um ein weiteres und vollständiges Absetzen der kaiserlichen Infanterie zu ermöglichen. Die französischen Angreifer machten lediglich um die 150 bis 200 Mann Gefangene samt vier Offizieren.[193]

Unter ständigen Feuerhalts gingen die Bataillone vom Détachement Oberst Ambschel überschlagend bis Lamprechtshausen, von den Franzosen energisch verfolgt, zurück. Wo es das Gelände und die Sicht erlaubten, attackierten auch die Coburg-Dragoner.

Die ganze Nacht wurde auf äußerst schlechten Wegen in Richtung Mattighofen durchmarschiert. Große Verzögerungen verursachten zurückströmende Troßteile der Versorgungstruppen, die sich verirrt hatten und nun ihre Regimenter suchten. Erst am 14. Dezember gegen 4 Uhr früh erreichte Oberst Ambschel mit seinen Truppen Mattighofen, wo er den Major Endrödy[194] mit zwei Eskadronen Ferdinand-Husaren (Husarenregiment Nr. 3), einem mobilen Feldspital sowie weiteren bayerischen und österreichischen Versorgungstruppen antraf.

Nach dem gelungenen Übersetzen über die Salzach befahl General Decaen die unverzügliche Wiederherstellung der Jochbrücke über den Fluß. Als zwischenzeitliche Notlösung ordnete er unter der Leitung eines Pionieroffiziers den Bau einer sogenannten „fliegenden Brücke" durch eine eben eingetroffene Sappeurkompanie an. In den Blättern der Standl´schen Familienchronik wird dieser Vorgang so geschildert:

[193] *k. k. Kriegs-Archiv*, Kriegs-Chronik Österreich - Ungarns. Militärischer Führer auf den Kriegsschauplätzen der Monarchie, II. Theil, wie Anm. 50, S. 102; ebenfalls *Maretich*, Die Gefechte in der Umgebung von Salzburg in den Jahren 1800, 1805 und 1809, wie Anm. 52, S. 208.

[194] KA, AFA 1800/Dtld/12/264; vgl. auch *Andreas von Thürheim*, Die Reiter-Regimenter der k.k. österreichischen Armee, II. Bd., Die Hussaren, Wien 1862, S. 71.

. . . „Mit Kolbenstößen sah man jetzt Schöffleute aus dem Stadttore zur Salzach bringen, wo schnell eine Schiffbrücke aus ein paar dahängenden Hollaschplätten zusammengemacht wurde. Mit Fußtritten und Gewehrkolben zwangen die Franzosen die armen Schiffer zur Arbeit. Bei jedem Schiffer drei Mann mit Gewehr im Anschlag und aufgezogenem Hahn, so wurde die Schiffbrücke errichtet.". . .[195]

Das Gros der Division Decaen nächtigte in und bei Laufen und begann bei Tagesanbruch des 14. Dezembers, die Salzach zu überschreiten. Diese Nacht blieb für die Bevölkerung von Laufen und Umgebung noch lange in unangenehmer Erinnerung:

. . . „Auch ergeht heute . . . die erste schriftliche Französische Requisition des Kriegscommissärs Majean zum Behufe des beweglichen Spitals um 20 Wägen, und um 10,000 Portionen Brod für das Militär. Es kommt eine außerordentliche Menge Französischer Soldaten zu Fuße und zu Pferde in die Stadt. Neben den Pflegamtlichen Anweisungen werden noch zahllose Quartiere für Mann und Pferd erzwungen. Größere Gewerbshäuser müssen 100 bis 200 Mann, und die geringsten 10 bis 20 Soldaten aufnehmen. Aus Vorhäusern, Kellern und sogar Zimmern werden Ställe für Pferde; und doch bivouaquirt noch eine Menge Volks nebst Pferden, mit großen Feuern umgürtet, auf den Plätzen, in Gassen und Winkeln der Stadt und der Vorstädte. Wir scheinen in einem Flammenmeere zu seyn, schweben in der höchsten Angst eines plötzlichen Brandes, und leiden dabey die ganze Nacht durch Diebstahl, Raub und Plünderung von allen Seiten. Sogar der Tabernakel in der Stiftskirche wird erbrochen;"[196]

Kaum hatte Obergeneral Moreau vom Erfolg der Division Decaen Kenntnis erlangt, erging an die Division Richepanse der Befehl, den Marsch nach Laufen möglichst zu beschleunigen. Der Korpskom-

---

[195] *Karl Adrian,* Unser Salzburg. 1816 - 1916. Ein Heimatbuch für die Jugend und das Volk, Wien 1916, S. 90.

[196] *Zauner,* Beyträge zur Geschichte des Aufenthaltes der Franzosen im Salzburgischen und in den angränzenden Gegenden, Bd. II, wie Anm. 122, S. 30 f.

mandant General Grenier (III. Korps) mußte seine Divisionen Bonnet[197] und Legrand, die bereits vor Waging standen, ebenfalls nach Laufen abrücken lassen. Auch vom I. Korps GLt Lecourbe wurden zwei der drei Brigaden der Division Grouchy für den 14. Dezember morgens dorthin beordert.[198] Die Brückengerätschaften samt den dazugehörenden Truppen, die bis dato dem Korps Lecourbe zugewiesen waren, wurden bis auf die bereits verbauten Pontonbrücken bei Wals und Siezenheim gleichfalls noch in der Nacht zum 14. Dezember in Eilmärschen nach Laufen geschickt.[199]

Die Kavallerie-Reservedivision d'Hautpoult sollte über Teisendorf im Verlauf des 14. Dezembers hinter dem I. Korps GLt Lecourbe aufmarschieren und Obergeneral Moreau als disponierbare Reserve zur Verfügung stehen.[200]

GLt Lecourbe erhielt den Auftrag, die eroberte Saalachlinie zu verteidigen. Die Verteidigung sollte nach Möglichkeit so geführt werden, daß die Hauptkräfte der Kaiserlichen im Großraum Salzburg gebunden blieben, um die eben erst gewonnene Übergangsstelle bei Laufen nicht durch einen Gegenangriff der Österreicher zu gefährden.

Weil Moreau seinen Lecourbe und dessen „unbegrenzten Ehrgeiz“ kannte, gab er ihm den Kommandierenden Adjutanten der

---

[197] Bekanntlich wurden die Divisionen nach ihren Kommandanten benannt. General Bonnet führte zu diesem Zeitpunkt die Division interimistisch, da der Kommandant General Bastoul bei der Schlacht von Hohenlinden schwer verwundet und nach München transportiert wurde. General Bastoul erlag seinen Verwundungen am 15. Jänner 1801. In mehreren Quellen und in der Literatur wird die Division auch öfters noch nach Bastoul benannt; *Heilmann*, Der Feldzug von 1800 in Deutschland. Mit besonderer Bezugnahme auf den Anteil der bayerischen Truppen bearbeitet, wie Anm. 27, S. 64 mit Anm. *).

[198] *Dessolle*, Journal historique des operations de l'armée du Rhin depuis le 7 Frimaire, epoque de la reprise des hostilités, jusqu' au 4 Nivose, wie Anm. 61, S. 65; vgl. ebenfalls *Schneidawind*, Das Leben des Erzherzogs Johann von Oesterreich. Mit besonderer Berücksichtigung der Feldzüge dieses Prinzen in den Jahren 1800, 1805, 1809 und 1815, wie Anm. 52, S. 42.

[199] *Seida*, Historisch-Chronologische Darstellung des wichtigen Feldzugs in Deutschland vom Jahre 1800, wie Anm. 56, S. 411; auch *Posselt*, Die Schlacht zu Hohenlinden in Baiern, im Jahre 1800 den 3ten Dec. - Auch der Uebergang über die Salza, Einzug in Salzburg vom 13ten und 14ten Dec., wie Anm. 54, S. 94.

[200] *Schneidawind*, Das Leben des Erzherzogs Johann von Oesterreich. Mit besonderer Berücksichtigung der Feldzüge dieses Prinzen in den Jahren 1800, 1805, 1809 und 1815, wie Anm. 52, S. 42; auch *Günther*, Geschichte des Feldzuges von 1800, wie Anm. 20, S. 148.

Jean-Joseph-Paul-Augustin Dessolle
(3. Oktober 1767 - 3. November 1828)

Nachbearbeitete Abbildung aus: Portraits des Généraux Francais, faisant suite aux victoires et conquêtes des Francais, hrsg. von C.L.F. Panckoucke, Paris 1818.

Rheinarmee, General Mangin, quasi als „Aufpasser" zur Seite.[201] In den französischen Quellen, insbesondere in den Berichten des Generalstabschefs Dessolle, finden die bestehenden Spannungen und Gegensätze zwischen Moreau und Lecourbe kaum eine Erwähnung. Lediglich in den Aufzeichnungen eines anonym bleibenden Generalstabsoffiziers, der zu dieser Zeit schon länger im Stab der Rheinarmee diente, wird über „verschiedene delikate Verhältnisse (Vorkommnisse)" zwischen den beiden berichtet.[202]

---

[201] „. . . Dieses geschieht jedoch nur dann hauptsächlich, wenn der Obergeneral sich von der pünktlichen Ausführung seiner Anordnungen versichern will, und in der nämlichen Absicht schickt er auch oft Offiziere vom Generalstabe an die verschiedenen Divisionen ab, wo sie nichts weiter zu thun haben, als den Gang der Operationen zu beobachten, um ihm von allem mündlichen Bericht erstatten zu können." . . . *Woyda,* Briefe eines französischen Offiziers geschrieben im Jahre 1800 aus Steiermark, Kärnthen, Italien, der Schweiz, Baiern und Salzburg, wie Anm. 48, S. 343 f.

[202] *A. u.,* Moreau und sein lezter Feldzug - eine historische Skizze von einem Offizier seines Generalstabes, wie Anm. 51, S. 108 f unter Anm. *); auch *Jochmus,* General Moreau. Abriß einer Geschichte seines Lebens und seiner Feldzüge, wie Anm. 51, S. 158.

14. Dezember 1800
Die Entscheidung zwischen Saalach und Salzach

Noch in der Nacht vom 13. auf den 14. Dezember gewann Erzherzog Johann durch zahlreiche Meldungen ein klares Bild über die Ereignisse in Laufen.[203]

So meldete beispielsweise Major Graf Klebelsberg aus Anthering, daß der Gegner in unbestimmter Stärke die Salzach bei Laufen forciert und nach heftigen Gefechten das Détachement Oberst Ambschel von allen Verbindungen nach Salzburg abgeschnitten hätte. Weiters wurden auch das Übersetzen weiterer französischen Truppen sowie das Errichten der Plättenbrücke und die Arbeiten zur Wiederherstellung der Jochbrücke aufgeklärt und an das Hauptquartier gemeldet. Die Truppenbewegungen zur Schwergewichtsbildung bei Laufen konnten ebenfalls durch einzelne Meldungen bis zum frühen Morgen des 14. erkannt werden.

Am Morgen traf auch noch ein Bericht des Détachements Oberst Baron Wacquant, datiert vom 13. Dezember 15 Uhr, aus Burghausen ein, der den Aufmarsch der französischen Truppen unter General Ney vor seinem Verteidigungsbereich schilderte.[204] Mit einem Angriff auf die Kaiserlichen in Burghausen sowie mit einem Forcieren der Salzach in weiterer Folge mußte daher jederzeit gerechnet werden.

All diese Nachrichten ließen den Erzherzog die Situation richtig erkennen und veranlaßten ihn, den Entschluß zu fassen, die Saalach-Salzach-Linie aufzugeben und den Rückzug hinter die Traun anzutreten. Um dennoch den Gegner noch einmal zu schwächen und somit auch etwas Zeit für die Rückzugsbewegungen zu gewinnen, wollte er noch einmal das Glück der Waffen versuchen. Am frühen Morgen erließ der Erzherzog folgenden Armeebefehl:

---

203 KA, AFA 1800/Dtld/12/260 $^1/_4$ sowie KA, AFA 1800/Dtld/13/6-54, S.2; auch *Schallhammer*, Kriegerische Ereignisse im Herzogthume Salzburg in den Jahren 1800, 1805 und 1809, wie Anm. 61, S. 12.

204 KA, AFA 1800/Dtld/12/240.

. . . „Disposition
Zum Rückzug nach Neumarck(t) am 14. Decbr (1)800

Das Corps de Reserve gibt das Husaren Regmt (Regiment) Veczai (Vécsey) an die Ariergarde (Arrièregarde) ab, welche General Loepper (Löpper) zu führen hat; die Grenadiers und die übrige Cavallerie dieses Corps samt dem Regiment Benjovsky (Benjovszky), rüken mit Empfang deßen sogleich auf das rechte Salza Ufer, und stellen sich mit denen, alda befindlichen 2 Baon (Bataillonen) Stein (Stain) und dem Regmt (Regiment) Coburg über Bergham (Bergheim) gegen Andringen (Anthering) auf, versichern der übrigen Armee andurch die hiesige Schiffbrüke, gegen jene feindliche Colonne, welche bey Laufen bereits das rechte Ufer gewonnen haben solle, die Cavallerie streift bis hinter den Trummer – oder Mattsee, ja selbst bis gegen Mattichofen (Mattighofen) damit der Feind, nicht früher die Straße von Mattsee und Neumark(t) beunruhigen könne; erst wenn die ganze Armee über die Salza rükgegangen und die Straße nach Neumark(t) eingeschlagen hat, zieht sich das Corps de Reserve über Mattsee, Schledorf (Schleedorf), und Kestendorf (Köstendorf) ebenfals nach Neumark(t).

Die übrigen 3 Divis(ion)s (Korps) müßen heute den 14 ten noch in ihrer Stellung aushalten, und solche mit aller Aufopferung behaupten, erst mit einbrechender Dämmerung rüket die Divis(ion) (das Korps) Riesch über die Stadt Schiffbrüke auf der Straße nach Neumark(t) fort, gibt das 60te Infanterie Regt (Regiment), hingegen an dafür General Loeppert ab, welcher die Div.(ision) (das Korps) Baillet über die Pontonbrüke folget und die Div.(ision) (das Korps) Kienmaier (Kienmayer) über die Stadtschiffbrüke das rechte Ufer gewinnet, alda aufmarschiert und die Pontonsbrüke abzutragen, und abzuführen, deket, dann ebenfals nachrückt, wenn auch die von der Stadt geschlagene abgetragen und die Schiffe an das rechte Ufer gebracht sind.

Die Ariergarde (Arrièregarde) bleibt bis am 15 t früh noch auf dem linken Salza Ufer stehen, nimt ihren Rükzug durch die Stadt und kann solcher erlauben, eine Deputation an den Feind zur Übergabe der Stadt im letzten Augenblike zuschiken, wodurch die Ariergarde (Arrièregarde) noch einige Zeit gewinnen kann.

Die Armee stellt sich am 15 t vor Neumark(t) auf Major Petrich und Samets werden den Platz anweisen, und die Divis(ion) (das

Korps) Kienmaier (Kienmayer) muß die Aufnahme, und Dekung der Ariergarde (Arrièregarde) leisten.

Das Hauptquartier komt nach Straaswalchen (Straßwalchen) hinter Neumark(t).

E: H: Johann" . . .[205]

Gleichzeitig erging an das verbündete bayerische „Subsidien-Corps" folgende Weisung:

. . . „An Generallieutenant von Zweibrücken.
Salzburg am 14 ten December.
Gleich nach Empfang deßen haben der Herr Generallieutenant mit Ihrem Corps aufzubrechen und nach Vöglabruk (Vöcklabruck) zu marschieren, wohin Ihnen die weiteren Befehle folgen werden, nur erinnert man vorläufig, die Örter an der Straße nicht zu belegen, und auf solcher die strengste Ordnung zu halten, nachdem dies der einzige Colonnenweg ist, den die Armee mit ihrem Gepäk nehmen kann." . . .[206]

Gegen 5 Uhr früh begann die österreichische Armee bereits mit dem Abkochen, um sich in weiterer Folge für die Schlacht bereitzumachen. Kranke und Marschmarode begannen die Lager abzubrechen. Um diese Zeit erreichten Meldereiter von GM Löppers Vortruppen die Lager und meldeten, daß die Marschtrommler der Franzosen bereits den „allgemeinen Streich" (la générale) geschlagen hatten und man innerhalb der nächsten zwei Stunden mit ihrem Aufmarsch rechnen muß.[207]

Dem Armeebefehl entsprechend brach das Reservekorps unter

---

205 KA, AFA 1800/Dtld/12/250. I.

206 Die Bayern hatten ihre Quartiere verteilt über den Großraum Mattsee, Seekirchen, Thalgau, Neumarkt a. W. und Straßwalchen; KA, AFA 1800/Dtld/12/251; vgl. auch *Heilmann*, Der Feldzug von 1800 in Deutschland. Mit besonderer Bezugnahme auf den Anteil der bayerischen Truppen bearbeitet, wie Anm. 27, S. 71; k.k. Kriegsarchiv/Fasc. 12, Stk. 551, Abschrift, Journal pro December 1800 Churpfalzbairisches Subsidien-Corps betreffend, den 14ten.

207 Siehe bei *Herbert Schwarz*, Gefechtsformen der Infanterie in Europa durch 800 Jahre, München 1977, S. 393.

FML Fürst Liechtenstein sofort nach dem Abkochen aus dem Lager hinter Liefering über die von den Pionieren errichteten Salzachbrücken in den Raum Bergheim auf.[208]

Kurz nach 7 Uhr früh brachen GLt Lecourbes Vortruppen nördlich und südlich von Wals aus den Aulandschaften mit großer Zahl hervor und vertrieben die aus Grenzertruppen GM Löppers bestehenden österreichischen Vorposten. Diese Teile der Grenzer wurden in weiterer Folge hinter dem IV. Korps Riesch gesammelt und, verstärkt mit zwei Geschützen, in den Verfügungsraum Leopoldskron zur Sicherung des Sommerpalastes abkommandiert.[209]

Nur widerwillig stimmte Moreaus Kommandierender Adjudant General Mangin dem Plan Lecourbes zu, einen begrenzten Angriff in Richtung Viehhausen durchzuführen mit dem Zweck, möglichst zahlreiche kaiserliche Truppen vor Ort zu binden. Der Aufmarsch von weiteren Angriffskolonnen im Raum Siezenheim Richtung Taxham wurde Lecourbe von General Mangin jedoch strikt untersagt.

Unter dem Schutz von Tirailleurs fuhren vier Batterien Geschütze zwischen Wals und Siezenheim auf und begannen unverzüglich, mit heftigem Feuer die Österreicher im Raum Remise (heute Bischofswald), Pointing, Himmelreich und Viehhausen zu beschießen. Die Kaiserlichen erwiderten kurze Zeit später die Kanonade.

Um die infanteristischen Kräfte zu verstärken, befahl Lecourbe die Ablöse der 84. Linien-Halbbrigade in Siezenheim durch die in der Nähe lagernde 109. Linien-Halbbrigade. Die kampferprobte 84. mußte unverzüglich nach Wals rücken, um sich dort für den Angriff bereitzuhalten.

[208] KA, AFA 1800/Dtld/12/252, Relation über die Affaire vom 14ten December, FML Liechtenstein; vgl. auch *Conrad Hinrichs*, Hrsg., General Moreau´s Leben und Feldzüge mit hierauf beziehenden merkwürdigen Anecdoten, wie Anm. 49, S. 133 f.

[209] „So tapfer sich diese (österreichischen) Truppen hier verhielten, so übel hausete ein Gränitzer (Gradiscaner Grenzinfanterie) = Freycorps, welches mit 2 Canonen beym Gräfl. Firmianischen Sommerpalaste Leopoldskrone von frühe 10 Uhr bis Abends 9 Uhr stand, und sich dann den retirirenden (zurückziehenden) Truppen anschloß. Diese Leute wurden mit Speise und Trank bedient; sie waren aber damit nicht zufrieden; sie forderten noch Geld, wollten von jedem Individuum 2 Kronenthaler haben, plünderten den herrschaftlichen Jäger und Amtmann, mißhandelten den Verwalter, dessen Hund sie zusammenschossen, sprengten die Thüre zu des Verwalters Zimmer ein, zerhieben die Kästen, raubten und plünderten; und, um bey dieser Beschäfftigung nicht gestört zu werden, stellten sie 2 Wachen an die Stiege. Der Verwalter und Gärtener mußten sich verstecken, um der Gefahr, todtgeschossen zu werden, zu entkommen. Dieses Freycorps zog nun Abends durch die schöne Allee ab, und plünderte in den nahe daranliegenden Meyereyen, ja im Hause des Besitzers des Drahtzuges in der Riedenburg schoß es sogar durch die Fenster in das Wohnzimmer zu obner Erde.". . . in: *Zauner*, Beyträge zur Geschichte des Aufenthaltes der Franzosen im Salzburgischen und in den angränzenden Gegenden, Bd. II, wie Anm. 122, S. 218 *).

In der Zwischenzeit entwickelte sich die Brigade Puthod der Division Gudin südlich von Wals vorwärts des Mühlbaches im Bereich der Aumühle.

Die 94. und 36. Linien-Halbbrigade standen zunächst noch in Bataillonskolonnen nebeneinander im ersten Treffen und schoben ihre Tirailleurskompanien vor. Dahinter stellte sich das zweite Treffen, bestehend aus der verminderten Brigade Marula, auf, wobei zwei Bataillone der 38. Linien-Halbbrigade, ebenfalls in Kolonnen formiert, jeweils mittig hinter einer Halbbrigade des ersten Treffens in Position gebracht wurden. Das 8. Husarenregiment dieser Brigade übernahm, mit zwei Geschützen der reitenden Artillerie verstärkt, die Sicherung der rechten Flanke der Division. Seinen Platz fand es eskadronsweise hinter dem rechten Flügelbataillon des zweiten Treffens. Das dritte Treffen bzw. die Reserve bildeten die dahinter aufgestellten Eskadronen des 4. und 6. Husarenregiments der Kavalleriedivision Nansouty.[210] In einer Breite von ca. 1.200 Metern setzten sich die Angriffskolonnen in Richtung Gois über die Walser Felder in Bewegung.

Nach Überschreiten der Tirolerstraße schwenkten die Angriffsspitzen hart links Richtung Viehhausen ein. Das 8. Husarenregiment scherte mit seinen Geschützen nach rechts aus und sicherte, sich ostwärts von Gois in Linie eskadronsweise aufstellend, gegen Glanegg. Es war inzwischen 8 Uhr geworden.

Um die 300 Meter hinter dem zweiten Treffen formierten sich nun nebeneinander schräg nach links hinten die Reservekavallerieregimenter in halben Eskadronsbreiten.

Die Infanterie marschierte, von dumpfem Trommelklang angetrieben, in ihren Formationen weiter und das erste Treffen deployierte kurz vor Viehhausen in Linie, gerade als die Tirailleurs der 94. Linien-Halbbrigade, ca. 100 Meter davor, nach kurzem Feuerhalt in die Ortschaft eindrangen.

Viehhausen sollte ein Bataillon des 60. Ungarischen Infanterieregiments der Brigade Klein, unterstützt von zwei Eskadronen Waldeck-Dragonern (Dragonerregiment Nr. 7), verteidigen. Im Angesicht

---

[210] *Maretich,* Die Gefechte in der Umgebung von Salzburg in den Jahren 1800, 1805 und 1809, wie Anm. 52, S. 216; auch *k. k. Kriegs-Archiv,* Kriegs-Chronik Österreich - Ungarns. Militärischer Führer auf den Kriegsschauplätzen der Monarchie, II. Theil, wie Anm. 50, S. 102. Diese Angriffskräfte hatten eine Stärke von 5700 Mann Infanterie und 2400 Mann Kavallerie.

Claude-Joseph Lecourbe (1760 - 3. Oktober 1815)

Nachbearbeitete Abbildung aus: Portraits des Généraux Francais, faisant suite aux victoires et conquêtes des Francais, hrsg. von C.L.F. Panckoucke, Paris 1818.

der zahlreichen französischen Angriffskolonnen setzte sich die Kavallerie ab, die kaiserliche Infanterie ergriff Panik. Sie verließ fluchtartig ihre Stellungen in Richtung Loig. Im österreichischen Hauptquartier erfuhr man davon erst im Laufe des Vormittags.

. . . „E. 14. Decbr. 1800
Von FML Riesch

Der FML Gyulai meldet mir daß das Baon. Vom 60. Inft. Regt., was auf meinen Befehl Viehausen hätte vertheidigen sollen, selbes ohne ein Schuß zu thun, mit Zurücklassung 1 Can. (Kanone) verlassen habe. Ich werde dessen Comdt (Kommandant) Obstlt. Macsary in Arrest nehmen lassen, damit EKH. Die höchste Gnade habe, ihn für ein Kriegsgericht stellen zu lassen, denn so ist es nicht möglich die Truppen mehr zu commandiren nachdem ich selbst mit meiner ganzen Suite (Führungsstab) mit dem Degen in der Faust die Infanterie gegen den Feind treiben muß. Ich habe Befehl ertheilt Viehausen, es koste was es wolle, zu nehmen.

am 14.ten 10 Uhr.

Riesch m/p.
FML“. . .[211]

Während dieser Ereignisse gingen die Artillerieduelle mit unverminderter Heftigkeit weiter. Hinter den französischen Artilleriebatterien nahmen das 11. Dragoner- und das 23. Kavallerieregiment der Reservedivision Nansouty in Linie, Eskadron neben Eskadron, Aufstellung, um bei Bedarf jederzeit unterstützend hervorbrechen zu können.

Lecourbe beobachtete hoch zu Pferd in Begleitung seines Stabes am rechten Flügel seiner aufgestellten Geschützbatterien einerseits das Vorgehen seiner Angriffskolonnen auf Viehhausen, andererseits die Duelle, die sich die Artillerietruppen lieferten. Dies entdeckte der österreichische Artillerieführer Major Frierenberger, der das Gefecht von Pointing aus kommandierte. Er ließ sofort mehrere Geschütze das Feuer

[211] KA, AFA 1800/Dtld/12/261. Selbst in den wenigen Publikationen, die über diese Schlacht, wenn auch nur unvollständig und spärlich, berichten, wird dieses Vorkommnis nie erwähnt.

auf diese Reitergruppe eröffnen. Bereits die zweite Salve lag voll im Ziel und man sah mehrere Pferde zu Boden gehen und einige Reiter stürzen. Dem Kommandierenden Adjudanten General Mangin wurde durch eine Kanonenkugel der rechte Arm fortgerissen. Schwer verwundet wurde er nach Wals gebracht.[212]

Eiligst zog sich nun Lecourbe, der unverletzt blieb, mit den heilgebliebenen Stabsoffizieren, Adjudanten und Meldereitern Richtung Wals zurück. Jetzt war Lecourbe seines Aufpassers entledigt und er erteilte sogleich an weitere Truppen den Angriffsbefehl auf die Remise.

Aus der Ortschaft Wals debouchierten[213] die Kolonnen dieser Angiffskräfte und stießen parallel zur Tirolerstraße Richtung Remise vor. Die 84. Linien-Halbbrigade stellte das erste Treffen und das 3. Bataillon der 38. Linien-Halbbrigade das zweite.

Um die angreifenden Truppen nicht zu gefährden, mußten Teile der eigenen Artillerie nun das Feuer einstellen, während die Kaiserlichen ihren Beschuß aus dem Raum Pointing intensivierten. In der Flanke mehrmals getroffen, hatten die Franzosen dadurch erhebliche Verluste.[214]

Mittlerweile hatte sich das IV. Korps Riesch gefechtsbereit gemacht. Die Artilleriekräfte bei Pointing und Himmelreich, beiderseits der Tirolerstraße, trennten die Verantwortungsbereiche der beiden

---

[212] „Dezember 25. Keine Christmette. In der Früh Begräbnis des Konvertiten Mangin, französischer Generaladjutanten, der an einer Armwunde starb, dreißig Jahre alt, im St. Sebastians-Friedhof. Die Witwe war erst achtzehn Jahre alt. Mit Dommusik und Choralisten. Zweihundert Mann gaben Salve, auch ins Grab hinab. Acht Mann trugen den Sarg und vier Offiziere die Bahrtuchzipfel. Kriegs- und Konduktfahnen, Trommeln und türkische Musik. Dieses Spektakel lockte mehr Leute herbei, als die Franzosen bisher in der Stadt gesehen hatten, besonders vom weiblichen Geschlecht.". . . in: *Martin*, Die Salzburger Chronik des Felix Adauktus Haslberger, wie Anm. 111, S. 165; vgl. auch *Dessolle*, Journal historique des operations de l'armée du Rhin depuis le 7 Frimaire, epoque de la reprise des hostilités, jusqu' au 4 Nivose, wie Anm. 61, S. 70; ebenfalls bei *Zauner*, Beyträge zur Geschichte des Aufenthaltes der Franzosen im Salzburgischen und in den angränzenden Gegenden, Bd. III, wie Anm. 112, S. 164.

[213] Debouchieren bedeutet die Veränderung der Gefechtsform von Truppen in Bewegung, zum Überwinden von behindernden Engstellen im Gelände, wie z.B.: Ortschaften, Dämme, Brükken, Engpässe etc., sowie die damit verbundenen militärischen Maßnahmen.

[214] *Brunswik*, Militärischer Führer durch das Donau-Tal von Passau bis zur Marchmündung. Niederösterreich, Oberösterreich und Salzburg, wie Anm. 45, S. 59; vgl. auch *Maretich*, Die Gefechte in der Umgebung von Salzburg in den Jahren 1800, 1805 und 1809, wie Anm. 52, S. 217; auch *von Virtsolog*, Geschichte des k.k. 60. Linien-Infanterie-Regimentes gegenwärtig Gustav Prinz von Wasa, wie Anm. 121, S. 28 ff.

Divisionen Merveldt und Gyulai. FML Merveldt führte nördlich der Straße und FML Gyulai marschierte südlich vorwärts der Ortschaft Loig auf.

Das zurückflutende 2. Bataillon des 60. Ungarischen Infanterieregiments wurde hinter den eigenen Linien bei Glanhofen gesammelt. Der Regimentskommandant Oberst Georg Freiherr von Lippe[215] setzte einen neuen Bataillonskommandanten ein. Er stellte dem Bataillon, aufgrund seiner ansonsten hervorragenden dienstlichen Leistungen, bei tapferem Verhalten vor dem Feind volle Rehabilitierung in Aussicht. Nach erfolgter Einreihung in das Regiment zog dieses im Verband mit dem 3. Infanterieregiment Erzherzog Carl unter dem Kommando des Brigadekommandanten GM Klein nördlich der bei Pointing kämpfenden Artilleriebatterien auf und deployierte in Linie den Feind erwartend. Auf Befehl von FML Merveldt, der am Vortag bekanntlich leicht verwundet wurde und dennoch das Gefecht führte, mußte das 3. Infanterieregiment sofort mit seinen verfügbaren beiden Bataillonen die am Morgen vom 31. Ungarischen Infanterieregiment Benjovszky geräumte Remise (heute Bischofswald) besetzen und verteidigen. Die Kavalleriebrigade Görger bildete hinter den Infanterieregimentern eskadronsweise in Linie das zweite Treffen und zugleich die Reserve.

Die Division Gyulai entwickelte sich südlich der Tirolerstraße. Die Brigade Leuven marschierte in einer Gefechtsbreite von ca. 1.400 Metern in Linie zu drei Gliedern längs jenes Querfeldweges auf, der von Himmelreich über Loig zum Eichetwald führte.[216] Weiters wurden 11 Liniengeschütze und 3 Haubitzen der Reserveartillerie zwischen und vor den Bataillonen in Stellung gebracht und mit Kartätschenmunition geladen. Auch hier standen keine infanteristischen Kräfte für ein zweites Treffen mehr zur Verfügung, sodaß die Kavalleriebrigade Stahel dessen Aufgabe übernehmen mußte.

Gegen 8[45] Uhr setzten die Franzosen, die sich ostwärts vor Viehhausen wieder in Bataillonskolonnen aufgestellt hatten, unter Trom-

---

[215] Oberst Georg Freiherr von Lippe war Regimentskommandant von 1799 bis 1805; *Wrede*, Geschichte der K. und K. Wehrmacht, I. Bd. wie Anm. 71, S. 539; siehe auch *Oesterreichischer Militaeralmanach für das Jahr 1805*, Wien 1805, S. 204.

[216] *Mras*, Der Feldzug 1800 in Deutschland. Nach östereichischen Originalquellen, wie Anm. 45, S. 207; vgl. auch *Brunswik*, Militärischer Führer durch das Donau-Tal von Passau bis zur Marchmündung. Niederösterreich, Oberösterreich und Salzburg, wie Anm. 45, S. 58.

Major Frierenberger leitete bei Pointing erfolgreich das Artilleriefeuer gegen die angreifenden Franzosen.

Nachbearbeitete Abbildung aus: Eduard Duller, Erzherzog Carl von Oesterreich, Pest 1859.

melklang ihren Angriff fort.[217] Die Kaiserlichen brachten durch intensive und gut liegende Pelotonsalven und verheerend wirkendes Kartätschenfeuer die Franzosen zum Stehen. Während die Franzosen nach erzwungener Deployierung in Linie das Feuer mit Bataillonssalven erwiderten, nahm eine reitende Artilleriebatterie gegen 9^{15} Uhr an ihrem rechten Flügel Stellung und beschoß die Kaiserlichen heftig. Dies führte dazu, daß die Österreicher sich auf der gesamten Front, Bataillon für Bataillon, Kompanie für Kompanie, geordnet, mit ständigen Schießhalts, bis kurz vor den Eichetwald zurückziehen mußten. Es gelang auch, die Geschütze ohne Verluste zurückzubringen.

Die Franzosen rückten unter zahlreichen Ausfällen unbeirrbar nach. Major Frierenberger ließ einige Geschütze das Feuer auf die linke Flanke sowie auf das zweite Treffen der Franzosen eröffnen und erzwang einen Halt der angreifenden 36. Linien-Halbbrigade. Auch die 94. Linien-Halbbrigade kam aufgrund der Verluste durch die neu in Stellung gegangenen kaiserlichen Geschütze, die ihre Kartätschen auf nächste Entfernung abfeuern konnten, ins Wanken.

Dies war der richtige Zeitpunkt für FML Gyulai, den Befehl zum Gegenangriff zu geben.[218] Die österreichische Kavallerie brach blitzartig an beiden Flanken hervor und attackierte die feindliche Infanterie und deren Geschütze.

Das zweite französische Treffen formierte Karrees, und die Halbbrigaden des ersten Treffens setzten sich samt der reitenden Batterie Richtung Viehhausen ab, um sich hinter Loig wieder neu zu formieren. Auch die Österreicher marschierten wieder in ihre ursprüngliche Stellung vor, nachdem die Kavallerie mit einigen Attacken das zweite feindliche Treffen ebenfalls zum Rückzug gezwungen hatte.

Mit verminderter Intensität wurde das Feuergefecht weiter fortgeführt, bis nach einer halben Stunde die Franzosen sich entschlossen, in ihre Ausgangsstellung ostwärts Viehhausen zurückzugehen.[219] Die Österreicher blieben in ihrer Stellung und erwarteten erneut den Feind.

---

[217] KA, AFA 1800/Dtld/12/269, Relation über die Affaire vom 14ten December, FML Riesch; *Maretich*, Die Gefechte in der Umgebung von Salzburg in den Jahren 1800, 1805 und 1809, wie Anm. 52, S. 216 f.

[218] *Brunswik*, Militärischer Führer durch das Donau-Tal von Passau bis zur Marchmündung. Niederösterreich, Oberösterreich und Salzburg, wie Anm. 45, S. 59.

[219] *Maretich*, Die Gefechte in der Umgebung von Salzburg in den Jahren 1800, 1805 und 1809, wie Anm. 52, S. 217.

Die Remise (heute Bischofswald) wurde durch das 3. Infanterieregiment Erherzog Carl verbissen verteidigt.

Nachbearbeitete Abbildung aus: Eduard Duller, Erzherzog Carl von Oesterreich, Pest 1859.

Während dieser Gefechte wurden von den Österreichern hinter dem zweiten Treffen Wägen aus dem Regimentsfuhrpark zum Abtransport der Verwundeten und Sammeln der Toten aufgefahren. Die Feldschere[220] befanden sich in unmittelbarer Nähe des zweiten Treffens. Diese hatten nun den Auftrag, zusammen mit abkommandierten Soldaten des Stabsinfanterieregiments die Verwundeten erstzuversorgen und die Gefallenen zu sammeln. Kurz vor dem Lager des IV. Korps Riesch war, wie bei den anderen Korps auch, ein Verbandsplatz zum Teil in zweckadaptierten Häusern sowie in Großzelten errichtet, der von den Stabschirurgen mit vier Unterchirurgen betrieben wurde.[221] Man verstärkte die Verbandsplätze der Korps unmittelbar nach Beginn der Schlacht mit den Chirurgen der Regimenter. Diese Verbandsplätze waren durch weithin sichtbare gelbe Fahnen kenntlich gemacht.

Die Schwerverwundeten transportierte man nach der Erstversorgung sofort in eines der Feld- bzw. Hauptspitäler. Das zum Spital adaptierte Sankt Rochus war neben anderen Gebäuden in Maxglan, Mülln und Liefering schon von Verwundeten der Gefechte vom 12. und 13. Dezember überfüllt, sodaß man dazu übergehen mußte, weitere Häuser und auch Kirchen als Notspitäler zu beschlagnahmen und einzurichten.[222]

Inzwischen gelang es den Franzosen, nördlich der Tirolerstraße, nach Auflösen der Angriffskolonnen der 84. Linien-Halbbrigade in ein Massentiraillement, in das Unterholz der Remise einzudringen und die beiden Bataillone des 3. Infanterieregiments Erzherzog Carl, die sich verbissen verteidigten und auch mehrere Bajonettangriffe erfolgreich abwehren konnten, etwas zurückzudrängen. FML Graf Riesch schrieb in seiner Relation über das Regiment:

. . . „ (Das Regiment) hat viel vorzüglich gut gehalten, und (es) verdienen alle Herrn Stabs Officiere, vorzüglich Herr Obrist Rieffer

---

[220] Siehe *Preil*, Österreichs Schlachtfelder, 2. Bd., wie Anm. 62, S. 117.

[221] *k. und k. Kriegsarchiv*, Hrsg., Krieg gegen die Französische Revolution 1792 - 1797, Bd. 1, wie Anm. 1, S. 254; *Wrede*, Geschichte der K. und K. Wehrmacht, I. Bd. wie Anm. 71, S. 73 f und S. 79.

[222] *Zauner*, Beyträge zur Geschichte des Aufenthaltes der Franzosen im Salzburgischen und in den angränzenden Gegenden, Bd. I, wie Anm. 110, S. 51; derselbe im Bd. II, wie Anm. 122, S. 227; sowie Hinweise im Bd. III, wie Anm. 112, S. 389; auch *Eva Kunesch*, Die Franzosen in Stadt und Land Salzburg 1800/1801, Hausarbeit aus Geschichte, Universität Salzburg, Salzburg 1970, S. 16.

(Rüffer) der in dieser Affaire verwundet wurde, angerühmt zu werden." . . .[223]

Obwohl FML Graf Riesch ein weiteres Bataillon Infanterie vom 60. Ungarischen Infanterieregiment zur Verstärkung der Verteidiger entsandte, mußte ein weiterer Teil der Remise von den Kaiserlichen aufgrund der zahlenmäßigen Überlegenheit der Franzosen von beinahe 600 Mann geräumt werden.

Wie schwierig die Gefechte für das IV. Korps zu bestehen waren, ist in den Meldungen von FML Graf Riesch an das Hauptquartier gut nachvollziehbar niedergeschrieben:

. . . „Euer kön. Hoheit melde ich, daß der Feind mit einer beträchtlichen Colonne gegen mich anrükt und meinen linken Flügel attaquiert. Auch ziehen sich feindliche Truppen links gegen das Thal von Glaneck (Glanegg).

Nachdem das Benjowski'sche Regiment abgerükt ist, so ist der Thiergarten (die Remise), wohin sich der Feind mit Macht zieht, nicht genug besetzt, ich habe zwar Erzherzog Carl dahin geschiket, allein es bleibt mir zu wenig Infanterie übrig, um die Hauptstraße von Reichenhall (Tirolerstraße) als jene, die links gehet, gehörig zu besetzen. Ich bitte um einige Verstärkung von anderer Division (Korps).

Auf der Straße nach Reichenhall (Tirolerstraße) am Waldrand den 14ten früh, um $^3/_4$ 9 Uhr.[224]

. . . Der Feind ist stark, attaquiert rechts und links mit vieler Heftigkeit, wo er auch schon etwas Terrain gewonnen hat und beschießt das Centrum meines linken Flügels auf der Chaussée mit einigen Batterien. Ich werde so lang halten, als es menschlichen Kräften möglich ist und bitte Euer kön. Hoheit unterthänigst um Unterstützung an Infanterie gegen meine beiden Flügeln.

Am 14ten um 10 Uhr.[225]

---

[223] KA, AFA 1800/Dtld/12/269, Relation über die Affaire vom 14ten December, FML Riesch; siehe auch *Julius Stanka,* Geschichte des K. und K. Infanterie-Regimentes Erzherzog Carl NR. 3, I. Bd. Wien 1894, S. 400 f.

[224] KA, AFA 1800/Dtld/12/267; Das 3. Bataillon des 3. Infanterieregiments Erzherzog Carl sicherte ja den Raum Grödig - Glanegg gegen feindliche Umgehungen über Bad Reichenhall - Berchtesgaden - Marktschellenberg bzw. die äußerst linke Flanke des IV. Korps in der Tiefe.

[225] KA, AFA 1800/Dtld/12/265.

. . . Ich bitte Euer kön. Hoheit mir Verstärkung an Infanterie zu schicken, indem ich vom Feind auf das heftigste attaquiert bin und die Linie von Glaneck (Glanegg) bis gegen Siezenheim zu vertheidigen und den Thiergarten (Remise), an welchen der Feind heftig andrängt, bereits mit drei Bataillonen besetzt habe.

Am 14ten früh um $^{1}/_{4}$ 10 Uhr.". . .[226]

Gegen 9 Uhr eröffnete das Zentrum, gebildet vom I. Korps Kienmayer, die Kampfhandlungen mit Artilleriefeuer gegen Siezenheim und die feindlichen Geschütze südlich davon, welche zum Teil auch die Remise beschossen.

Die durch zahlreiche Detachierungen stark verminderte Division des FML Fürst Schwarzenberg marschierte, geführt von GM Dienersperg, vor Siezenheim auf. Zwei Bataillone des 2. Ungarischen Infanterieregiments Erzherzog Ferdinand Carl im ersten Treffen, das dritte Bataillon im zweiten. Als Reserve bekam Schwarzenberg die Kavalleriebrigade Wöber der rechten Nachbardivision Erzherzog Ferdinand für den Angriff unterstellt. Seine eigene Kavallerie, das Kürassierregiment Nr. 10 (Mack-Kürassiere), wurde geteilt und zur Flankensicherung beiderseits neben dem ersten Treffen aufgestellt.

Gleich beim ersten Ansturm gelang es den Österreichern, Siezenheim zu nehmen und die verteidigende 109. Linien-Halbbrigade aus der Ortschaft über die Böschung in die Auen zu vertreiben. Ein sofortiges Nachstoßen und Verfolgen wurde allerdings unterlassen. Dies rächte sich unmittelbar danach. Die Franzosen sammelten sich schnell und konnten die Ortschaft mit einem überraschenden Gegenangriff den Kaiserlichen wieder entreißen.[227]

Nun mußten die Österreicher abziehen und sich auf Höhe ihrer Artillerie wieder neu formieren. Jetzt marschierte das gesamte Infanterieregiment im ersten Treffen knapp vor Siezenheim auf und begann mit starken Pelotonsalven die Franzosen zu beschießen. Das zweite Treffen bildeten die Mack-Kürassiere. Über die linke Flanke

[226] KA, AFA 1800/Dtld/12/266.

[227] *Maretich*, Die Gefechte in der Umgebung von Salzburg in den Jahren 1800, 1805 und 1809, wie Anm. 52, S. 218; kurze Erwähnung bei *Schallhammer*, Kriegerische Ereignisse im Herzogthume Salzburg in den Jahren 1800, 1805 und 1809, wie Anm. 61, S. 11.

Attacke der kaiserlichen Kavallerie (Brigade GM Wöber) gegen die 109. Linien-Halbbrigade bei Siezenheim.

Nachbearbeitete Abbildung aus: Eduard Duller, Erzherzog Carl von Oesterreich, Pest 1859.

brach nun die Brigade Wöber mit den beiden Kavallerieregimentern[228] nach Siezenheim ein und zwang die Franzosen abermals zum Rückzug. Nachdem die Infanterie das Dorf besetzt und vom Feind gesäubert hatte, setzte die Kavallerie diesmal den Franzosen in Richtung Saalach nach. Kurz vor der von den französischen Pontonieren geschlagenen Schwimmbrücke mußten Wöbers Dragoner und Kürassiere von den fliehenden Feinden ablassen, da sie plötzlich von einer am Morgen dort in Stellung gegangenen Batterie Geschütze mit Kartätschenmunition beschossen wurden.[229] In der Zwischenzeit rückte zum Entsatz der 109. Linien-Halbbrigade die Kavalleriebrigade Roussel (7. und 9. Husarenregiment) aus ihrem Verfügungsraum südwestlich von Siezenheim auf die Ortschaft vor. Nach kurzem Gefecht geriet das Dorf abermals in den Besitz der Franzosen und die Österreicher zogen sich wieder auf ihre Ausgangsstellungen zurück. Als die Brigade Wöber aus den Saalachauen zurückkam, attackierte sie sofort die Husaren, konnte diese aber nicht aus Siezenheim vertreiben. Nach Eintreffen von Wöbers Kavallerie bei den eigenen Linien machten sich die Kaiserlichen zu einem erneuten Angriff auf Siezenheim bereit.

Nach einem erneuten Sammeln traf die 109. Linien-Halbbrigade kurze Zeit später wieder in Siezenheim ein, wo sie die Brigade Roussel ablöste. Diese hatte einen Befehl zur Unterstützung der 37. Linien-Halbbrigade vor Kleßheim bekommen und mußte sogleich dorthin abrücken.

Die Ablösung wurde aber von den Österreichern beobachtet. Unter lauten Trommelwirbeln setzten sich nach vorausgegangenem heftigem artilleristischem Vorbereitungsfeuer die kaiserlichen Angriffslinien gegen 13^{30} Uhr abermals in Bewegung. Nach ausgiebigem Pelotonfeuer und einigen Reiterattacken stürmte das 2. Ungarische Infanterieregiment den Ort Siezenheim und warf die Franzosen nun endgültig in die Saalachauen. Das Détachement Dienersperg konnte

---

[228] Die Brigade Wöber bestand aus dem Dragonerregiment Nr. 13 und dem Kürassierregiment Nr. 1 Kaiser Franz II. ; dazu siehe KA, AFA 1800/Dtld/12/ 224; auch u.a. *Journal zur K.K. Hauptarmee in Deutschland vom 17. März bis 30. Dezember*, KA, AFA 1800/Dtld/13/6-34, S. 1.

[229] Zum Thema Artilleriemunition und deren Wirkungsweise siehe *Wise* and *Hook*, Artillery Equipments of the Napoleonic Wars, in: Men-At-Arms-Series 96, wie Anm. 107, S. 14 ff; weiters auch *Nosworthy*, Battle Tactics of Napoleon and His Enemies, wie Anm. 24, S. 362 ff.

von nun an das Dorf behaupten.[230] Die 109. Linien-Halbbrigade begnügte sich damit, die Artillerie bei der Pontonbrücke zu sichern sowie die Verbindungslinien zu den Kräften vor Kleßheim offenzuhalten.

Kurz nach 9 Uhr attackierte die 37. Linien-Halbbrigade das Schloß Kleßheim sowie den angrenzenden Park[231] und nötigte die beiden Bataillone des 35. Infanterieregiments Wenkheim nach kurzem Feuerkampf im Nahkampf zum Rückzug Richtung Taxham.

Im Bereich der offenen Feldwerke der Reserveartillerie sammelte GM Löpper seine abgezogenen bzw. zurückgedrängten Vorhuttruppen[232] aus den Frontabschnitten des I. und II. Korps und formierte sie neu, zusammen mit der erhaltenen Verstärkung, dem 4. Husarenregiment Vecsey.

GM Löpper wurde für den Gegenangriff auf den Park von Kleßheim der Division Erzherzog Ferdinand (I. Korps) unterstellt und bildete mit dem 3. Bataillon des Peterwardeiner Grenzinfanterieregiments Nr. 9 das zweite Treffen. Im ersten ging das inzwischen wieder formierte 35. Infanterieregiment Wenkheim, diesmal mit allen drei Bataillonen, in Linie zu drei Gliedern über die schneebedeckten Kleßheimer Felder vor. Die Vecsey-Husaren bildeten die Reserve. Starkes Artilleriefeuer der Zwölfpfünder aus der Redoute vor Liefering vertrieb zum Teil die Franzosen von den Park- und Schloßmauern. Nach Einstellen des Beschusses, kurz nach 10 Uhr, und nach einigen Bataillonssalven erstürmte die Wenkheim-Infanterie erfolgreich den Park und besetzte ihn abermals.[233] Die Peterwardeiner schwenkten nach diesem Erfolg des ersten Treffens nach links aus und griffen die Franzosen beim Schloß an. Die Vecsey-Husaren unterstützten sie und verfolgten die zurückweichende feindliche Infanterie, unter ständi-

---

[230] *Brunswik,* Militärischer Führer durch das Donau-Tal von Passau bis zur Marchmündung. Niederösterreich, Oberösterreich und Salzburg, wie Anm. 45, S. 59; *Müller,* Heimatbuch von Wals-Siezenheim, Wals 1963, S.59.

[231] *Maretich,* Die Gefechte in der Umgebung von Salzburg in den Jahren 1800, 1805 und 1809, wie Anm. 52, S. 219; kurz bei *Schallhammer,* Kriegerische Ereignisse im Herzogthume Salzburg in den Jahren 1800, 1805 und 1809, wie Anm. 61, S. 11 f.

[232] Das 3. Bataillon des 9. Peterwardeiner Grenzinfanterieregiments hatte bei Hohenlinden starke Verluste hinnehmen müssen und zu diesem Zeitpunkt vier Kompanien bei der Hauptarmee in Salzburg und zwei Kompanien in Burghausen; dazu KA, AFA 1800/Dtld/12/ad 229, sowie KA, AFA 1800/Dtld/12/240.

[233] *Brunswik,* Militärischer Führer durch das Donau-Tal von Passau bis zur Marchmündung. Niederösterreich, Oberösterreich und Salzburg, wie Anm. 45, S. 59.

Gefechte am 14. Dezember 1800
07 - 12 Uhr

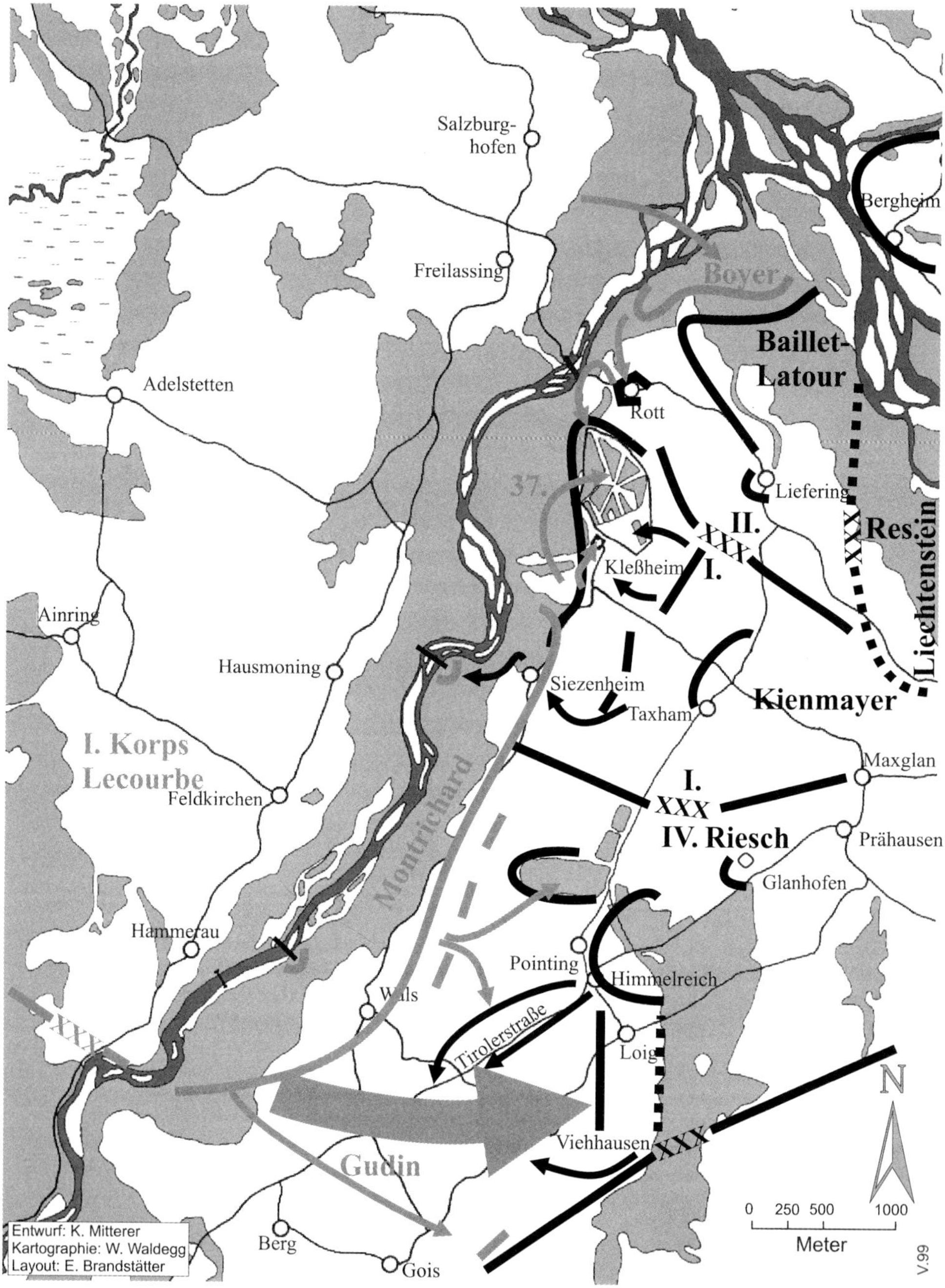

gem Zufügen von Verlusten auch bis ins nahe, mit Schnee bedeckte Augelände.

Seit 8 Uhr morgens war das II. Korps Baillet-Latour, verstärkt mit der Württembergischen Brigade und der Masse der Reserveartillerie, gefechtsbereit. Seine Truppen standen auf den schneebedeckten Feldern, beiderseits der Straße zur abgebrochenen Rotter Brücke, von der französisch besetzten Herrenau[234] bis vor Liefering dem Reglement entsprechend entwickelt in zwei Treffen. Die Kavallerie des linken Flügels stand allerdings erst im Anschluß an den Gefechtsbereich der Württemberger Brigade, südostwärts der Redoute im Raum vorwärts Lehen.[235]

Als am frühen Morgen die Vortruppen des GM Löpper aus dem Gefechtsstreifen des II. Korps abgezogen und nach Taxham befohlen wurden, mußte abermals GM Roschovsky mit einem kleinen Détachement auf die Ortschaft Rott zum Bereich der abgebrannten Brükke über die Saalach vorrücken. Diesmal hatte er jedoch nur die 1. und 2. Eskadron des Kürassierregiments Nr. 9 Nassau-Usingen seiner Brigade und das Oberstbataillon (2. Bataillon) des 37. Ungarischen Infanterieregiments De Vins der Nachbardivision Hohenlohe zur Verfügung.[236]

Gegen Mittag griff die aus der Herrenau hervorbrechende französische Kavallerie der Brigade Boyer das inzwischen gut zur Verteidigung eingerichtete Détachement Roschovsky in Rott an. Als der rechte Flügel des II. Korps mit der gesamten Kavallerie dem Brigadekommandanten zur Hilfe kommend vorrückte, ließen die Franzosen

---

[234] Zur damals sogenannten Herrenau (Herrn Au), siehe dazu KA B IXa 270, 262, Franziszeische Landesaufnahme des Herzogthums Salzburg und des Fürstenthums Berchtesgaden, Blatt 37, 1:28 800; siehe auch *Gerhard Ammerer* und *Manfred Zollinger*, Des Kaisers neues Land – Militärgeographische Landesbeschreibung von Salzburg durch den k.k. Oberst Philipp de Lopez nach einer Reise im Jahre 1807, wie Anm. 173, S. 444 f; vgl. auch Abb. bei *Conrad* und *Weber*, Flur, Dorf und Haus in Liefering, in: Liefering - Das Dorf in der Stadt, wie Anm. 133, S. 251.

[235] *Journal zur K.K. Hauptarmee in Deutschland vom 17. März bis 30. Dezember*, KA, AFA 1800/Dtld/13/6-53, S. 4; siehe auch *Herbert Klein*, Aus der Geschichte Lieferings im Mittelalter und in der frühen Neuzeit, in: Liefering - Das Dorf in der Stadt, wie Anm. 133, S. 44 f.

[236] KA, AFA 1800/Dtld/12/253, ad 253; *Edmund Finke*, Geschichte des k. u. k. ungarischen Infanterie-Regimentes Nr. 37 Erzherzog Josef, I. Bd., Wien 1896, S. 592 f; ungenau die Berichte in: Geschichte des k.u.k. Dragoner-Regiments Nikolaus I. Kaiser von Russland Nr. 5, hrsg. im Selbstverlag des Regiments, wie Anm. 114, S. 81.

von den Kaiserlichen in Rott ab und wichen in Richtung Kleßheimer Park aus.[237] Daraufhin ging auch der rechte Flügel wieder in seine Ausgangsstellungen zurück, um dort auf den allgemeinen Angriffsbefehl auszuharren.

Inzwischen gelangte zu Obergeneral Moreau die Nachricht vom Tod seines Kommandierenden Adjutanten General Mangin. Die Quellen berichten weiters:

. . . „ daß General Moreau, sobald er den Angriff des Generals Lecourbe erfahren hatte, diesem den Befehl zugeschickt habe, sich allmählig zurückzuziehen, und den Feind zum Nachrücken zu lokken; allein der Chasseur, welcher den Befehl überbringen sollte, habe unterwegs, (angeblich in Salzburghofen) eingekehrt, und sich beym Trunke so lange verspätet, daß er erst Nachmittags zu Lecourbe kam. Dieser habe den Empfang der Depesche mit Bezeichnung der Stunde, in der sie ihm eingehändiget wurde, bescheiniget. Als hierauf der Chasseur mit dem Empfangsscheine zum Obergenerale zurückgekehrt war, sey er auf Befehl desselben sogleich an der Spitze der Armee erschossen worden.“. . .[238]

Kurz vor 14 Uhr erfolgte von den Franzosen ein konzentrischer Angriff auf die österreichischen Truppen bei Kleßheim. Die Kavalleriebrigade Boyer attackierte aus Norden und drang auch bald in den Kleßheimer Park ein. Die 37. Linien-Halbbrigade stürmte das Schloß und die Kavalleriebrigade Roussel griff über die Felder ostwärts des Schlosses an und stürzte sich auf die der Übermacht nicht standhaltenden und sich absetzenden Kaiserlichen. Zur Unterstützung und Rettung der in arge Bedrängnis geratenen Österreicher schickte FML Baillet-Latour seinen linken Flügel, die Kavalleriebrigade Esterhazy, vor. GM Esterhazy warf sich zunächst auf die Kavalleriebrigade Roussel und verschaffte der Wenkheim-Infanterie und den Grenzern die Möglichkeit, sich unter großen Verlusten auf die Linie Liefering –

[237] *Maretich*, Die Gefechte in der Umgebung von Salzburg in den Jahren 1800, 1805 und 1809, wie Anm. 52, S. 218 f; siehe auch *Josef May*, Geschichte des kaiserlich und königlichen Infanterie-Regimentes N°. 35, Pilsen 1901, S. 137.

[238] *Zauner*, Beyträge zur Geschichte des Aufenthaltes der Franzosen im Salzburgischen und in den angränzenden Gegenden, Bd. I, wie Anm. 110, S. 348 *).

Entschlossene Verteidigung der Kaiserlichen bei Taxham.

Nachbearbeitete Abbildung aus: Eduard Duller, Erzherzog Carl von Oesterreich, Pest 1859.

Taxham zurückzuziehen.[239] Die Brigade Esterhazy, nachdem sie die Vecsey-Husaren freigekämpft und sich mit diesem Regiment vereinigt hatte, trat nach erlittenen hohen Verlusten ebenfalls den Rückzug auf ihre Ausgangsstellungen an. Die Franzosen besetzten abermals Kleßheim und den angrenzenden Park.[240] Die beiden Kavalleriebrigaden Boyer und Roussel blieben den Kaiserlichen bis kurz vor Liefering und Taxham auf den Fersen. Die 37. Linien-Halbbrigade richtete sich bei Kleßheim zur Verteidigung ein. Kaum erreichten die Österreicher ihre eigenen Linien und passierten diese, als die Artillerie von der Redoute und den Feldwerken bei Taxham ihr Feuer auf die verfolgenden französischen Reiter eröffnete.[241]

Inzwischen kehrte die Kavalleriebrigade Wöber rechtzeitig wieder aus Siezenheim zu ihrer Division Erzherzog Ferdinand zurück und konnte bei Taxham gerade noch einen Einbruch der französischen Kavallerie in die eigenen Stellungen verhindern, indem sie aus der Bewegung in die feindliche rechte Flanke attackierte.[242] Erst jetzt ließen die Franzosen von den Kaiserlichen ab und zogen sich in Richtung Kleßheim zurück, nachdem sie Lecourbs Befehl zum Rückzug hinter die Saalach erreicht hatte. Beide Kavalleriebrigaden nahmen einen Teil der Verwundeten mit und zogen sich über die Schwimmbrücke bei Siezenheim hinter die Saalach in ihre Verfügungsräume, die sie am 12. Dezember verlassen hatten, zurück.[243]

Der Beschuß der österreichischen Artillerie hielt an, bis nach 15 Uhr Teile des I. Korps sowie das II. Korps auf Kleßheim und den

---

[239] Die Kavalleriebrigade Esterhazy bestand aus dem Dragonerregiment Nr. 11 Latour und aus dem Kürassierregiment Nr. 5 Zezschwitz; siehe dazu *Wrede*, Geschichte der K. und K. Wehrmacht. Die Regimenter, Corps, Branchen und Anstalten von 1618 bis Ende des XIX. Jahrhunderts, III. Bd., 1. Hälfte, wie Anm. 53, S. 220 ff, weiters auch III. Bd., 2. Hälfte, Wien 1901, S. 597 ff; dazu auch kurz bei *Schallhammer*, Kriegerische Ereignisse im Herzogthume Salzburg in den Jahren 1800, 1805 und 1809, wie Anm. 61, S. 12.

[240] *Brunswik*, Militärischer Führer durch das Donau-Tal von Passau bis zur Marchmündung. Niederösterreich, Oberösterreich und Salzburg, wie Anm. 45, S. 59.

[241] *Maretich*, Die Gefechte in der Umgebung von Salzburg in den Jahren 1800, 1805 und 1809, wie Anm. 52, S. 219.

[242] Grabungsfunde geben heute einen Hinweis, vgl. dazu *Fritz Moosleitner*, Rettungsgrabung in Salzburg-Maxglan, in: Archäologie Österreichs, Mitteilungen der Österreichischen Gesellschaft für Ur- und Frühgeschichte, Jahrgang XLIII, 4/2 1993, S. 18 f.

[243] *Dessolle*, Journal historique des operations de l'armée du Rhin depuis le 7 Frimaire, epoque de la reprise des hostilités, jusqu' au 4 Nivose, wie Anm. 61, S. 67 f; auch *Jochmus*, General Moreau. Abriß einer Geschichte seines Lebens und seiner Feldzüge, wie Anm. 51, S. 158.

Park vorrückten.[244]

Die Wenkheim-Infanterie drang abermals in den Schloßpark ein und traf auf die den Rückzug einleitende 37. Linien-Halbbrigade. Nach kurzem Feuergefecht, dem ein erbitterter Nahkampf folgte, gelang es den Österreichern, die Franzosen nun endgültig aus Kleßheim zu vertreiben.[245] Die zurückströmenden Teile der 37. Linien-Halbbrigade wurden von der 109. aufgenommen und sammelten jenseits der Saalach bei Hausmoning.

Die Österreicher begannen nun, Regiment für Regiment, die Wägen zum Bergen und Erstversorgen der Verwundeten und zum Einsammeln der Toten vorzuziehen.[246] In den Gefechtsstreifen des II. und I. Korps schien jetzt der Zeitpunkt für die Beendigung der Schlacht gekommen zu sein. Die Franzosen hielten jedoch weiterhin den Brükkenkopf bei der Schwimmbrücke am diesseitigen Ufer hinter Siezenheim mit sechs Geschützen und der 109. Linien-Halbbrigade besetzt, wurden aber von den Österreichern nicht mehr angegriffen.

Zurück zur linken Flanke der Hauptarmee, zu den Ereignissen beim IV. Korps:

Nachdem trotz eindringlicher Hilferufe dem IV. Korps keine zusätzliche Infanterie, beispielsweise vom II. Korps Baillet-Latour oder von den Grenzern, zugewiesen wurde, wagte FML Graf Riesch gegen 11^{30} Uhr dennoch mit der Division Gyulai den Angriff auf Viehhausen.[247]

Den Angriff ließ Riesch durch intensives Feuer der Artillerie der Brigade Leuven sowie durch die Reserveartillerie des Majors Frierenberger einleiten. Aber auch die Franzosen steigerten ihr Artilleriefeuer. Bald war das Schlachtfeld von dichten Nebelschwaden des Geschützfeuers überzogen.

Unter Trommelklang marschierte das erste Treffen der Kaiserlichen, bestehend aus dem 12. Ungarischen Infanterieregiment Manfredini, in Linie zu drei Gliedern, durch die Nebelwand Richtung Feind

---

244 *Zauner,* Beyträge zur Geschichte des Aufenthaltes der Franzosen im Salzburgischen und in den angränzenden Gegenden, Bd. I, wie Anm. 110, S. 51 f.

245 *Brunswik,* Militärischer Führer durch das Donau-Tal von Passau bis zur Marchmündung. Niederösterreich, Oberösterreich und Salzburg, wie Anm. 45, S. 60.

246 *k. und k. Kriegsarchiv,* Hrsg., Krieg gegen die Französische Revolution 1792 - 1797, Bd. 1, wie Anm. 1, S. 254; siehe dazu auch *Gallina,* Beiträge zur Geschichte des österreichischen Heerwesens, wie Anm. 63, S.110 – 116.

247 KA, AFA 1800/Dtld/12/269, Relation über die Affaire vom 14ten December, FML Riesch.

vor Viehhausen los. Dem zweiten Treffen, gebildet aus dem 20. Infanterieregiment Kaunitz, folgten in zwei Kolonnen, so gut es die Rauchschwaden erlaubten, jeweils die Flanke beobachtend, die beiden Kavallerieregimenter der Brigade Stahel.[248]

Kurz vor der Ortschaft deployierte, aufgrund der Formationsbreite des sie erwartenden Feindes, die Kaunitz-Infanterie rechts neben dem Manfredini-Regiment, und die Kavalleriebrigade Stahel entwickelte sich dahinter in Linie. Auch wurden die Liniengeschütze der Regimenter und die drei zugewiesenen Haubitzen der Reserveartillerie im Mannschaftszug vor den Feind gebracht und mit Kartätschenmunition das Feuer auf die französische Artillerie und Infanterie eröffnet. Die französische Kavallerie, 4. und 6. Husarenregiment, hielt sich weiterhin westlich Viehhausen hinter dem zweiten Treffen als Reserve bereit und griff zunächst nicht in das Gefecht ein.

Nach Einholen der Genehmigung zum Zusammenfassen der beiden Kavalleriebrigaden des IV. Korps ließ Riesch die Brigade Görger unter Kommando des FML Graf Merveldt über die Gehöftgruppe Himmelreich die französische Kavallerie westlich Viehhausen angreifen, noch bevor diese in den Kampf um das Dorf eingreifen konnte.[249] Die Brigade Stahel verließ ihre Aufstellung hinter der Infanteriebrigade Leuven, schloß sich Merveldt an und stürzte sich auf das 11. französische Dragonerregiment. Dieses Regiment hatte seine Aufstellung im Bereich der Artillerie gegenüber Pointing und Himmelreich verlassen und versuchte nun den angreifenden kaiserlichen Kavallerieregimentern der Brigade Görger in die rechte Flanke zu fallen. Zu spät erkannten die französischen Dragoner die Gefahr, die von der Brigade Stahel, bestehend aus den Franz Mailand-Kürassieren (Kürassier-

[248] Die Kavalleriebrigade Stahel setzte sich aus dem Dragonerregiment Nr. 12 Kinsky und dem Kürassierregiment Nr. 2 Franz Joseph von Este (Franz-Mailand) zusammen; dazu *von Thürheim*, Die Reiter-Regimenter der k.k. österreichischen Armee, I. Bd., Die Cürassiere und Dragoner, wie Anm. 82, S.74.

[249] *Gustav Ritter Amon von Treuenfest*, Geschichte des k. u. k. Hußaren-Regimentes Nr. 15 (ehemals Waldeck-Dragoner) Feldmarschall-Lieutenant Moritz Graf Palffy ab Erdöd, Wien 1894, S. 172 f; auch KA, AFA 1800/Dtld/12/269, Relation über die Affaire vom 14ten December, FML Riesch.

Ständige Angriffe der österreichischen Kavallerie erschütterten die Angriffsdivision Gudin und führten schließlich zum Rückzug der Franzosen auf Wals.

Nachbearbeitete Abbildung aus: Eduard Duller, Erzherzog Carl von Oesterreich, Pest 1859.

regiment Nr. 2) und den Kinsky-Dragonern (Dragonerregiment Nr. 12), ausging.[250]

Die gesamte französische Kavallerie wurde durch eine gelungene heftige Attacke der Österreicher im wahrsten Sinn des Wortes über den Haufen geworfen. Nach unerbittlichem Nahkampf, der über 500 Mann kostete, zog die französische Kavallerie in Richtung Wals ab, um sich dort unter dem Schutz des soeben eingetroffenen 23. Kavallerieregiments zu sammeln und neu zu formieren.[251]

Das bei Gois nun abgeschnittene 8. französische Husarenregiment attackierten nun ebenfalls Teile der Brigade Görger. Nur unter Zurücklassung der beiden Geschütze gelang es den Franzosen, sich zum südwestlichen Walser Ortsrand durchzuschlagen.

Auch Lecourbes Infanterie bei Viehhausen wurde von der Kavallerie Merveldts in der linken Flanke und im Rücken angegriffen. Die sofort gebildeten Karrees des zweiten Treffens, bestehend aus den Bataillonen der 38. Linien-Halbbrigade, hielten den Angriffen der österreichischen Kavallerie zunächst noch stand. Als Merveldt erkannte, daß die französische Kavallerie sich wieder zum Angriff am Ortsrand von Wals bereit machte und in Linie deployierte, ließ er von der feindlichen Infanterie ab und stellte sich ebenfalls an der Tirolerstraße zur Attacke Richtung Wals auf.

Kurze Zeit später prallte die kaiserliche Kavallerie auf den Feldern vor Wals wieder heftig auf das 4. und 6. Husaren- sowie 11. Dragonerregiment. Dieses Begegnungsgefecht kostete beide Seiten abermals zahlreiche Verluste und man trennte sich unentschieden, um sich nach kurzem Rückzug wiederum zu sammeln, zu formieren und einen weiteren Reiterangriff zu beginnen. Noch zwei Mal ritt man gegeneinander Attacken, hieben die Reiter grausam aufeinander ein, bis schließlich die Österreicher die Oberhand gewonnen hatten und die Franzosen sich ganz auf Wals zurückzogen.[252]

---

[250] *Pizzighelli,* Geschichte des K. u. K. Dragoner-Regimentes Johannes Josef Fürst von und zu Liechtenstein Nr. 10. 1631 – 1903 (ehemals Kinsky-Dragoner), wie Anm. 124, S. 238; auch Geschichte des k. und k. Dragoner-Regiments Graf Paar Nr. 2 von seiner Errichtung bis zur Gegenwart. 1672 - 1891 (Franz-Mailand-Kürassiere), wie Anm. 53, S. 351 f.

[251] Mit Ereignissen des Vortages, des 13. Dezembers, vermischt, siehe *Maretich,* Die Gefechte in der Umgebung von Salzburg in den Jahren 1800, 1805 und 1809, wie Anm. 52, S. 219 f.

[252] *k. k. Kriegs-Archiv,* Kriegs-Chronik Österreich - Ungarns. Militärischer Führer auf den Kriegsschauplätzen der Monarchie, II. Theil, wie Anm. 50, S. 102.

Bei Gois wurden die französischen Geschütze durch Teile der Brigade GM Görger (Waldeck-Dragoner) erobert und der Feind in die Flucht geschlagen.

Nachbearbeitete Abbildung aus: Eduard Duller, Erzherzog Carl von Oesterreich, Pest 1859.

Inzwischen gerieten die Linien-Halbbrigaden (94., 36. und verminderte 38.) unter Kommando von General Puthod, verunsichert durch die ständigen Angriffe der österreichischen Kavallerie, gegenüber der Brigade Leuven ins Wanken und sie wichen geordnet parallel zur Tirolerstraße zurück. Das 12. Ungarische Infanterieregiment Manfredini stürmte nach zahlreichen Bataillonssalven im Nahkampf Viehhausen.[253] In der Relation des IV. Korps wird Major Zocchy genannt, der das Bataillon führte und als erstes in die Ortschaft eindrang.[254] Unterstützt durch das 20. Infanterieregiment unter Oberst Richter, wurden die Franzosen weiter in Richtung Gois zurückgedrängt.[255] Nach ca. 300 Metern südwestlich Viehausen ließ GM Leuven seine Brigade anhalten und den abrückenden Franzosen noch einige Salven nachfeuern, bevor man auf Viehhausen zurückging und sich mit einem Regiment zur Verteidigung einrichtete.

Die beiden Geschütze, die das 8. Husarenregiment bei seinem überstürzten Rückzug stehen ließ, wurden von den zurückflutenden Halbbrigaden in den Raum Wals wieder mitgenommen.

Bereits seit Mittag ließ Lecourbe die Verwundeten bergen und nach Feldkirchen und Hammerau zurückschaffen, von wo die Transportfähigen aufgrund des Platzmangels in weiterer Folge nach Teisendorf bzw. Traunstein gebracht wurden. Die Quellen berichten darüber:

. . . „Die Blessirten (Verwundeten) wurden haufenweise in die Häuser von der Hammerau und Feldkirchen gebracht, und manche derselben sahen eher einer Schlachtbank, als einem Hause ähnlich. Da sie von diesen Oertern abmarschirten, fand man in den Häusern sehr viele abgelösete Füsse, Arme, Hände u. dgl. Es war ein herzerschütternder Anblick!". . .[256]

---

[253] *Pizzighelli,* Geschichte des K. u. K. Dragoner-Regimentes Johannes Josef Fürst von und zu Liechtenstein Nr. 10. 1631 - 1903, wie Anm. 124, S. 238; auch *Brunswik,* Militärischer Führer durch das Donau-Tal von Passau bis zur Marchmündung. Niederösterreich, Oberösterreich und Salzburg, wie Anm. 45, S. 60.

[254] KA, AFA 1800/Dtld/12/269, Relation über die Affaire vom 14ten December, FML Riesch.

[255] *Wrede,* Geschichte der K. und K. Wehrmacht, I. Bd.. wie Anm. 71, S. 256 ff, bes. S. 261; auch *Gustav Ritter Amon von Treuenfest,* Geschichte des k.k. Infanterie-Regiments Nr. 20 Friedrich Wilhelm, Kronprinz des Deutschen Reiches und Kronprinz von Preussen, Wien 1878, S. 310 f.

[256] *Zauner,* Beyträge zur Geschichte des Aufenthaltes der Franzosen im Salzburgischen und in den angränzenden Gegenden, Bd. II, wie Anm. 122, S. 209 f.

. . . „Alles, was eine Schlacht schrecklich macht, hörte und sah man in dieser Gegend (Teisendorf). Es gab beynahe nicht mehr Raum genug, um die elend Blessirten (Verwundeten) in den Häusern unterzubringen, obgleich der größere Theil nach Traunstein abgeführt wurde. Viele von ihnen starben hier; und das Begräbnis-Ceremoniel war sehr einfach, sie wurden nämlich ganz nackend ausgezogen, und vor die Hausthüre gelegt. Die Bauern mußten, auf Veranstaltung der Obrigkeit, die Arbeit der Todtengräber verrichten, und die Leichname in das entlegene Schießmoos vergraben.". . .[257]

Das 12. Ungarische Infanterieregiment Manfredini der Brigade Leuven wurde als Verstärkung über Loig zur Remise geschickt. Dort führte es gemeinsam mit den beiden Bataillonen des 60. Ungarischen Infanterieregiments einen Entlastungsangriff für die inzwischen arg in Bedrängnis geratenen kaiserlichen Verteidiger der Remise.[258]

Dieser Übermacht konnten die Franzosen nicht lange standhalten und sie zogen sich unter dem Schutz des 23. Kavallerieregiments, das zur Unterstützung und Aufnahme vorgegangen war, zu den eigenen Geschützstellungen zurück. Hier hatten sich bereits Teile der Artillerie marschfertig gemacht, die sogleich mit dem Rückzug über die Saalach, die zweite Pontonbrücke bei Feldkirchen benutzend, begannen.

Da sich die österreichischen Truppen nach dem Angriffserfolg in der Remise erst neu formieren mußten, konnte Lecourbe seinen Rückzug der restlichen Artillerie und Kavallerie ohne nennenswerte Störungen und Verluste über die Saalach durchführen.[259] Die Infanterie zog sich auf die Landungsköpfe im Bereich der Schwimmbrücken und auf den ostwärtigen Ortsrand von Wals zurück.

Nach 15 Uhr begann Lecourbe sukzessive weitere Teile der Infanterie über die Saalach zurückzunehmen und am jenseitigen Ufer

---

[257] Ebenfalls *Zauner,* Beyträge zur Geschichte des Aufenthaltes der Franzosen im Salzburgischen und in den angränzenden Gegenden, Bd. II, wie Anm. 122, S. 72 f.

[258] *Maretich,* Die Gefechte in der Umgebung von Salzburg in den Jahren 1800, 1805 und 1809, wie Anm. 52, S. 219; auch *Stanka,* Geschichte des K. und K. Infanterie-Regimentes Erzherzog Carl N$^{R.}$ 3, wie Anm. 223, S. 400 f..

[259] *Varnbüler,* Ueber den Feldzug der deutschen und französischen Armee in Deutschland, im Sommer und Winter des Jahres 1800, wie Anm. 49, S. 209 f; vgl. auch *Mras,* Der Feldzug 1800 in Deutschland. Nach östereichischen Originalquellen. Dritter Abschnitt. Zeitraum vom 28. November 1800 bis 9. Februar 1801, wie Anm. 45, S. 207 f.

Gefechte am 14. Dezember 1800
12 - 16 Uhr

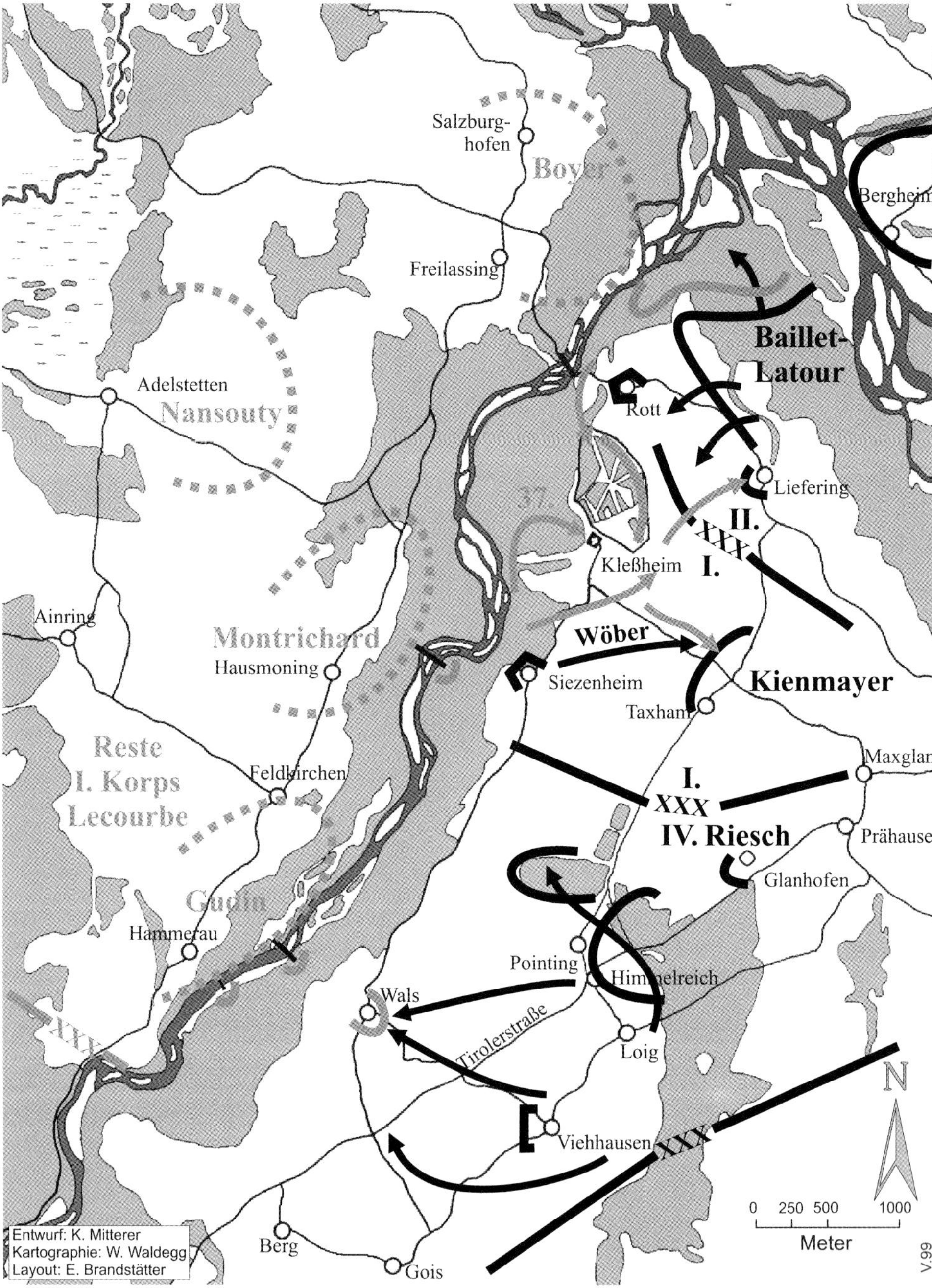

eine Verteidigung aufzubauen. In der Ortschaft Wals verblieben lediglich die durch schwere Verluste geschwächte 84. Linien-Halbbrigade sowie ein Bataillon der 36. Linien-Halbbrigade.[260]

Nach dem Sammeln zwischen Himmelreich und Viehhausen deployierten die beiden Divisionen des IV. Korps auf den Feldern vor Wals, dem Reglement entsprechend, in zwei Treffen, die Kavallerie an beiden Flügeln. Gerade als sich das erste Treffen auf Wals in Marsch setzen wollte, erteilte Riesch, aufgrund der fortschreitenden Dämmerung und um weitere Verluste zu vermeiden, den Befehl, das Gefecht abzubrechen. Nach dem Instellunggehen der 11 Liniengeschütze der Brigade Leuven und der Formierung der Kavalleriebrigade Stahel westlich vor Viehhausen zogen die anderen Truppen des Korps ab, um ihr Feldlager vollständig abzubrechen.

Auf Befehl von Erzherzog Johann stellte nun die gesamte Armee mit Ausnahme des Reservekorps Liechtenstein die Abmarschbereitschaft für den Rückzug nach Neumarkt am Wallersee her.[261]

Nun fiel den Bauern die Aufgabe zu, auf den Schlachtfeldern die Gefallenen zu beerdigen. Um die 6.000 Gefallene, Österreicher und Franzosen, im Raum vom Walserberg bis Liefering, waren von den Kämpfenden bereits der Kleidung beraubt und dann vor die Häuser der Dörfer geschafft worden. Aufgrund der Winterzeit und des gefrorenen Bodens konnten die Leichen vielfach erst Monate später in Massengräbern am Rande der Ortschaften und Gehöftgruppen beigesetzt werden.

Einige Flurnamen, wie z.B. „Totenwinkel" am Ortsrand von Wals, haben sich bis heute erhalten. Auch am Fuße des Goiser Hügels wurden viele Gefallene beerdigt.

Drei Tage nach der Schlacht durchstreiften französische Gendarmen das Walserfeld und fanden noch 28 verwundete Österreicher, die von den Bauern ins adaptierte Feldspital nach St. Rochus gebracht werden mußten.

---

[260] *Dessolle,* Journal historique des operations de l'armée du Rhin depuis le 7 Frimaire, epoque de la reprise des hostilités, jusqu' au 4 Nivose, wie Anm. 61, S. 67 f.

[261] KA, AFA 1800/HKR-Dtld/12/32; vgl. auch KA, AFA 1800/Dtld/12/250. I, Disposition. Zum Rückzug nach Neumark(t) am 14. Decbr (Dezember) (1)800.

. . . „Ehe diese Unglücklichen abgeführt wurden, nahmen ihnen die mitleidigen Gend`armes noch das Wenige, was sie bey sich hatten.". . .[262]

[262] *Zauner,* Beyträge zur Geschichte des Aufenthaltes der Franzosen im Salzburgischen und in den angränzenden Gegenden, Bd. II, wie Anm. 122, S. 224; auch *Müller,* Heimatbuch von Wals-Siezenheim, wie Anm. 134, S. 60.

Die Kämpfe bei Anthering und Bergheim am 14. Dezember 1800

Am frühen Morgen des 14. Dezember begannen jene französischen Truppenteile der Division Decaen, welche die Nacht in und bei Laufen zugebracht hatten, den Flußübergang.[263] Benützt wurde die noch in Bau befindliche Jochbrücke, die während der Nacht notdürftig für die Begehung von einzelnen Leuten hergestellt wurde. Zusätzlich schaffte man auf der neu errichteten Schwimmbrücke, die ebenfalls erst teilweise fertiggestellt war und nur bedingt schwere Lasten aufnehmen konnte, laufend weitere Truppen auf das rechte Salzachufer.[264] Geschütze und Munitionskarren mußten deshalb zeitaufwendig einzeln mit Lastkähnen übergesetzt werden.

Teile der Kavalleriebrigade Durutte gingen zur weiteren Absicherung des Landungskopfes bis auf Jauchsdorf, Kirchgöming und Weitwörth vor. Bei Weitwörth stießen die Franzosen auf österreichische Kavalleriepatrouillen und es kam zu einem kurzen Feuerwechsel, bevor die Kaiserlichen sich nach Süden absetzten.

Obergeneral Moreau hielt sich seit Tagesanbruch in Laufen auf und kam des öfteren zu den Brückenbaustellen, um die Arbeiten persönlich voranzutreiben. Der heftige Kanonendonner aus dem Großraum Salzburg versetzte den Oberkommandierenden allerdings immer mehr in Unruhe. Gegen 11 Uhr wurden ihm die schwere Verwundung seines Kommandierenden Adjudanten General Mangin

---

[263] Ebenfalls *Zauner,* Beyträge zur Geschichte des Aufenthaltes der Franzosen im Salzburgischen und in den angränzenden Gegenden, Bd. II, wie Anm. 122, S. 31 f; vgl. auch *Geschichtlicher Anhang. Feldzug 1800 in Deutschland,* KA, AFA 1800/Dtld/13/61, S. 19.

[264] Am 14. Dezember nachmittags wurde durch zusätzlich angekommene Pontoniere und mit weiteren Brückengerätschaften des I. Korps Lecourbe sofort begonnenen, eine zweite Schwimmbrücke, die allerdings erst am 15. Dezember gegen Mittag fertig war, vom Zinkenturm zum „Grean Angerl" bei der St. Nikolaus-Kirche, zu bauen. Die aus Plätten gefertigte Notschwimmbrücke wurde nach der Inbetriebnahme der Pontonbrücke wieder abgebaut; *Dessolle,* Journal historique des operations de l'armée du Rhin depuis le 7 Frimaire, epoque de la reprise des hostilités, jusqu' au 4 Nivose, wie Anm. 61, S. 65; auch *Nißle,* Als die Franzosen kamen. Aufzeichnungen aus dem Winter 1800/1801, wie Anm. 37, S. 41; auch *Roth,* Schicksalsschläge der Stadt und ihrer Vororte, in: Laufen und Oberndorf. 1250 Jahre Geschichte, Wirtschaft und Kultur an beiden Ufern der Salzach, wie Anm. 180, S. 178.

Johannes Fürst Liechtenstein (1760 - 1836)

Nachbearbeitete Abbildung aus: Eduard Duller, Erzherzog Carl von Oesterreich, Pest 1859.

sowie der bisherige Verlauf der Schlacht gemeldet.[265] Das anhaltende, ja zum Teil gesteigerte Artilleriefeuer ließ Moreau befürchten, daß die gesamte kaiserliche Hauptarmee gegen sein I. Korps Lecourbe vorging. Seine Beurteilung der Lage schloß nun eine Vernichtung seiner rechten Flanke nicht mehr aus. Dies führte zu Moreaus Entschluß, mit seiner Hauptstreitmacht, dem Zentrum, von Laufen nicht mehr direkt nach Neumarkt am Wallersee vorzustoßen, sondern einen Entlastungsangriff entlang des rechten Salzachufers in Richtung Salzburg zu befehlen.

Als Vorhut wurde die Division Decaen eingeteilt. Ihr sollten die beiden Infanteriebrigaden der Division Grouchy[266] sowie in weiterer Folge die Division Richepanse zur Unterstützung folgen. Zwei weitere Divisionen des III. Korps Grenier, Legrand und Bonnet, wurden für den 14. abends in Laufen erwartet, um bei Bedarf und einer weiteren Verschlechterung der Lage ebenfalls nach Salzburg geschickt zu werden.[267] Die Kavallerie-Reservedivision d'Hautpoult (Zentrum, II. Korps) sollte ostwärts Teisendorf als Reserve disponierbar bleiben und gegebenenfalls die Reste von Lecourbes Korps aufnehmen.

Befehlsgemäß war am Morgen FML Fürst Johannes von Liechtenstein mit seinem Reservekorps nach dem Abkochen und Abbrechen seiner Feldlager zwischen Liefering und Lehen aufgebrochen. Nach dem Passieren der Schwimmbrücken über die Salzach rückte das Korps in den befohlenen Verfügungsraum bei Bergheim. Die dort dislozierten Truppen[268] des I. Korps Kienmayer wurden dem Reservekorps unterstellt und verstärkten es wesentlich.

Aufklärungspatrouillen, gestellt durch die Kavallerie, wurden voraus entlang der Straßen nach Laufen und Mattsee losgeschickt.

---

[265] *Posselt,* Die Schlacht zu Hohenlinden in Baiern, im Jahre 1800 den 3ten Dec. - Auch der Uebergang über die Salza, Einzug in Salzburg vom 13ten und 14ten Dec., wie Anm. 54, S. 99; vgl. auch *Zauner,* Beyträge zur Geschichte des Aufenthaltes der Franzosen im Salzburgischen und in den angränzenden Gegenden, Bd. I, wie Anm. 110, S. 348 *).

[266] Von der Division Grouchy verblieb die Kavalleriebrigade Boyer (11. Chasseurs à cheval-Regiment und 6. Kavallerieregiment) beim Korps Lecourbe; *Dessolle,* Journal historique des operations de l'armée du Rhin depuis le 7 Frimaire, epoque de la reprise des hostilités, jusqu' au 4 Nivose, wie Anm. 61, S. 65.

[267] *Seida,* Historisch-Chronologische Darstellung des wichtigen Feldzugs in Deutschland vom Jahre 1800, wie Anm. 56, S. 411; siehe auch die Zusammensetzung der Divisionen bei Anm. 178.

[268] Es handelt sich um 2 Bataillone des 50. Infanterieregimentes Stain, 3 Eskadronen Dragonerregiment Nr. 6 Coburg und 4 Geschütze samt Mannschaft.

Zur Sicherung seiner rechten Flanke wurde GM Graf Grünne mit zwei Grenadierbataillonen, drei Kompanien aus dem 3. Bataillon des 31. Infanterieregiments Benjovszky, zwei Eskadronen des Kürassierregiments Nr. 7 Carl Lothringen und sechs Geschützen über Lengfelden entlang der Straße von Elixhausen nach Mattsee disloziert. Die Vollzugsmeldung von GM Graf Grünne traf allerdings erst am Nachmittag beim Korpskommando Reservekorps ein:

. . . „ An den k.k. Herrn FMLieut.(enant) und Corps-Commandanten Fürsten Liechtenstein, fürstliche Gnaden
in Bergheim.

Ich stehe mit 2 Bataillons Grenadiers, 4 Kanonen und 1 Escadron Carl Lothringen hinter Ober-Trum, à cheval auf der Chaussée nach Mattsee.

Bey Matschberg (heute Gehöftgruppe Wendling an der Straße Elixhausen - Obertrum) hab ich 3 Compagnien von Benjowski mit 2 Kanonen und 1 Escadron Carl Lothringen gelassen, um die Wege von Laufen und Andering (Anthering) nach Ursprung und Gegend zu beobachten.

Oberstlieutenant Mohr stellt jetzt meine Posten aus und schickt Patrouillen gegen die Salza und Lauffen. Der Feind hat Tirailleurs (Scharfschützen/Plänkler) auf den Haunsberg poussirt (in Stellung gebracht), bis jetzt aber noch von keiner Bedeutung. Der Weg und Gegend hiher ist so beschaffen, daß man an den meisten Orten Cavallerie gut verwenden kann. . . .[269]

Der westostwärts streichende, zirka 2.700 Meter lange Rücken des Plainberges fällt besonders im mit Mischwald bewachsenen ostwärtigen Teil nach Norden steil ab und stellte einen am Vorderhang verteidigungsgünstigen Riegel gegen den aus Richtung Laufen angreifenden Feind dar. Der westliche, nahe an der Salzach beginnende Teil dieses Höhenzuges, auf dem das Dorf Bergheim liegt, war flach, offen und damals bebaut, zirka 300 Meter in der Ausdehnung. Bei der etwas erhöht liegenden Bergheimer Kirche steigt der Rücken sanft an, um in jener Kuppe zu enden, auf der die Wallfahrtskirche

[269] KA, AFA 1800/Dtld/12/264$^{1}/_{2}$.

Maria Plain steht.[270] Von Maria Plain senkt sich der Rücken nach Osten in die moorige Niederung von Radeck, jenseits welcher sich das bewaldete Hügelterrain von Söllheim anschließt.[271]

Nördlich des Plainberges erstreckte sich in Richtung Laufen ein etwa 600 bis 800 Meter breites Wiesental. Zu diesem Wiesental fielen aus Norden die bewaldeten Abhänge des Hochgitzen und aus Osten jene von Berg und Hallwang ziemlich steil ab. Die tiefste Linie im Talgrund wurde durch das Flüßchen Fischach gebildet, welches als Abfluß des Wallersees bei Lengfelden das Wiesental betrat und knapp südlich von der ehemaligen Furthmühle am Fuß des Hochgitzen nach etwa 1.000 Metern in die Salzach mündete.

Die Fischach wurde südlich von einer drei bis vier Meter hohen, bei Lengfelden beginnenden Uferböschung eingebettet, gegen deren westliches Ende der Plainberg sich mit einer Terrainwelle verflacht. In dieser Terrainwelle buchteten sich einige zwei bis drei Meter tiefe Hohlwege ein. Mit stellenweise, auch in der Winterzeit, über einem Meter Tiefe und zwischen acht und zehn Metern Breite, bei moorigem Grund und bei mit dichtem Holzbewuchs verkleideten Ufer, stellte die Fischach selbst für die Infanterie ein nur schwer passierbares Hindernis dar.[272]

Nördlich dieses Flüßchens zog sich längs der Westabhänge des Hochgitzens und Haunsberges die verschneite Talsohle zu den bisweilen ausgedehnten Sumpf- und Augebieten des rechten Salzachufers hin. Für militärische Aufmärsche eignete sich damals die Talsohle im Raum Muntigl auf etwa 1.200 Meter, vor Anthering um die 1.500 Meter und nördlich Acharting auf zirka 800 Meter Breite. Lediglich auf Höhe Fürwag reichte die Aulandschaft bis an die Talwand heran und wurde durch die Straße aus Laufen beziehungsweise Oberndorf begrenzt.

Die Höhe von Maria Plain mit der Ortschaft Bergheim stellte einen starken Verteidigungsabschnitt dar, gegen den der entwickelte

---

[270] *Josef Zarl,* Chronik der Kirche Salzburgs und ihrer Pfarren, Salzburg 1987, S. 236 f.

[271] KA B IXa 270, 262, Franziszeische Landesaufnahme des Herzogthums Salzburg und des Fürstenthums Berchtesgaden, Blatt 37, 1:28.800; siehe auch *Gerhard Ammerer* und *Manfred Zollinger,* Des Kaisers neues Land – Militärgeographische Landesbeschreibung von Salzburg durch den k.k. Oberst Philipp de Lopez nach einer Reise im Jahre 1807, wie Anm. 173, S. 444 f.

[272] *Maretich,* Die Gefechte in der Umgebung von Salzburg in den Jahren 1800, 1805 und 1809, wie Anm. 52, S. 221 f.

Gegner, nach schwieriger Überwindung der Fischach in weiterer Folge im freien offenen Gelände, ohne Deckungen zu finden, angreifen mußte. Die einzige Stelle, wo der Gegner sich teilweise gedeckt annähern konnte, führte über die Auen des Salzachufers direkt auf Bergheim zu. Hier boten jedoch Häuser, Mauern und Hohlwege günstige Verteidigungsmöglichkeiten.

Umgehungen des rechten Flügels des Korps Liechtenstein - der linke war an die Salzach angelehnt - waren möglich, hätten aber ein weites Ausgreifen über mehr oder minder beschwerliches Terrain und somit einen hohen Zeitaufwand erfordert. Außerdem stand GM Graf Grünne, der für die Sicherung der rechten Flanke verantwortlich war, in so einem Fall mit seinem Détachement zur Verfügung.[273]

Anthering, bereits damals eine ziemlich ausgedehnte Ortschaft, liegt im Talgrund am Fuße einer sanft gewölbten Terrainwelle, die sich vom ostwärtigen Berghang herabzieht. Um die 500 Meter weiter westlich des Dorfes zog sich längs der Salzach die vier bis fünf Meter hohe Geländeböschung hin, unterhalb der sich die mit sumpfigen Wasseradern versehenen Aulandschaften erstreckten.

FML Fürst Liechtenstein legte seine geplante Kampfführung aufgrund folgender Beurteilungen fest:[274]

Aus den eingegangenen Meldungen über das Gefecht bei Laufen am 13. Dezember gab es keinen Zweifel mehr, daß mindestens eine feindliche Division sich dieser Stadt bemächtigt hatte und daß ein großer Teil derselben schon am Abend am rechten Salzachufer stand.

Es war nun zu erwarten, daß der Gegner den errungenen Vorteil ausnützt, um dort den Übergang zu beschleunigen, und im Verlauf des 14. Dezembers mit mindestens zwei, vielleicht sogar mit mehreren Divisionen am rechten Salzachufer wirksam werden konnte.

War der Feind am rechten Salzachufer genügend stark, so konnte er sich in dem ostwärts des Tales gelegenen Höhenterrain ausbreiten und gegen die Linzer Straße (heute Bundesstraße Nr. 1), der Rückzugslinie der eigenen Armee, vorstoßen.

Die an und für sich starke Verteidigungsstellung bei Bergheim schützte wohl den Raum Salzburg gegen ein direktes Vorrücken von

---

[273] KA, AFA 1800/Dtld/12/ad 269.

[274] *Maretich*, Die Gefechte in der Umgebung von Salzburg in den Jahren 1800, 1805 und 1809, wie Anm. 52, S. 223.

feindlichen Kräften im Tal, sie lag aber zu weit rückwärts, um von ihr aus verhindern zu können, daß sich die Franzosen des Höhenterrains zwischen Elixhausen und Seekirchen bemächtigten. Die frontale Stärke der Stellungen lud den Gegner geradezu zur Umgehung ein.

Eine derart gefahrbringende Operation konnte aber nur dann verhindert werden, wenn es gelang, die Aufmerksamkeit des Feindes von jenem Höhenterrain abzulenken. Aus diesem Grund durfte man keinesfalls bei Bergheim passiv die Franzosen erwarten, sondern mußte trachten, so weit wie möglich nach vorne Gelände zu gewinnen, um durch einen Vorstoß gegen Laufen die Hauptkraft des Gegners auf sich zu lenken. Bei Erfolg konnte man sich allmählich auf Bergheim zurückziehen und durch nachhaltigen Widerstand die Franzosen so lange binden und aufhalten, bis sich die noch westlich von Salzburg kämpfende Armee in Richtung Neumarkt am Wallersee abgesetzt hatte.

Während FML Fürst Liechtenstein mit der Masse seines Korps im Raum Bergheim, Lengfelden und Maria Plain Stellung bezog, befahl er GM Wolfskehl, mit 13 Eskadronen Kavallerie[275] zumindest bis auf Höhe Weitwörth vorzurücken, wenn möglich auch Aufklärung bis auf Kirchgöming voranzutreiben. Weiters schickte Liechtenstein, ebenfalls unter Wolfskehls Kommando, das Grenadierbataillon Morwitz samt sechs Reservegeschützen zu Major Graf Klebelsbergs Husaren nach Anthering vor, mit dem Auftrag, die Ortschaft zu verteidigen.[276]

Nach einer kurzen Feindberührung bei Weitwörth wurde auf seiten der Kaiserlichen eine Hinterhaltsstellung in der Enge bei Fürwag bezogen. Gegen 9 Uhr vormittags kam es dort zum Gefecht. Dabei überraschten die Österreicher die französischen Vortruppen und zwangen diese in der Enge zu umständlichen umfassenden Truppen-

---

[275] 6 Eskadronen Kürassierregiment Nr. 3 (Sachsen-Teschen), Kommandant: Oberst Joseph Graf Radetzky von Radetz; 4 Eskadronen Kürassierregiment Nr. 7 (Lothringen-Lambesc), Kommandant: Oberst Max Graf Kollonits von Kollograd; 3 Eskadronen Dragonerregiment Nr. 6 (Sachsen-Coburg-Saalfeld), Kommandant: Oberst Franz Ambschel (am 12. Dezember abkommandiert nach Laufen); *Wrede*, Geschichte der K. und K. Wehrmacht, III/1, wie Anm. 53, S. 139 ff, S. 164 ff; derselbe, Geschichte der K. und K. Wehrmacht, III/2, Wien 1901, S. 689 ff.

[276] Grenadierbataillon Morwitz: Stärke 821 Mann, KA, AFA 1800/Dtld/12/ad 238; Major Graf Klebelsberg kommandierte 2 Eskadronen des Croatisch-slavonischen Grenzhusarenregiments der Brigade Löpper.

Im Nahkampf wurde Anthering durch die österreichischen Grenadiere zurückerobert.

Nachbearbeitete Abbildung aus: Eduard Duller, Erzherzog Carl von Oesterreich, Pest 1859.

bewegungen. Bevor die Franzosen im Angelände in Angriffsposition waren, hatten sich die Österreicher bereits unerkannt abgesetzt. Die Umfassungsangriffe zum Öffnen der Enge bei Fürwag durch die 14. Leichte Halbbrigade der Brigade Debilly[277] gingen somit ins Leere und es verging viel Zeit, bis die Franzosen sich wieder zum Weitermarsch formieren konnten.

Unter dem Schutz der Vortruppen, gestellt durch Teile der Kavalleriebrigade Durutte (6. Chasseurs à cheval-Regiment), ging die Infanteriebrigade Debilly Richtung Anthering bis kurz vorm Achartinger Bach vor. Hier gerieten die Franzosen in überraschendes heftiges Artilleriefeuer durch sechs vorgezogene Sechspfünder-Geschütze der Österreicher. Ein unverzügliches rasches Deployieren der Franzosen wurde aber durch einen Reiterangriff der Kaiserlichen in die rechte Flanke so stark behindert, daß nur ein Entlastungsangriff durch die beiden Kavallerieregimenter der Brigade Durutte (10. Husarenregiment und 17. Dragonerregiment) es ermöglichte, die Österreicher abzuweisen und zum Rückzug zu zwingen. Nach dem Absetzen der Österreicher formierten die Franzosen ihre Angriffskolonnen neu.

General Decaen befahl der 14. Leichten Halbbrigade, zusammen mit der 4. Linienhalbbrigade über Mühlbach, Gaizenberg, ostwärts an Anthering vorbei anzugreifen, um die Gehöftgruppe Berg zu nehmen. Gleichzeitig sollte das 6. Chasseurs à cheval-Regiment, abgesessen, die Pferde am Zaumzeug führend, gemeinsam mit der 100. Linienhalbbrigade durch die Salzachauen möglichst unerkannt die linke österreichische Flanke umgehen, um so in weiterer Folge zusammen mit den Kräften aus dem Raum Berg die kaiserlichen Truppen von Bergheim abzuschneiden und zu vernichten. Anthering hingegen sollte frontal mit der 2. Polnischen Legion[278] angegriffen werden; die verbleibenden beiden Regimenter der Kavalleriebrigade Durutte bildeten die Reserve. Für den frühen Nachmittag erwartete Decaen als Verstärkung die beiden Infanteriebrigaden der Division Grouchy.[279]

---

[277] Die Brigade Debilly bestand aus der 14. Leichten-Halbbrigade, 4. Linien-Halbbrigade und 100. Linien-Halbbrigade mit je 3 Bataillonen sowie 6 Geschützen.

[278] Die 2. Polnische Legion bestand aus 3 Bataillonen Infanterie und 4 Eskadronen Lanciers (gesamt 2.860 Mann); *Carrion-Nisas,* Campagne des Francais en Allemagne – Année 1800, in: Mémorial du Dépôt général de la guerre, Tome V, wie Anm. 186, S. 429.

[279] Es handelt sich um die Brigade Grandjean, bestehend aus der 46., 57., und 108. Linien-Halbbrigade mit je 2 Bataillonen, und die Brigade Walter, bestehend aus der 7. und 8. Linien-Halbbrigade mit je 3 Bataillonen; zusammen 8.100 Mann.

Oberst Johann Josef Graf Radetzky von Radetz
(2. November 1766 - 5. Jänner 1858)

Nachbearbeitete Abbildung aus: C. von Duncker, Das Buch vom Vater Radetzky - Ein Lebensbild im Rahmen der Geschichte seiner Zeit, Wien 1891.

Spätestens mit Einbruch der Dämmerung würde dann auch bereits der Großteil der Division Richepanse[280] die Salzach bei Laufen überschritten haben und am Weg nach Salzburg vorrücken können.

GM Wolfskehl hatte sich in und ostwärts Anthering mit seinen Grenadieren und den Geschützen[281] verschanzt und erwartete den Feind. Seine Kavallerie deployierte in einer schiefen Linie von Anthering bis zur Au gegen Acharting hinab.

Gegen 11 Uhr vormittags griff General Kniacewicz mit seiner 2. Polnischen Legion das Dorf Anthering an.[282] Zwei Füsilierbataillone stellten das erste Treffen. Das zweite Treffen bildete ein Füsilierbataillon, flankiert von je zwei Eskadronen Lanzenreiter. Ein heftiger Feuerwechsel mit Kanonen und Gewehren auf kürzeste Distanz setzte ein und hüllte das Dorf bald in dichte Rauchschwaden. Die österreichischen Grenadiere wurden hart bedrängt und nach Verlusten beinahe aus Anthering geworfen, wenn nicht die Kavallerie unter Oberst Graf Radetzky eingegriffen und die Polen überraschend in ihrer rechten Flanke vernichtend attackiert hätte. GM Wolfskehl hatte dem jungen Radetzky das Kommando über seine gesamte Kavallerie[283] anvertraut.

Im Bajonettangriff eroberten die Grenadiere ihre alten Stellungen samt zwei bereits verlorengegangenen Geschützen wieder. Das durch die erfolgreichen Attacken der Österreicher demoralisierte erste polnische Treffen setzte sich nun Richtung zweites Treffen ab, welches gegen die weiter angreifende kaiserliche Kavallerie sofort ein Karree zur Abwehr bildete. Die Lanzenreiter warfen sich den Österreichern entgegen, konnten aber den vorpreschenden Kürassieren Radetzkys nicht standhalten und zwangen Decaen, seine Reserve ein-

---

[280] Die Division Richepanse (gesamt 5.671 Mann) setzte sich aus den Brigaden Sahuc (27. Linien-Halbbrigade, 48. Linien-Halbbrigade, 6 Geschütze) und Drouet (3 Bataillone Grenadiers-reunis,) zusammen.

[281] Zu den 6 Reservegeschützen kamen noch 2 Geschütze vom Détachement Klebelsberg dazu. Die Geschütze des Grenadierbataillons gingen bei der Schlacht von Hohenlinden verloren; siehe KA, AFA 1800/Dtld/12/ad 229a.

[282] *Brunswik*, Militärischer Führer durch das Donau-Tal von Passau bis zur Marchmündung. Niederösterreich, Oberösterreich und Salzburg, wie Anm. 45, S. 62.

[283] *Oskar Regele,* Feldmarschall Radetzky, Leben / Leistung / Erbe, Wien 1957, S. 65 f; auch *Moriz Schwarzbach,* Gedenkblätter aus der Geschichte des k.k. 3. Dragoner-Regimentes Johann, König von Sachsen, Wien 1868, S. 21.

Gefechte bei Anthering und Bergheim am 14. Dezember 1800

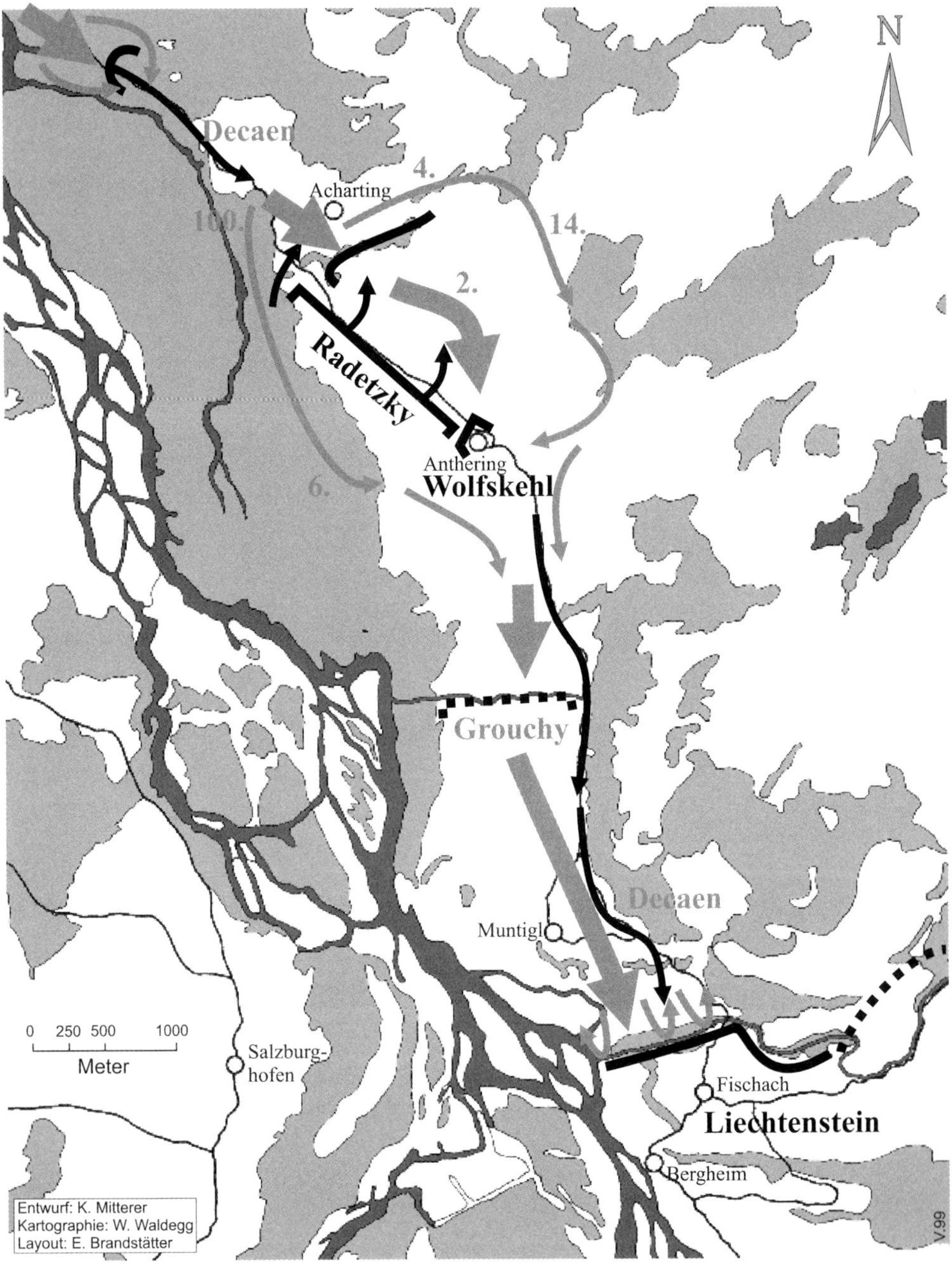

zusetzen. Rechtzeitig die heranstürmende feindliche Kavallerie erkennend, ließ Radetzky von den Polen ab und sammelte seine Reiter, um den Franzosen entsprechend begegnen zu können.

Nordwestlich vor Anthering prallten die beiden Reiterformationen mit aller Wucht aufeinander. Nach erbitterten Nahkämpfen mit Hieb-, Stich- und Feuerwaffen trennten sich die Gegner, um nach abermaligem Sammeln und Formieren erneut zu attackieren. Radetzky befahl dem Major Graf Klebelsberg, sich mit seinen beiden Eskadronen Husaren[284] nicht in der Angriffslinie einzureihen, sondern den Aufprall des Begegnungsgefechts abzuwarten. Nach Erkennen der gegnerischen Schwachstelle hätte Klebelsberg dort unverzüglich zu attackieren, um auf diese Weise eine Entscheidung herbeizuführen.

Drei weitere Reiterkämpfe kosteten zwar Verluste auf beiden Seiten, brachten jedoch keinerlei Vorteile für einen der beiden Kontrahenten. Auch bot sich während dieser Attacken keine Möglichkeit für Klebelsberg, befehlsgemäß entscheidend einzugreifen. Schließlich kamen die Kaiserlichen unter Radetzky durch einen gelungenen Angriff Klebelsbergs in die rechte gegnerische Flanke doch noch zu einem Erfolg, der so schnell an Tiefe gewann, daß für die französische Reiterei die Gefahr einer Trennung von den eigenen Linien bestand. Die Franzosen wichen schließlich in Unordnung in Richtung Acharting, wo inzwischen General Kniacewicz seine Legion gesammelt, in zwei Treffen neu formiert und kampfbereit gemacht hatte. Kurz vor den feindlichen Linien ließ nun Radetzky das Verfolgungsgefecht abbrechen und zog sich, unter Mitnahme von möglichst vielen Verwundeten, in seine Ausgangsstellungen westlich von Anthering zurück. Sein umsichtiges und tapferes Verhalten fand seinen Niederschlag im Gefechtsbericht des Korpskommandanten Fürst Liechtenstein an Erzherzog Johann.[285]

Die Aufklärungspatrouillen meldeten GM Wolfskehl in Anthering, daß seine rechte Flanke von starken Infanterieverbänden und seine linke von Kavallerie und Infanterie umgangen werde und somit die Gefahr einer Einschließung drohe.[286] Dies veranlaßte Wolfskehl, das Gefecht abzubrechen und den Rückzug auf Bergheim zu befehlen.

---

[284] Major Graf Klebelsberg führte 2 Eskadronen des Croatisch-slavonischen Grenzhusarenregiments der Brigade Löpper in der Stärke von gesamt 297 Reitern.

[285] KA, AFA 1800/Dtld/12/252, Relation über die Affaire vom 14ten December, FML Liechtenstein.

[286] KA, AFA 1800/Dtld/12/ad 252.

Gelang es französischen Füsilieren, das Flüßchen Fischach zu überwinden, wurden sie sofort von den kaiserlichen Grenadieren angegriffen und zurückgewiesen.

Nachbearbeitete Abbildung aus: Eduard Duller, Erzherzog Carl von Oesterreich, Pest 1859.

Im Gleichschritt rückte gegen 15 Uhr die 2. Polnische Legion in zwei Treffen über das mit Pferdekadavern und gefallenen Soldaten bedeckte Kampffeld wiederum gegen Anthering vor. Südwestlich von Anthering machte sich ebenfalls das 6. Chasseurs à cheval-Regiment gemeinsam mit der 100. Linienhalbbrigade, aus dem Augelände heraustretend, angriffsbereit. Aber auch aus dem Raum Berg bedrohte nun die 14. Leichte Halbbrigade, der die 4. Linienhalbbrigade dichtauf folgte, die Verteidiger in und um Anthering.

Nach einigen Salven Artilleriefeuer mit Kartätschenmunition gegen die Truppen Kniacewicz und einem gelungenen Kavallerieangriff gegen die Franzosen, die aus dem Augelände vorgingen, wichen die Grenadiere, alle Geschütze mitnehmend, hinter den Lehener Bach nördlich von Siggerwiesen zurück. Die Angreifer aus dem Raum Berg kamen zu spät, blieben den Kaiserlichen zusammen mit den Polen, die inzwischen Anthering besetzt hatten, jedoch hart auf den Fersen. Nach einem weiteren kurzen Geschütz- und Gewehrfeuer setzten sich die Truppen Wolfskehls hinter die Fischach ab und wurden vom dort abwehrbereiten Reservekorps Liechtenstein aufgenommen.[287]

Inzwischen setzte nach 16 Uhr die Dämmerung ein und Decaen blieb nicht mehr viel Zeit, Bergheim zu nehmen, um in weiterer Folge die österreichische Hauptarmee im Rücken zu bedrohen. Mit den eingetroffenen beiden Brigaden der Division Grouchy verfügte Decaen nun über 17.000 Mann, denen lediglich knapp 9.000 Kaiserliche des Reservekorps gegenüberstanden.

Auf der Terrainwelle beim Ortsteil Fischach war von den Österreichern eine Batterie von acht Geschützen in Stellung gebracht und armiert worden. Rechts davon bis nahe an Lengfelden wurden weitere Kanonen und Haubitzen der Reserveartillerie in Stellung gebracht.

Liechtenstein dislozierte die Infanteriebrigade Bayer entlang des Baches Fischach vorwärts Bergheim bis Lengfelden. Von Lengfelden beginnend Richtung Westen lagen die beiden Bataillone des 50. Infanterieregiments Stain. Daran schloß das 31. Infanterieregiment Ben-

---

[287] *Maretich,* Die Gefechte in der Umgebung von Salzburg in den Jahren 1800, 1805 und 1809, wie Anm. 52, S. 226; siehe auch *Friedrich Schwarz,* Die Salzach war nicht immer Grenze – Franzosenkriege, Ende der geistlichen Herrschaft, in: „Ad Antheringas ecclesia cum territorio“ – 788. Anthering – Altes Bauernland zwischen Haunsberg und Salzach, hrsg. von der Gemeinde Anthering zur Feier der ersten Nennung ihres Namens vor 1200 Jahren, Anthering 1990, S. 98 ff.

jovszky an und schließlich stationierte Bayer vor Bergheim das Grenadierbataillon des Oberstleutnants Papp.[288] Das aus Anthering zurückgekommene Grenadierbataillon wurde samt den Geschützen zum Schutz der linken Flanke zur Salzach hin eingesetzt.[289] Die gesamte Kavallerie kam in langen Linien eskadronsweise entwickelt hinter der Infanterie zum Stehen, um jederzeit einen durchgebrochenen Feind attackieren zu können.

Die nachdrängenden Franzosen versuchten auch sofort aus der Bewegung heraus den Bach Fischach an mehreren Stellen zu überwinden. Die Österreicher wiesen sie jedoch unter Zufügung von großen Verlusten überall zurück. Wirkungsvolle Kartätschenlagen wüteten verheerend in den angreifenden Reihen der Franzosen.

Trotz Finsternis versuchte Decaen mit aller Kraft gegen 18^{30} Uhr nach dem verspäteten Eintreffen der beiden Infanteriebrigaden der Division Grouchy, gewaltsam den Übergang über die Fischach im Abschnitt vor Bergheim und dem Dorf Fischach zu erzwingen. Unterstützt wurden die Franzosen dabei von zwölf Geschützen, die zusammengefaßt in die Linien der Kaiserlichen feuerten. Einigen französischen Füsiliereinheiten gelang es auch, das südliche Ufer zu gewinnen. Durch sofort im Bajonettangriff vorgehende Grenadiere unter Oberstleutnant Papp und Benjovszkyinfanterie, gefolgt von Radetzkys Sachsen-Teschen Kürassieren gemeinsam mit Erzherzog-Ferdinandhusaren[290], wurden diese kritischen Situationen stets rechtzeitig bereinigt. Die österreichische Artillerie lieferte den französischen Batterien weiterhin harte Duelle. Die Fischach konnte von den Truppen Decaens schließlich nirgends erfolgreich überwunden werden.

Das Gefecht wurde noch bis gegen 22 Uhr mit unverminderter Härte fortgeführt und forderte laufend Verluste auf beiden Seiten.

---

[288] Grenadierbataillon Papp: Stärke 857 Mann, KA, AFA 1800/Dtld/12/ad 238; siehe auch *Karl von Blazekovic* und *Julius Pössl*, Chronik des k. u. k. Infanterieregiments Nr. 31, 1. Bd., o.O. 1909, S. 253.

[289] Im Gegensatz zu *Maretich*, wie Anm. 52, S. 227, und *Brunswik*, wie Anm. 45, S. 62, ist aufgrund der taktischen Erfordernisse anzunehmen, daß das Grenadierbataillon Morwitz zur Deckung der linken Flanke verwendet wurde und nicht bei der Kirche von Maria Plain nur einen Verfügungsraum bezog.

[290] Husarenregiment Nr. 3 Ferdinand Carl d'Este, KA, AFA 1800/Dtld/12/ad 238. 6 von 8 Eskadronen waren hier eingesetzt. 2 Eskadronen waren ostwärts Mattighofen auf dem Rückzug, KA, AFA 1800/Dtld/12/264; auch *Gustav* Ritter *Amon von Treuenfest*, Geschichte des k. u. k. Hußaren-Regimentes Nr. 3 – Feldmarschall Andreas Graf Hadik von Futak, Wien 1893, S. 230.

Erst gegen 23 Uhr, nach Abrücken der Infanterie- und Kavallerieverbände, verhallten die letzten Salven der Artillerie und beide Kontrahenten bezogen ihre Biwaks. Zurück blieben die Wachfeuer beiderseits der Fischach, die sich von Lengfelden bis zur Salzach erstreckten. Decaen ließ seine Truppen südlich von Anthering das Lager aufschlagen, während die nachrückende Division Richepanse auf dem Wimmfeld südlich Oberndorf die Nacht über biwakierte.[291]

Inzwischen hatte es zu schneien begonnen. Gegen Mitternacht nahm starkes Schneetreiben den Wachsoldaten jegliche Sicht. Die nun herrschenden Witterungsverhältnisse begünstigten die Rückzugsbewegungen des Korps Liechtenstein. Nach vorgestaffeltem Abzug der Geschütze verließen sukzessive die Truppen den Verteidigungsstreifen Lengfelden - Bergheim. Die kaiserlichen Wachfeuer wurden noch einmal zur Täuschung des Gegners kräftig entfacht, bevor die Vorposten leise die Stellungen räumten. Liechtenstein führte sein Korps über die Höhen von Maria Plain, Radeck und Söllheim auf die Linzerstraße (heute Bundesstraße Nr. 1), wodurch er die Flanke und den Rücken der sich zurückziehenden Hauptarmee deckte.[292]

---

[291] Da es Probleme beim Bau der Schwimmbrücken gab und sich das Wiederherrichten der Jochbrücke für schwere Lasten ebenfalls verzögert hatte, konnte die Division Richepanse nur bis zum Wimmfeld bei Oberndorf gelangen; vgl. auch Anm. 264.

[292] *Mras*, Der Feldzug 1800 in Deutschland. Nach östereichischen Originalquellen, wie Anm. 45, S. 208; vgl. auch *Seida,* Historisch-Chronologische Darstellung des wichtigen Feldzugs in Deutschland vom Jahre 1800, wie Anm. 56, S. 414 f.

Rhein-Armee. **Freyheit.** **Gleichheit.**

Obergeneralstab.

Hauptquartier zu Salzburg, den 25sten Frimaire (16. December 1800) der einen und unzertheilbaren Franken-Republik.

Tagsbefehl vom 25sten Frimaire.

Kaum sind fünfzehn Tage verflossen, seitdem die Eigensinnigkeit unserer Feinde, womit sie den Frieden ausschlagen, uns zwang, die Waffen wieder zu ergreifen. In diesem kurzen Zeitraume habt ihr, in der Mitte eines strengen Winters, vierzig Meilen Landes erobert, zwey hartnäckige Schlachten geliefert, einen denkwürdigen Sieg erfochten, bey vierzehntausend Gefangene gemacht, den Kern der östreichischen Armee zu Grunde gerichtet, hundert sieben Kanonen erbeutet, über zwey Flüsse gesetzt, die als die stärksten Vertheidigungslinien von Europa angesehen werden, und die fränkischen Waffen in ein Land gebracht, in welches sie noch nie gedrungen waren.

Soldaten! noch eine Anstrengung, und das Gewicht eurer Siege wird das Gold Englands überwiegen, und die Republik, deren Stolz ihr seyd, wird eure ruhmvollen Thaten belohnen. Schon trägt mir die Regierung auf, die von der Schlacht bey Hohenlinden benachrichtigt ist, euch die National-Erkenntlichkeit zu bezeugen. „Dieser Tag, meldet sie mir, erfüllt Frankreich mit Hoffnung und Freude; er wird die andern Armeen mit einer Nacheiferung anfeuern, deren Erfolg jener vom Sieger so oft und so großmüthig angebothene Friede seyn wird."

Der Obergeneral unterzeichnet Moreau.

Der Abschrift gleichlautend

Für den Divisions-General Chef des Obergeneral-Stabs.

Der Brigadegeneral
N. Fririon.

ARMÉE DU RHIN. LIBERTÉ. ÉGALITÉ.

Etat-Major-Général.

Quartier-Général de Salzbourg le 25. Frimaire an 9 de la République française, une et indivisible.

Ordre du Jour du 25. Frimaire

Quinze jours se sont à peine écoulés, depuis que l'obstination de nos ennemis à refuser la paix nous à forcés a reprendre les armes. Dans ce court espace vous avez au milieu d'un hiver rigoureux, conquis quarante lieues de terrain, livré deux combats opiniâtres, remporté une victoire mémorable, fait près de quatorze mille prisonniers, détruit l'élite de l'armée autrichienne, pris cent sept pièces de canon, franchi deux rivières qui sont regardées comme les plus fortes lignes de l'Europe et porté les armes françaises dans un pays où elles n'avaient jamais pénétré.

Soldats! encore quelques efforts et le poids de vos victoires l'emportera sur l'or de l'angleterre, et la République dont vous êtes l'orgueil, vous récompensera de vos glorieux travaux; déjà le Gouvernement instruit de la Bataille de Hohenlinden me charge de vous témoigner la reconnaissance Nationale. „Cette journée, me dit il, remplit la France d'espoir et de joie; elle va communiquer aux autres armées une émulation qui aura pour résultat, cette paix si souvent et si généreusement offerte par le vainqueur".

Le Général en chef signé MOREAU.

Pour Copie Conforme

Pour le Général de Division chef de l'Etat-Major-Général

Le Général de Brigade
N. FRIRION.

Auch abgebildet bei: *Judas Thaddäus Zauner*, Beyträge zur Geschichte des Aufenthaltes der Franzosen im Salzburgischen und in den angränzenden Gegenden, Bd. I, Salzburg 1801, S.86 ff

Der Rückzug der Hauptarmee
Ende des Feldzuges

Während der harten Gefechte am Bach Fischach vor Bergheim bis Lengfelden hatte die österreichische Hauptarmee bereits ihren Rückzug nach Neumarkt am Wallersee angetreten.[293]

Erzherzog Johann brach mit seinem Hauptquartier gegen 17 Uhr von Salzburg auf und begab sich nach Straßwalchen. Die Masse des Trosses mit den Versorgungstruppen sowie die Armeetruppen und der Reserveartilleriepark waren bereits seit Einbruch der Dunkelheit[294] unterwegs.

Die drei Korps rückten teils über die Jochbrücke durch die Stadt, teils über die von den Pionieren errichteten Schwimmbrücken, sodaß sich gegen 21 Uhr abends die Armee am rechten Salzachufer befand. Jede Brigade mußte nach ihrem Eintreffen sofort abkochen und anschließend auf der Linzerstraße den Marsch weiter fortsetzen. Die letzte Brigade brach um 23 Uhr auf.[295]

Unter dem Schutz der Nachhut unter GM Löpper[296], welche zunächst noch bis nach 21 Uhr bei Maxglan und Leopoldskron in Stellung verblieb, bauten die Pioniere schließlich auch noch die Schwimmbrücken wieder ab und folgten der Hauptarmee.

Der „hochfürstlichen Salzburger Statthalterschaft" wurde zwar durch einen bei der Nachhut eingeteilten Generalstabsoffizier die Abtragung der Jochbrücke (im Bereich der heutigen Staatsbrücke) aufgetragen, jedoch zögerte man dies so lange hinaus, bis die Österreicher abgezogen waren und man sich an keinen Befehl mehr gebun-

---

[293] *Zauner,* Beyträge zur Geschichte des Aufenthaltes der Franzosen im Salzburgischen und in den angränzenden Gegenden, Bd. I, wie Anm. 110, S. 52 f; derselbe Bd. II, wie Anm. 122, S. 227.

[294] Zwischen 16 [30] Uhr und 17 [00] Uhr; *Maretich,* Die Gefechte in der Umgebung von Salzburg in den Jahren 1800, 1805 und 1809, wie Anm. 52, S. 228.

[295] *Schallhammer,* Kriegerische Ereignisse im Herzogthume Salzburg in den Jahren 1800, 1805 und 1809, wie Anm. 61, S. 13.

[296] Biographie von GM Franz Freiherr von Löpper in: *Gustav Ritter Amon von Treuenfest,* Geschichte des k. u. k. Hußaren-Regimentes Nr. 3 – Feldmarschall Andreas Graf Hadik von Futak, wie Anm. 290, S. 228.

den fand[297]. Diesem Umstand verdankte ein Bataillon des 3. Infanterieregiments Erzherzog Carl, das bekanntlich den Raum Grödig – Glanegg nach Norden und gegen feindliche Umgehung über Reichenhall - Berchtesgaden sicherte, die Rettung vor Gefangenschaft. Die beträchtlich langen Meldewege erklärten sein verspätetes Erscheinen. Gegen 1 Uhr nachts marschierte das Bataillon durch das Kajetaner Tor in Salzburg ein, überquerte die Salzach und zog eiligst der Armee nach.

Nun begann für Salzburg ein schlimmer und leidvoller Abschnitt seiner Geschichte, der geprägt war von Plünderungen, Brandschatzungen, hohen Kontributionen, Zwangseinquartierungen, Diebstählen und zahlreichen anderen willkürlichen Gewaltanwendungen durch die Besatzer.[298]

Am 15. Dezember begannen die Franzosen ab 8^{30} Uhr früh aus Norden die Stadt Salzburg zu besetzen. General Decaen zog mit seinen Truppen durch das Mirabelltor ein. Aus dem Westen rückte GLt Lecourbe mit seinem Korps an und marschierte gegen 10 Uhr durch das Klausentor in die Stadt.

Ein Teil der Truppen mußte die Verfolgung der Kaiserlichen in Richtung Neumarkt am Wallersee unverzüglich aufnehmen. Die Truppendurchzüge dauerten den ganzen Tag bis in die Finsternis. Gegen 13 Uhr war auch die Festung Hohensalzburg in französischer Hand.

Um 15^{30} Uhr kam Obergeneral Moreau selbst in Salzburg an und bezog mit seinem Stab in der Residenz sein Quartier. General Durutte wurde zunächst zum Stadtkommandanten und Oberst Arnaud zum Platzkommandanten ernannt.

Noch am selben Tag ergingen durch Kriegskommissär Maljean zahlreiche Ausschreibungen von Requisitionen an Geld, Proviant, Bekleidungsmaterial und Transportmitteln.[299]

---

[297] *Maretich*, Die Gefechte in der Umgebung von Salzburg in den Jahren 1800, 1805 und 1809, wie Anm. 52, S. 230.

[298] Ausführlich bearbeitet von *Eva Kunesch,* Die Franzosen in Stadt und Land Salzburg 1800/1801, Hausarbeit aus Geschichte, Universität Salzburg, Salzburg 1970; natürlich sind als Quelle besonders die 3 Bände von *Zauner,* Beyträge zur Geschichte des Aufenthaltes der Franzosen im Salzburgischen und in den angränzenden Gegenden, Salzburg 1801 - 1802, hier anzuführen.

[299] *Schallhammer*, Kriegerische Ereignisse im Herzogthume Salzburg, wie Anm. 61, S. 13 f.

Zurück zum weiteren Kriegsverlauf:

Sämtliche nördlich abgetrennte Truppen der kaiserlichen Armee hatten nun ebenfalls ihre Stellungen zu räumen und sich in der allgemeinen Richtung nach Osten abzusetzen. Schärding, Braunau und Burghausen wurden unter Mitnahme der Festungsgeschütze aufgegeben.[300] Die Gruppierung der Kräfte im Alpenraum blieb unverändert.[301]

Nach weiteren verlustreichen Rückzugsgefechten der Hauptarmee am 16. Dezember im Raum Henndorf–Neumarkt, am 17. Dezember vor Frankenmarkt, am 18. Dezember bei Vöcklabruck und schließlich am 19. Dezember in und um Lambach war der völlige Zusammenbruch der Truppen nahe.[302]

Bereits am 9. Dezember schrieb Kaiser Franz II. seinem Bruder, er möge doch das Kommando über die Armee wieder übernehmen:

. . . „ Ich bitte dich um Alles, wenn Du kannst, das von Dir anverlangte Opfer zum Heil der Monarchie abzulegen, und zwar so bald möglich auch Dich von Prag gerade zu der Armee . . . zu verfügen, denn jeder Augenblick . . . ist äusserst wichtig . . . Sei wenigstens in der Nähe, um die Operationen zu dirigiren, da doch brave Leute bei der Armee sind, die sich beeifern werden, so gut, als es ihren Kräften stehet, sie auszuführen . . . Du wirst mich jetzt nicht sitzen lassen, wo es auf das fernere Heil des Staates ankommt.“. . .[303]

Am 17. Dezember übernahm Erzherzog Karl das Oberkomman-

---

[300] Dazu vgl. auch KA, AFA 1800/Dtld/12/258 und 276; auch *Oswald Graf Kielmansegg,* Schwarzenberg-Uhlanen. 1790 - 1887, Tarnów 1887, S. 79; und *Gustav Ritter Amon von Treuenfest,* Geschichte des kaiserl. und königl. Husaren - Regimentes Nr. 10 Friedrich Wilhelm III., König von Preussen, Wien 1892, S. 220 f.

[301] Am 19., 21. und 24. Dezember griffen die Franzosen (Brigade Puthod) den Paß Botenbühel bei Schneizlreuth immer wieder vergeblich an und erlitten bei 1.000 Mann Verluste. Auch am Paß Lueg wurde ab dem 21. Dezember gekämpft und die Franzosen (Teile der Brigade Marula) zogen sich schließlich am 24. Dezember wieder zurück. *Friederike Zaisberger,* Die Franzosenkriege, in: Salzburgs Schützen und Bürgergarden - Landesverteidigung und Brauchtum, Salzburg 1996, S. 25 ff.

[302] *k. k. Kriegs-Archiv,* Kriegs-Chronik Österreich - Ungarns. Militärischer Führer auf den Kriegsschauplätzen der Monarchie, II. Theil, wie Anm. 50, S. 103 f; auch *Brunswik,* Militärischer Führer durch das Donau-Tal von Passau bis zur Marchmündung. Niederösterreich, Oberösterreich und Salzburg, wie Anm. 45, S. 48 ff.

[303] *Wertheimer,* Erzherzog Carl und die Zweite Coalition bis zum Frieden von Lunéville. 1798 - 1801, wie Anm. 34, S. 246.

Carl Phillip Fürst zu Schwarzenberg (1771 - 1820)

Nachbearbeitete Abbildung aus: Eduard Duller, Erzherzog Carl von Oesterreich, Pest 1859.

do und eine der ersten Verfügungen am 18. Dezember war, daß Fürst Schwarzenberg bereits am nächsten Tag die Führung über die Nachhut zu übernehmen hatte.[304]

Mit den zur Hauptarmee dazugestoßenen Verbänden, kaum noch 26.000 Mann kämpfende Truppe zählend, konnte auch Erzherzog Karl keine Wunder mehr wirken und Erfolge erzielen. Die Soldaten waren durch ständige Märsche bei winterlichen Wetterverhältnissen ungemein ermüdet. Sie verbrachten die letzten Tage nur im Biwak, meist ohne Brot und ohne sonstige Verpflegung. Vielen fehlten oft die nötigsten Kleidungsstücke. Kein Wunder, wenn solche Truppen, völlig demoralisiert, nicht mehr in der Lage waren, den Franzosen ernsthaft entgegenzutreten.[305]

In Anbetracht der aussichtslosen militärischen Lage blieb Karl nichts anderes übrig, als mit Moreau Unterhandlungen anzuknüpfen. Karl erhielt Handlungsfreiheit und sein Bruder, der Kaiser, schrieb: „. . . Mache Deine Sache klug, ich verlasse mich auf Deinen Diensteifer und Deine Bruderliebe . . .“[306]

Während der Verhandlungen setzte die geschlagene Armee ihren Rückzug über Strengberg und Amstetten nach Melk fort. Am 25. Dezember 1800 wurde der Waffenstillstand von Steyr durch Moreaus Stabschef General Dessolle und den kaiserlichen GM Graf Grünne unterzeichnet.

Auch am südlichen Kriegsschauplatz in Oberitalien hatten die mit 24. November wiederaufgenommenen Feindseligkeiten den Rückzug vom Mincio bis an den Piave zur Folge, da kein General mehr die Armee in einer Schlacht aufs Spiel zu setzen wagte. Hier endete der Feldzug am 16. Jänner 1801 mit dem Waffenstillstand von Treviso.

---

[304] *Duller,* Erzherzog Carl von Oesterreich, wie Anm. 43, S. 490; auch *Schwarzenberg*, Feldmarschall Fürst Schwarzenberg. Der Sieger von Leipzig, wie Anm. 42, S.67 f.

[305] *Wertheimer,* Erzherzog Carl und die Zweite Coalition bis zum Frieden von Lunéville. 1798 - 1801, wie Anm. 34, S. 247; auch *Hugo Kerchnawe* und *Alois Veltzé*, Feldmarschall Karl Fürst zu Schwarzenberg der Führer der Verbündeten in den Befreiungskriegen, Wien, Leipzig 1913, S.60 f.

[306] Ebenfalls *Wertheimer,* Erzherzog Carl und die Zweite Coalition bis zum Frieden von Lunéville. 1798 - 1801, wie Anm. 34, S. 250.

Schließlich wurde der Zweite Koalitionskrieg gegen Frankreich mit dem Friedensvertrag von Lunéville am 9. Februar 1801 beendet.[307]

[307] Im Frieden von Lunéville ist die Auflösung des alten Deutschen Kaiserreiches ausgesprochen worden. Das linke Rheinufer wurde an Frankreich abgetreten, die betreffenden, ihr Gebiet einbüßenden Fürsten wurden in Deutschland entschädigt. In Italien entstand das Königreich Etrurien, die Bedingungen von Campo Formido (1797) wurden neuerdings bestätigt. Frankreich hatte also die Koalition vollständig gedemütigt und durch den glücklichen Feldzug von 1800 zur Auflösung gebracht.

Schlußbetrachtungen zur vergessenen Schlacht vor den Toren Salzburgs

Wenn man sich mit den Standardwerken führender Militärhistoriker beschäftigt, bekommt man zunächst den Eindruck, daß die beiden ersten Koalitionskriege gegen das revolutionäre Frankreich ausführlich erforscht und dokumentiert wurden.

Die ergänzende Spezialliteratur ist zahlreich und an den großen Universitätsbibliotheken und Archiven nicht nur in Österreich, sondern auch in ganz Europa und in den USA erhältlich. Und dennoch gibt es immer wieder Lücken. Diese sind meist durch ganz bestimmte Interventionen politischer Natur bedingt, die dann, wenn sie erkannt werden, den Historiker herausfordern, sie zu erforschen, zu objektivieren und zu dokumentieren.

Auch die Schlacht vor den Toren der Stadt Salzburg fand zwar ihren publizistischen Niederschlag in kurzen Aufsätzen und fragmentarischen Berichten in den Jahren von 1801 bis 1814. Wissenschaftlich bearbeitet wurden die Ereignisse damals aber nicht. Daß die Veröffentlichungen stark vom Zeitgeist und der damaligen politischen Opportunität geprägt waren, braucht nicht erst erwähnt werden. Als Quelle sind sie für den Historiker natürlich dennoch von unschätzbarem Wert.

Im Jahre 1836 erschien in der von Erzherzog Karl 1808 gegründeten Österreichischen Militärischen Zeitschrift das erste Mal eine Schilderung des Winterfeldzuges 1800 auf der Basis von Originalquellen, die ja im k.k. Kriegsarchiv unter Verschluß auflagen.[308] Diese Arbeiten gingen jedoch kaum auf Details ein, die für die militärwissenschaftliche Forschung von heute interessant wären. Den Ereignissen bei Salzburg vom 12. bis 14. Dezember 1800 wurden nur sechs Seiten vom Format kleiner als A5 gewidmet.

In sämtlichen militärwissenschaftlichen Publikationen des 19. Jahrhunderts in Frankreich, England, Deutschland, der Schweiz, Italien und der Habsburgmonarchie finden wir kaum Nachrichten, ge-

---

[308] *Mras,* Der Feldzug 1800 in Deutschland. Nach östereichischen Originalquellen, wie Anm. 37, S. 3 - 38; derselbe: Dritter Abschnitt. Zeitraum vom 28. November 1800 bis 9. Februar 1801, wie Anm. 45, S. 194 - 224.

schweige denn eine wissenschaftliche Aufarbeitung der Schlacht bei Salzburg. Selbst die umfangreicheren Arbeiten, wie beispielsweise die von Schallhammer[309], Brunswik[310] und Maretich[311], sind lückenhaft und fußen bisweilen auf ungeprüften Überlieferungen aus den Regimentschroniken. Auch werden französische Quellen zu Objektivierung kaum herangezogen.

Im militärhistorischen Standardwerk „Kriegsgeschichtliche Übersicht der wichtigsten Feldzüge seit 1792" von Adolf von Horsetzky wird ein kriegerisches Ereignis in Salzburg erst in der siebenten überarbeiteten Neuauflage zur Kenntnis genommen. Dasselbe gilt auch für militärhistorische Kartenwerke, die im Laufe der Zeit bis 1918 im In- und Ausland zu diesem Themenkreis erschienen sind.

Nun drängt sich unwillkürlich die Frage auf, warum dieses Großereignis bei Salzburg, bei dem immerhin über 104.000 französische und österreichische Soldaten[312] gegeneinander gekämpft haben, weder in Frankreich noch in Österreich seine entsprechende Würdigung fand?

Eine mögliche Antwort liegt vermutlich in den beiden handelnden, mit dem Oberbefehl betrauten Personen. Auf der einen Seite haben wir den größten Kontrahenten des eben erst die ganze Macht ergreifenden Napoleon Bonaparte, der schon in der Vergangenheit eifersüchtig die zahlreichen militärischen Erfolge dem Obergeneral Jean-Victor Moreau mißgönnt hatte. Auch störte es Napoleon ungemein, daß Moreau nicht nur in Offizierskreisen und bei der Truppe, sondern auch bei der Pariser Bevölkerung viel beliebter war und mehr Einfluß hatte als er.[313] Wie schon berichtet, stritt man sich auch um

---

309 *Anton Ritter von Schallhammer*, Kriegerische Ereignisse im Herzogthume Salzburg in den Jahren 1800, 1805 und 1809, wie Anm. 61, S. 3 - 18.

310 *Ludwig Brunswik von Korompa*, Militärischer Führer durch das Donau-Tal von Passau bis zur Marchmündung. Niederösterreich, Oberösterreich und Salzburg, wie Anm. 45, S. 40 - 62.

311 *Gedeon Freiherr Maretich von Riv-Alpon*, Die Gefechte in der Umgebung von Salzburg in den Jahren 1800, 1805 und 1809, wie Anm. 52, S. 193 - 239.

312 Am 14. Dezember hatten die Franzosen von Laufen bis Reichenhall 60.800 Mann und die Österreicher 43.600 Mann im Einsatz. Errechnet aus sämtlichen Übersichten in: *Carrion-Nisas*, Campagne des Francais en Allemagne - Année 1800, in: Mémorial du Dépôt général de la guerre, Tome V, wie Anm. 186; sowie Kriegsarchiv, KA, AFA 1800/Dtld/12 und 13.

313 *A. u.*, Moreau. - Ein Blick auf seine Feldzüge, seinen Karakter und seine Schicksale, wie Anm. 27, S. 72 f und 78 ff; auch *Flammenstern*, Feldherr Moreau, General-Quartier-Meister des Kaisers Alexanders des I. - Eine Charakteristik seines Lebens und seiner Thaten, wie Anm. 21, S. 10 ff.

den Oberbefehl über die Rheinarmee auf dem deutschen Kriegsschauplatz. Abermals setzte sich Moreau gegenüber dem Ersten Konsul durch. Der erfochtene Sieg Moreaus bei Hohenlinden wurde von Napoleon nach Bekanntwerden in Paris auch sofort als ein „glückliches Rencontre“ heruntergespielt.[314]

Wenn man weiß, wie Napoleon selbst aktiv in die Kriegsberichterstattung und Schlachtenschilderungen zugunsten seiner Selbstdarstellung eingegriffen hat[315], dann wird schnell klar, warum die Erfolge Moreaus im Zweiten Koalitionskrieg kaum einen Platz in der französischen Militärgeschichte fanden.

Nimmt man jedoch die Karte zur Hand und verfolgt die Bewegungen der französischen Armee, erkennt man sehr rasch, daß Moreau in diesem Feldzug nach ganz neuen operativen Prinzipien vorging. Gewöhnlich war ein Feldherr zur damaligen Zeit darauf bedacht zu verhindern, daß ihm der Gegner in den Rücken fällt oder seine Flanken überflügelt werden. Weiters wagte er keinen schnellen Stoß in die Tiefe, ohne die entsprechende Versorgung und den Flankenschutz sicherzustellen.

All diese Grundsätze unterließ und vernachlässigte Moreau von Anfang an. Er verzichtete auf eine Sicherung seines linken Flügels, der von 25.000 Mann Bayern und Kaiserlichen weiträumig bedroht wurde. Auch den rechten Flügel hätte man von Tirol aus, wo die Österreicher über etwa 20.000 Mann verfügten, umgehen und einkesseln können. Moreau erkannte die Führungsschwächen und die daraus resultierende Unfähigkeit der kaiserlichen Heere, zusammenwirkend gegen ihn vorzugehen, und er ergriff sofort die Initiative.

Sein Prinzip war, die Masse seiner Rheinarmee beisammenzuhalten und die Versorgung mittels Requisition aus dem Land sicherzustellen. Unter diesen Voraussetzungen konnte Moreau die kaiserliche Hauptarmee unter Erzherzog Johann ständig durch geschickte Schwergewichtsbildung ausmanövrieren und dann mit zahlenmäßiger Überlegenheit angreifen. Moreau gab die Initiative zu keiner Zeit

---

[314] *Delbrück*, Geschichte der Kriegskunst im Rahmen der politischen Geschichte, wie Anm. 21, S. 500 ff.

[315] *Günther*, Geschichte des Feldzuges von 1800, wie Anm. 20, S. 7 f; ebenfalls *Delbrück*, Geschichte der Kriegskunst im Rahmen der politischen Geschichte, wie Anm. 21, S. 502 ff; vgl. auch *Louis Bergeron*, Frankreich und Europa zur Zeit Napoleons, in: Weltbild Weltgeschichte, Bd. 26; Das Zeitalter der europäischen Revolution 1780-1848, hrsg. von *Louis Bergeron*, *Francois Furet* und *Reinhart Koselleck*, Augsburg 1998, S. 144 ff.

aus der Hand, ließ die Österreicher nicht zur Ruhe kommen und erzwang durch seine rasche Offensive, daß ein erfolgversprechender konzentrischer Gegenangriff aller Reichsarmeeteile niemals rechtzeitig zustande kam.

Diese kriegsentscheidende operative Glanzleistung, mit der Moreau das kaiserliche Hauptheer besiegte und bis nach Melk vor sich her trieb, mußte nun auch ein Napoleon Bonaparte zur Kenntnis nehmen.

Nach Verstrickung in einen Hochverratsprozeß entledigte sich Napoleon schließlich 1804 seines Konkurrenten und schickte Moreau samt Familie in die USA ins Exil.[316]

Im Jahre 1813, am 27. August, trafen die beiden in der Schlacht bei Dresden wieder aufeinander. Diesmal stand Moreau im Dienst des russischen Kaisers Alexander I. als Generalquartiermeister. In dieser Schlacht schwer verwundet, starb Moreau am 2. September 1813.[317]

Auf österreichischer Seite mag das geringe Forschungsinteresse am Zweiten Koalitionskrieg und dessen Verlauf sicherlich, neben anderen Gründen, auf ein dynastisches Schonungsprinzip für den später bei der Bevölkerung so beliebten und mit Legenden umwobenen Erzherzog Johann zurückzuführen sein.

Der die Kriegsführung betreffende Zwist zwischen Kaiser Franz II. und seinem Bruder Erzherzog Karl [318], von Minister Thugut zusätzlich durch Intrigen geschürt, war schließlich der Grund, daß Erzherzog Johann den Oberbefehl für den Winterfeldzug 1800 erhielt.

Der junge Erzherzog Johann, gerade 18 Jahre alt, wurde gegen den Willen der Armee von Thugut durchgedrückt und bekam zudem auch noch Offiziere zur Seite, die zwar langgedient waren, aber in Kommandofunktion noch kaum beziehungsweise keinerlei Kriegser-

---

[316] *A. u.*, Moreau. - Ein Blick auf seine Feldzüge, seinen Karakter und seine Schicksale, wie Anm. 27, S. 76 f und S. 81; vgl. auch *Flammenstern*, Feldherr Moreau, General-Quartier-Meister des Kaisers Alexanders des I. - Eine Charakteristik seines Lebens und seiner Thaten, wie Anm. 21, S. 13.

[317] *Preil*, Österreichs Schlachtfelder, 2. Bd., wie Anm. 62, S. 39, Abb. S 38; siehe auch *A. u.*, Moreau. - Ein Blick auf seine Feldzüge, seinen Karakter und seine Schicksale, wie Anm. 27, S. 83 ff.

[318] *Wertheimer*, Erzherzog Carl und die Zweite Coalition bis zum Frieden von Lunéville. 1798 - 1801, wie Anm. 34, S. 237 f und S. 241 f.

fahrungen gesammelt hatten.[319]

Damit war der Mißerfolg gegen den genial operierenden Moreau geradezu vorprogrammiert und die österreichischen kriegserprobten Truppenführer mußten sich mürrisch dem Willen Wiens fügen.

Ein weiterer Grund für das geringe Interesse zur Aufarbeitung dieses Winterfeldzuges war sicherlich auch, daß bis dato noch nie eine Reichsarmee innerhalb eines einzigen Monats so viele aufeinanderfolgende, zum Teil aber vermeidbare Niederlagen mit so horrenden Verlusten hatte hinnehmen müssen.[320] Die mißlich gemachten Erfahrungen, sowohl politischer als auch besonders militärischer Natur, flossen nach dem Feldzug in die unter der Leitung von Erzherzog Karl begonnenen Reformen ein und veränderten grundsätzlich das gesamte kaiserliche Heerwesen.[321] Auch wurden, bereits seit der Übernahme des Oberbefehls am 17. Dezember durch Erzherzog Karl, nie wieder Anstalten getroffen, die Führung von militärischen Operationen nur von Wien aus leiten zu wollen.[322]

In Salzburg selbst wurde, natürlich vom Zeitgeist stark geprägt, von den kriegerischen Ereignissen nur am Rande berichtet. Über den Aufenthalt und die Besatzungszeit der Franzosen, von den Salzburgern als einschneidendes und traumatisches Ereignis empfunden, gibt es einiges an Schrifttum. Wissenschaftlich wäre hier u. a. die Arbeit

---

[319] *Günther*, Geschichte des Feldzuges von 1800, wie Anm. 20, S. 135; derselbe zitiert auf S. 20 Erzherzog Karl: ... „ Höchstens hatte ihr Gedächtnis einzelne Grundsätze der Kriegführung aus der Schule behalten; aber ihre Anwendung kannten sie nicht." Vgl. auch *Heilmann*, Der Feldzug von 1800 in Deutschland. Mit besonderer Bezugnahme auf den Anteil der bayerischen Truppen bearbeitet, wie Anm. 27, S. 36.

[320] Die Hauptarmee umfaßte bei Feldzugsbeginn am 28. November 72.911 Mann. *Mras*, Der Feldzug 1800 in Deutschland. Nach östereichischen Originalquellen. Dritter Abschnitt. Zeitraum vom 28. November 1800 bis 9. Februar 1801, in: Oestereichische militärische Zeitschrift, Bd. 4, Heft 10, hrsg. von *Johann Schels*, wie Anm. 37, S. 3 f. Bei *Wertheimer*, Erzherzog Carl und die Zweite Coalition bis zum Frieden von Lunéville. 1798 - 1801, wie Anm. 34, S. 247: . . . „Die Truppen boten ein Bild der Zerstörung und der Zersetzung, wie es sich Carl selbst in den Stunden seiner traurigsten Ahnungen nicht vorgestellt hatte. Von dem schönen Heere waren kaum 26.000 Mann kampffähig.". . .

[321] *Fiedler*, Kriegswesen und Kriegführung im Zeitalter der Revolutionskriege, wie Anm. 8, S. 126 f; vgl. auch *Kurt Peball*, Zum Kriegsbild der österreichischen Armee und seiner geschichtlichen Bedeutung in den Kriegen gegen die Französische Revolution und Napoleon I. in den Jahren von 1792 bis 1815, in: Napoleon I. und das Militärwesen seiner Zeit, hrsg. von *Wolfgang von Groote* und *Klaus-Jürgen Müller*, Freiburg i. B. 1968, S. 129 – 175.

[322] *Wertheimer*, Erzherzog Carl und die Zweite Coalition bis zum Frieden von Lunéville. 1798 - 1801, wie Anm. 34, S. 247.

von *Eva Kunesch*[323] hervorzuheben.

Wenn man in der „Bibliographie zur Geschichte des Tiroler Freiheitskampfes von 1809", bearbeitet von *Hans Hochenegg*[324], nichtweniger als 3.000 Titel auffindet, nehmen sich die Arbeiten über die Schlacht bei Salzburg, an der immerhin im Gegensatz zu Tirol zwei Großarmeen beteiligt waren, ärmlich aus. Auch die Verluste innerhalb von drei Gefechtstagen, auf französischer Seite mit über 10.000 Mann, auf österreichischer mit über 12.000 Mann angegeben, dokumentieren ein militärisches Großereignis.[325] Mit Recht kann man heute die Schlacht bei Salzburg tatsächlich als eine von der Geschichtsschreibung „vergessene Schlacht" bezeichnen.

Zum Schließen dieser historischen Lücke in der österreichischen, insbesondere aber auch in der Salzburger Geschichte, allein um der vielen Opfer willen, fühlte ich mich verpflichtet.

---

[323] *Eva Kunesch,* Die Franzosen in Stadt und Land Salzburg 1800/1801, Hausarbeit aus Geschichte, Universität Salzburg, Salzburg 1970.

[324] *Hans Hochenegg,* Bibliographie zur Geschichte des Tiroler Freiheitskampfes von 1809, in: Beihefte zu Tiroler Heimat; Tiroler Bibliographien, bearbeitet von der Universitätsbibliothek Innsbruck, Heft 1, Innsbruck, Wien 1960.

[325] Verluste vom 12. bis 14. Dezember: Französische Rheinarmee im Raum Feldkirchen – Salzburghofen – Wals – Siezenheim - Kleßheim – Taxham – Liefering: 7.102 Soldaten, davon 4.500 gefallen; im Raum Laufen: 602 Soldaten, davon 300 gefallen; im Raum Acharting – Anthering – Bergheim: 2.801 Soldaten, davon 900 gefallen.
K.k. Hauptarmee im Raum Wals – Viehhausen – Pointing - Siezenheim – Kleßheim – Taxham – Liefering: 8.592 Soldaten; davon 3.700 gefallen; im Raum Laufen: 948 Soldaten, davon 250 gefallen; im Raum Acharting – Anthering – Bergheim: 2.517 Soldaten, davon 750 gefallen.

Ordre de Bataille der kaiserlichen Hauptarmee in Deutschland 12. Dezember 1800

Kommandierender General:	FZM Erzherzog Johann
Ad Latus:	FZM Baron Lauer
Chef des Generalquartiermeisterstabes:	Oberst von Weyrother
Chef des Geniewesens:	GM Freiherr von De Vaux

Armeetruppen

(9.900 Mann)

Stabstruppen:

Czartoryski-Kürassiere (KR Nr. 4)	2 Eskadronen
Stabsinfanterieregiment	2 Kompanien

Unterstützungstruppen:

Pioniere	7 Kompanien
Pontoniere	1 Kompanie
Mineure	1 Kompanie
Sappeure	1 Zug
1. Feldartillerieregiment	5 Kompanien
2. Feldartillerieregiment	4 Kompanien
3. Feldartillerieregiment	4 Kompanien
Artillerie-Füsilierbataillon	1 Zug
Bombardiere	2 Kompanien
Feldzeugamt-Détachement	2 Kompanien
Fuhrwesenkorps	1 Regiment
Packreserve	5 Kompanien
Fliegende Spitäler	8 Kompanien
Feld-Tierspital	4 Züge

Zentrum: I. Korps

FML Baron Kienmayer
(11.200 Mann)

Division FML Fürst Schwarzenberg

Brigade GM Dienersperg:

Coburg-Dragoner (DR Nr. 6)	6 Eskadronen
Mack-Kürassiere (KR Nr. 10)	6 Eskadronen

Brigade GM Gavasini:

Erzherzog Ferdinand Carl-Infanterie (2. IR)	3 Bataillone
Gemmingen-Infanterie (21. IR)	3 Bataillone

Brigade GM Candiani:

Schröder-Infanterie (7. IR)	3 Bataillone
Clerfayt-Infanterie (9. IR)	1 Bataillon
De Ligne-Infanterie (30. IR)	1 Bataillon
Württemberg-Infanterie (38. IR)	1 Bataillon
Murray-Infanterie (55. IR)	1 Bataillon
Beaulieu-Infanterie (58. IR)	1 Bataillon

Division FML Erzherzog Ferdinand

Brigade GM Vincent:

Wenkheim-Infanterie (35. IR)	3 Bataillone
Stain-Infanterie (50. IR)	3 Bataillone

Brigade GM Wöber:

Dragonerregiment Nr. 13	6 Eskadronen
Kaiser-Kürassiere (KR Nr. 1)	6 Eskadronen

Rechter Flügel: II. Korps

FML Graf Baillet de Latour
(12.300 Mann)

Division FML Fürst Hessen-Homburg

Brigade GM Roschovsky:

Ferdinand-Dragoner (DR Nr. 2)	6 Eskadronen
Nassau-Kürassiere (KR Nr. 9)	6 Eskadronen

Brigade GM O´Donel:

Olivier Wallis-Infanterie (29. IR)	3 Bataillone
Lacy-Infanterie (22. IR)	3 Bataillone

Division FML Fürst Hohenlohe

Brigade GM Majthenyi:

Brechainville-Infanterie (25. IR)	2 Bataillone
De Vins-Infanterie (37. IR)	2 Bataillone

Brigade GM Esterhazy:

Latour-Dragoner (DR Nr. 11)	6 Eskadronen
Zezschwitz-Kürassiere (KR Nr. 5)	6 Eskadronen

unterstellt:
Württemberger Brigade;
GLt von Hügel:

Füsiliere	5 Bataillone
Kavallerie	3 Eskadronen

Linker Flügel: IV. Korps

FML Graf Riesch
(12.200 Mann)

<u>Division FML Merveldt</u>

Brigade GM Görger:

Waldeck-Dragoner (DR Nr. 7)	6 Eskadronen
Anspach-Kürassiere (KR Nr. 11)	6 Eskadronen

Brigade GM Klein:

60. Linien-Infanterieregiment	3 Bataillone
Erzherzog Carl-Infanterie (3. IR)	3 Bataillone

<u>Division FML Graf Gyulai</u>

Brigade GM Leuven:

Manfredini-Infanterie (12. IR)	3 Bataillone
Kaunitz-Infanterie (20. IR)	3 Bataillone

Brigade GM Stahel:

Kinsky-Dragoner (DR Nr.12)	6 Eskadronen
Franz Este (Mailand)- Kürassiere (KR Nr. 2)	6 Eskadronen

Reservekorps

FML Fürst Liechtenstein
(7.300 Mann)

Avantgarde-Brigade GM Löpper:

Croatisch-slavonisches Grenzhusaren-regiment Nr. 12 (HR Nr. 12)	6 Eskadronen
Peterwardeiner Grenz-Infanterie (9. Grenz-IR)	1 Bataillon
Gradiscaner Grenz-Infanterie (8. Grenz-IR)	1 Bataillon

Brigade GM Bayer:

Schulz-, De Ligne-, Wouvermanns-Grenadiere	1 Bataillon
Eichler-, Fölseis-, Tegetthoff-Grenadiere	1 Bataillon
Morwitz-Grenadiere	1 Bataillon
Papp-Grenadiere	1 Bataillon
Benjovszky-Infanterie (31. IR)	3 Bataillone

Brigade GM Wolfskehl:

Vecsey-Husaren (HR Nr. 4)	6 Eskadronen
Albert-Kürassiere (KR Nr. 3)	6 Eskadronen

Brigade GM Grünne:

Lothringen-Kürassiere (KR Nr. 7)	6 Eskadronen
Erzherzog Ferdinand-Husaren (HR Nr. 3)	8 Eskadronen

Detachierte Truppen der Hauptarmee

(22.500 Mann)

Brigade GM Mescery:

Ulanenregiment Nr. 2 (UR Nr. 2)	8 Eskadronen
Tiroler Jäger	10 Kompanien
Wurmser Freikorps	12 Kompanien
Peterwardeiner Grenz-Infanterie (9. Grenz-IR)	1 Bataillon
Gradiscaner Grenz-Infanterie (8. Grenz-IR)	1 Bataillon
5. Leichtes Bataillon Radivojevich	1 Bataillon
Mészáros-Husaren (HR Nr. 10)	8 Eskadronen

Bayerisches Korps;
GLt von Zweibrücken:

Reste der Subsidiendivision	4 Eskadronen 5 Bataillone

Emigranten-Korps Condé:

Stabstruppen	1 Bataillon
Enghien-Dragoner	6 Eskadronen
Durand-Infanterieregiment	3 Bataillone
Bourbon-Infanterieregiment	3 Bataillone

Ordre de Bataille der französischen Rheinarmee 12. Dezember 1800

Kommandant:	Obergeneral Moreau
Chef des Generalstabes:	General Dessolle
Kommandierender Adjutant:	General Mangin
Geniechef:	General Eblé

Armeetruppen

(7.300 Mann)

Stabstruppen:

Hauptquartier Etât-Major-General	
Guiden	2 Kompanien
Garden	1 Bataillon
	2 Eskadronen
Gendarmerie	2 Eskadronen

Unterstützungstruppen:

Pioniere
Pontoniere
Mineure
Sappeure
Handwerker
Schiffer
Armeetrain
Reserve-Artilleriepark

Zentrum: II. Korps

(Obergeneral Moreau)
(23.300 Mann)

Division General Richepanse

Brigade Sahuc:

27. Linien-Halbbrigade	3 Bataillone
48. Linien-Halbbrigade	3 Bataillone
Artillerie zu Fuß	1 Batterie

Brigade Drouet:

Grenadiers-réunis	3 Bataillone
Artillerie zu Fuß	1 Batterie

Division General Decaen

Brigade Debilly:

14. Leichte Halbbrigade	3 Bataillone
4. Linien-Halbbrigade	3 Bataillone
100. Linien-Halbbrigade	3 Bataillone
Artillerie zu Fuß	1 Batterie

Brigade Durutte:

6. Chasseurs à cheval-Regiment	4 Eskadronen
10. Husarenregiment	4 Eskadronen
17. Dragonerregiment	4 Eskadronen
Reitende Artillerie	1 Batterie

2. Polnische Legion;
General Kniacewicz:

Infanterie Legion polonais	3 Bataillone
Lanciers Legion polonais	4 Eskadronen
Artillerie zu Fuß	1 Batterie

Kavallerie-Reservedivision General d'Hautpoult

Brigade Espagne:

1. Carabinièrregiment	4 Eskadronen
2. Carabinièrregiment	4 Eskadronen
8. Kavallerieregiment	3 Eskadronen
9. Kavallerieregiment	3 Eskadronen
Reitende Artillerie	1 Batterie

Brigade Lorcet:

5. Husarenregiment	4 Eskadronen
Reitende Artillerie	1 Batterie

Brigade Lacoste:

1. Chasseurs à cheval-Regiment	4 Eskadronen
20. Chasseurs à cheval-Regiment	4 Eskadronen
Reitende Artillerie	1 Batterie

Brigade Lacour:

7. Kavallerieregiment	4 Eskadronen
10. Kavallerieregiment	4 Eskadronen
Reitende Artillerie	1 Batterie

Rechter Flügel: I. Korps

GLt Lecourbe
(27.400 Mann)

Division General Gudin

Brigade Puthod:

36. Linien-Halbbrigade	3 Bataillone
94. Linien-Halbbrigade	3 Bataillone
Artillerie zu Fuß	1 Batterie

Brigade Marula:

38. Linien-Halbbrigade	3 Bataillone
8. Husarenregiment	4 Eskadronen
Reitende Artillerie	1 Batterie

Division General Montrichard

Brigade Schinner:

37. Linien-Halbbrigade	3 Bataillone
84. Linien-Halbbrigade	3 Bataillone
109. Linien-Halbbrigade	2 Bataillone
Artillerie zu Fuß	1 Batterie

Brigade Roussel:

7. Husarenregiment	4 Eskadronen
9. Husarenregiment	4 Eskadronen
Reitende Artillerie	1 Batterie

Division General Grouchy

Brigade Grandjean:

46. Linien-Halbbrigade	2 Bataillone
57. Linien-Halbbrigade	2 Bataillone
108. Linien-Halbbrigade	2 Bataillone
Artillerie zu Fuß	1 Batterie

Brigade Walter:

7. Linien-Halbbrigade	3 Bataillone
8. Linien-Halbbrigade	3 Bataillone
Artillerie zu Fuß	1 Batterie

Brigade Boyer:

11. Chasseurs à cheval-Regiment	4 Eskadronen
6. Kavallerieregiment	4 Eskadronen
Reitende Artillerie	1 Batterie

Kavallerie-Reservedivision Nansouty

4. Husarenregiment	4 Eskadronen
6. Husarenregiment	4 Eskadronen
Reitende Artillerie	1 Batterie
11. Dragonerregiment	4 Eskadronen
23. Kavallerieregiment	3 Eskadronen
Reitende Artillerie	1 Batterie

Linker Flügel: III. Korps

GLt Grenier
(25.200 Mann)

Division General Legrand

Brigade Saligny:

16. Linien-Halbbrigade	3 Bataillone
42. Linien-Halbbrigade	2 Bataillone
Artillerie zu Fuß	1 Batterie

Brigade Sabathier:

51. Linien-Halbbrigade	2 Bataillone
5. Chasseurs à cheval-Regiment	4 Eskadronen

Brigade Joba:

23. Linien-Halbbrigade	3 Bataillone
54. Linien-Halbbrigade	2 Bataillone

Brigade Bontemps:

16. Chasseurs à cheval-Regiment	4 Eskadronen
12. Kavallerieregiment	3 Eskadronen
Reitende Artillerie	1 Batterie

Division General Ney

Brigade Desperrieres:

76. Linien-Halbbrigade	3 Bataillone
103. Linien-Halbbrigade	3 Bataillone
Artillerie zu Fuß	1 Batterie

Brigade Debrulys:

2. Husarenregiment	4 Eskadronen
13. Dragonerregiment	4 Eskadronen
8. Chasseurs à cheval-Regiment	4 Eskadronen
19. Kavallerieregiment	3 Eskadronen
Reitende Artillerie	1 Batterie

Division General Bonnet

Brigade Durosnel:

50. Linien-Halbbrigade	2 Bataillone
53. Linien-Halbbrigade	2 Bataillone
89. Linien-Halbbrigade	2 Bataillone
Artillerie zu Fuß	1 Batterie

Brigade Heudelet:

23. Chasseurs à cheval-Regiment	4 Eskadronen
13. Kavallerieregiment	3 Eskadronen
Reitende Artillerie	1 Batterie

Korpsreserve

Brigade Fauconnet:

15. Linien-Halbbrigade	3 Bataillone
2. Dragonerregiment	3 Eskadronen
Artillerie zu Fuß	1 Batterie

Detachierte Truppen der Rheinarmee

(5.600 Mann)

Division General Molitor

Brigade Jardon:

Grenadiers-réunis 1	2 Bataillone
83. Linien-Halbbrigade	2 Bataillone
95. Linien-Halbbrigade	2 Bataillone

Brigade Laval:

10. Leichte Halbbrigade	2 Bataillone
Artillerie zu Fuß	1 Batterie

Reserven der Rheinarmee im Nachmarsch

GLt St. Suzanne

(10.000 Mann)

Division General Collaud

(2 Brigaden)

Division General Souham

(2 Brigaden)

Quellen- und Literaturübersicht

Ungedruckte Quellen

Österreichisches Staatsarchiv/Kriegsarchiv, Wien:

Alte-Feld-Akten/1800/Hofkriegsrat-Deutschland/12 (Dezember);
Alte-Feld-Akten/1800/Deutschland/12 (Dezember);
Alte-Feld-Akten/1800/Deutschland/13/6, *Journal zur K.K. Hauptarmee in Deutschland vom 17. März bis 30. Dezember.*
Alte-Feld-Akten/1800/Deutschland/13/61, *Geschichtlicher Anhang. Feldzug 1800 in Deutschland.*
Abschriften: Feld-Akten/Fascikel 12, Stk. 78, 98, 189, 271, 279, 314, 349, 551 u. 552;

Gedruckte Quellen

A. u., Etat militaire de la république francaise, pour l'an VIII, par plusieurs Officiers, Paris 1800.

A. u., Moreau. - Ein Blick auf seine Feldzüge, seinen Karakter und seine Schicksale, Berlin 1814.

A. u., Moreau und sein lezter Feldzug - eine historische Skizze von einem Offizier seines Generalstabes, Tübingen 1801.

H. de Carrion-Nisas, Campagne des Francais en Allemagne – Année 1800, in: Mémorial du Dépôt général de la guerre, Tome V, Paris 1829.
-- Allgemeine Geschichte der Kriegskunst, ihrer Entstehung, Fortschritte und Veränderungen in Europa, von den ältesten bis auf die neuesten Zeiten, hrsg. von *H. F. Rumpf,* 2. Bd., Leipzig 1827.

Jean-Joseph-Paul-Augustin Dessolle, Journal historique des operations de l'armée du Rhin depuis le 7 Frimaire, epoque de la reprise des hostilités, jusqu' au 4 Nivose, Paris 1801.

Peter Broucek, Georg Zivkovic und *Herbert Klima,* Geschichte der k.u.k. Wehrmacht, VI. Band, Der Allerhöchste Oberbefehl. Die Garden, in: Militaria Austriaca, Wien 1988.

Exercir-Reglement für die kaiserliche königliche Cavalerie, Wien 1784.

France – Ministre de la Guerre, Rêglement, concernant l'exercise et les manoeuvres de l'infanterie, Bd. 1 und 2, Paris 1791. In deutsch: Reglement das Exerzitium und die Manövres der französischen Infanterie betreffend vom 1. August 1791, Straßburg 1807.
-- Instruction concernant les manoeuvres de la cavalerie légère, Paris VII (1798/1799).

K. Jochmus, General Moreau. Abriß einer Geschichte seines Lebens und seiner Feldzüge, Berlin 1814.

C.L.F. Panckoucke, Hrsg., Portraits des Généraux Francais, faisant suite aux victoires et conquêtes des Francais, Paris 1818.

Conrad Hinrichs, Hrsg., General Moreau´s Leben und Feldzüge mit hierauf beziehenden merkwürdigen Anecdoten, Leipzig 1802.

Moritz Graf von Lacy, Generals-Reglement, Wien 1769.
-- Exercitium für die sämmtlich-kaiserlich-königliche Infanterie, Wien 1769.
-- Exercitii-Reglement für gesammte kaiserlich königliche Cavallerie-Regimenter, Wien 1769.

Franz Martin, Die Salzburger Chronik des Felix Adauktus Haslberger, in: MGSL 74, Salzburg 1934.

Karl Mras, Der Feldzug 1800 in Deutschland. Zweiter Abschnitt. Zeitraum vom 11. Mai bis 27. November; in: Oestereichische militärische Zeitschrift, Bd. 2, Heft 4, hrsg. von *Johann von Schels,* Wien 1836.
-- Der Feldzug 1800 in Deutschland. Nach östereichischen Original-

quellen. Dritter Abschnitt. Zeitraum vom 28. November 1800 bis 9. Februar 1801, in: Oestereichische militärische Zeitschrift, Bd. 4, Heft 10, hrsg. von *Johann von Schels*, Wien 1836.
-- Der Feldzug 1800 in Deutschland. Nach östereichischen Originalquellen, in: Oestereichische militärische Zeitschrift, Bd. 4, Heft 11, hrsg. von *Johann von Schels*, Wien 1836.

Oesterreichischer Militaer-Almanach für das Jahr 1800, Wien 1800.

Oesterreichischer Militaeralmanach für das Jahr 1805, Wien 1805.

Österreichisches Staatsarchiv/Kriegsarchiv, Wien: Franziszeische Landesaufnahme des Herzogthums Salzburg und des Fürstenthums Berchtesgaden, Blatt 26, 27, 28, 36, 37, 38, 45, 46, Maßstab 1:28 800, B IXa 270 u. 262.

Ernst Ludwig Posselt, Die Schlacht zu Hohenlinden in Baiern, im Jahre 1800 den 3ten Dec. - Auch der Uebergang über die Salza, Einzug in Salzburg vom 13ten und 14ten Dec., o. O. 1801.
-- Umriß der HauptVeränderungen, welche die fränkische Armee, seit dem jezigen Kriege, in ihrer Organisation und Taktik erfahren hat, in: Europäische Annalen, Jahrgang 1800, III. Bd., Tübingen 1800, S. 173 - 196.
-- Europäische Annalen, Jahrgang 1800, I. – III. Bd., Tübingen 1800.
-- Europäische Annalen, Jahrgang 1801, I. Bd., Tübingen 1801.

Andreas Rittig von Flammenstern, Feldherr Moreau, General-Quartier-Meister des Kaisers Alexanders des I. - Eine Charakteristik seines Lebens und seiner Thaten, o. O. 1813.

Anton von Schallhammer, Kriegerische Ereignisse im Herzogthume Salzburg in den Jahren 1800, 1805 und 1809, Salzburg 1853, unveränderter Nachdruck Hallein 1979.

Franz Joseph Adolph Schneidawind, Das Leben des Erzherzogs Johann von Oesterreich. Mit besonderer Berücksichtigung der Feldzüge dieses Prinzen in den Jahren 1800, 1805, 1809 und 1815, Schaffhausen 1849.

Franz Eugen von Seida und Landesberg, Historisch-Chronologische Darstellung des wichtigen Feldzugs in Deutschland vom Jahre 1800, Leipzig 1802.

Anton Semek, Geschichte der K. und K. Wehrmacht. Die Regimenter, Corps, Branchen und Anstalten von 1618 bis Ende des XIX. Jahrhunderts, IV. Bd., I. Theil, Wien 1905.

Friedrich Graf Spaur, Reise durch Oberdeutschland, Nachrichten ueber das Erzstift Salzburg nach der Säkularisation, Bd. II, Paßau 1805, Neuauflage als Faksimile Salzburg 1985.
-- Spaziergänge in den Umgebungen von Salzburg, Salzburg 1834, Neuauflage als Faksimile Salzburg 1985.

V. Streffleur, Die Armee im Felde. Ein Gesammtbild aller Vorschriften über die Organisation, den inneren Dienstbetrieb, die Verwaltung und die Leitung und Verwendung des Heeres und der Heerestheile im Kriege, Wien 1854.

F. von Varnbüler, Ueber den Feldzug der deutschen und französischen Armee in Deutschland, im Sommer und Winter des Jahres 1800, o. O. 1801.

Karl Woyda, Briefe eines französischen Offiziers geschrieben im Jahre 1800 aus Steiermark, Kärnthen, Italien, der Schweiz, Baiern und Salzburg, Leipzig 1803.

Alphons von Wrede, Geschichte der K. und K. Wehrmacht. Die Regimenter, Corps, Branchen und Anstalten von 1618 bis Ende des XIX. Jahrhunderts, I., II., III., V. Bd., Wien 1898 - 1903.

Judas Thaddäus Zauner, Beyträge zur Geschichte des Aufenthaltes der Franzosen im Salzburgischen und in den angränzenden Gegenden, Bd. I - III, Salzburg 1801 - 1802.

Literaturübersicht

Gustav Adolph-Auffenberg Komarów, System und Pedanterie, in: Unser Heer - 300 Jahre österreichisches Soldatentum in Krieg und Frieden, hrsg. von *Herbert St. Fürlinger*, Wien, München, Zürich 1963, S. 154 - 157.

A. u., Gedenkblätter zum Zweihundertjährigen Jubiläum und zur Fahnenweihe des k.k. 42. Infanterie-Regiments „Georg V. König von Hannover", hrsg. im Selbstverlag des Regiments, Wien 1874.
-- k. u. k. Infanterieregiment Freiherr von Hess Nr. 49. 1715 - 1909, hrsg. im Selbstverlag des Regiments, Brünn, St.Pölten 1909.
-- Geschichte des K. u. K. Infanterie-Regiments Erzherzog Ludwig Salvator Nr. 58, hrsg. im Selbstverlag des Regiments, Wien 1904.
-- Geschichte des k. und k. Dragoner-Regiments Graf Paar Nr. 2 von seiner Errichtung bis zur Gegenwart. 1672 - 1891, hrsg. im Selbstverlag des Regiments, Olmütz 1895.
-- Geschichte des k.u.k. Dragoner-Regiments Nikolaus I. Kaiser von Russland Nr. 5, hrsg. im Selbstverlag des Regiments, Görz 1912.

Karl Adrian, Unser Salzburg. 1816 - 1916. Ein Heimatbuch für die Jugend und das Volk, Wien 1916.

Gerhard Ammerer und *Manfred Zollinger,* Des Kaisers neues Land - Militärgeographische Landesbeschreibung von Salzburg durch den k.k. Oberst Philipp de Lopez nach einer Reise im Jahre 1807, in: MGSL 138, Salzburg 1998, S. 443 - 466.

Victor L. Belhomme, Histoire de l'infanterie en France, Bd. 1-5, Paris 1893-1902.

Louis Bergeron, Frankreich und Europa zur Zeit Napoleons, in: Weltbild Weltgeschichte, Bd. 26; Das Zeitalter der europäischen Revolution 1780-1848, hrsg. von *Louis Bergeron, Francois Furet* und *Reinhart Koselleck,* Augsburg 1998, S. 135 - 179.

Karl von Blazekovic und *Julius Pössl,* Chronik des k. u. k. Infanterieregiments Nr. 31, 1. Bd., o.O. 1909.

Wilhelm Brinner, Geschichte des k.k. Pionnier-Regimentes in Verbindung mit einer Geschichte des Kriegs-Brückenwesens in Oesterreich, I. Theil, I. Bd., Wien 1878.

Peter Broucek, Zum Kriegsbild Österreichs im Zeitalter Kaiser Franz' II. (I.), in: Österreich in Geschichte und Literatur (mit Geographie), hrsg. von Institut für Österreichkunde, 40. Jahrgang/Heft 4-5a, Wien 1996, S. 221 - 241.

Ludwig Brunswik von Korompa, Militärischer Führer durch das Donau-Tal von Passau bis zur Marchmündung. Niederösterreich, Oberösterreich und Salzburg, Wien 1906.

J. Campana, L'artillerie de campagne. 1792 –1901. Étude technique et tactique, Paris, Nancy 1901.

Erzherzog Carl, Geschichte des Feldzuges von 1799 in Deutschland und in der Schweiz, in: Ausgewählte Schriften weiland seiner Kaiserlichen Hoheit des Erzherzogs Carl von Oesterreich, hrsg. im Auftrage seiner Söhne der Herren Erzherzöge Albrecht und Wilhelm, Bd. 3, Wien, Leipzig 1893.

Oskar Christe, Erzherzog Carl von Österreich, Bd. 1-3, Wien 1912.

Kurt Conrad und *Otmar Weber,* Flur, Dorf und Haus in Liefering, in: Liefering - Das Dorf in der Stadt, hrsg. vom Kuratorium der Peter-Pfenninger-Schenkung Liefering, Salzburg 1997, S. 247 - 281.

Hans Delbrück, Geschichte der Kriegskunst im Rahmen der politischen Geschichte, 4. Teil, Neuzeit, Berlin 1920.

Heinz Dopsch und *Robert Hoffmann,* Hrsg., Salzburg-Chronik, Salzburg 1984.

Bernard Druène, Der Feldherr Napoleon - Theorie und Praxis seiner

Kriegskunst, in: Napoleon I. und das Militärwesen seiner Zeit, hrsg. von *Wolfgang von Groote* und *Klaus-Jürgen Müller*, Freiburg i.Br. 1968, S. 37 - 60.

Eduard Duller, Erzherzog Carl von Oesterreich, Pest 1859.

Anton Dolleczek, Monographie der k. u. k. österr.-ung. blanken und Handfeuer-Waffen. Kriegsmusik, Fahnen und Standarten seit Errichtung des stehenden Heeres bis zur Gegenwart, Wien 1896, unveränderter Nachdruck Graz 1970.

Siegfried Fiedler, Kriegswesen und Kriegführung im Zeitalter der Revolutionskriege, in: Heerwesen der Neuzeit, hrsg. von *Georg Ortenburg*, Abt. III, 2. Bd., Koblenz 1988.
-- Grundriß der Militär- und Kriegsgeschichte, 2. Bd.; Das Zeitalter der Französischen Revolution und Napoleons, München 1976.

Edmund Finke, Geschichte des k. u. k. ungarischen Infanterie-Regimentes Nr. 37 Erzherzog Josef, I. Bd., Wien 1896.

Rudolf Forenbacher, Die Entwicklung der Handfeuerwaffen in Österreich, in: Graz als Garnison. Beiträge zur Militärgeschichte der steirischen Landeshauptstadt, hrsg. von *Wilhelm Steinböck*, Graz, Wien 1982, S. 99 - 116.

Liliane und *Fred Funcken*, Historische Uniformen. Napoleonische Zeit - 18. Jahrhundert und 19. Jahrhundert. Preußen, Deutschland, Österreich, Frankreich, Großbritannien, Rußland; München 1997.

Erich Gabriel, Die Hand- und Faustfeuerwaffen der habsburgischen Heere, in: Schriften des Heeresgeschichtlichen Museums in Wien, Bd. 11, Wien 1990.

Joseph von Gallina, Beiträge zur Geschichte des österreichischen Heerwesens. Erstes Heft: Der Zeitraum von 1757 - 1814. Mit besonderer Rücksichtnahme auf Organisation, Verpflegung und Taktik, Wien 1872.

-- Reglements und Instructionen für die Ausbildung der Truppe und ihrer Führer, Wien 1882.

Rudolf Ganglbauer, Astrologie - Salzburg, Salzburg 1998.

Pierre Gaxotte, Die Französische Revolution, Bergisch Gladbach 1977.

Wolfgang von Groote und *Klaus-Jürgen Müller,* Hrsg., Napoleon I. und das Militärwesen seiner Zeit, Freiburg i. B. 1968.

Oswald Gschließer, Das Zeitalter der Koalitions- und Befreiungskriege, in: Unser Heer - 300 Jahre österreichisches Soldatentum in Krieg und Frieden, hrsg. von *Herbert St. Fürlinger,* Wien, München, Zürich 1963, S. 169 - 214.

Reinhold Günther, Geschichte des Feldzuges von 1800, speziell soweit er die Schweiz und die ihr zunächst gelegenen Grenzländer betrifft, Frauenfeld 1893.
-- Die Entwicklung der Feuertaktik der Infanterie, Berlin 1902.

Ludwig Hammermayer, Die letzte Epoche des Erzstifts Salzburg. Politik und Kirchenpolitik unter Erzbischof Graf Hieronymus Colloredo (1772-1803), in: Geschichte Salzburgs - Stadt und Land, hrsg. von *Heinz Dopsch* und *Hans Spatzenegger,* Bd. II, 1. Teil, Salzburg 1988, S. 453 - 535.

Emil Hailig von Hailingen, Geschichte des k. und k. Infanterie-Regiments Nr. 30, Lemberg 1895.

Hugo Hantsch, Die Geschichte Österreichs, Bd. 2, Graz, Wien, Köln 1994.

Philip J. Haythornthwaite, The Napoleonic Source Book, London 1996.

Philip Haythornthwaite and *Bryan Fosten,* Napoleon's Line Infantry, in: Men-At-Arms-Series 141, hrsg. von *Martin Windrow,* London 1997.
-- Napoleon's Light Infantry, in: Men-At-Arms-Series 146, hrsg. von

Martin Windrow, London 1997.
-- Austrian Army of the Napoleonic Wars 1: Infantry, in: Men-At-Arms-Series 176, hrsg. von *Martin Windrow,* London 1997.
-- Austrian Army of the Napoleonic Wars (2): Cavalry, in: Men-At-Arms-Series 181, hrsg. von *Martin Windrow,* London 1997.
-- Austrian Specialist Troops of the Napoleonic Wars, in: Men-At-Arms-Series 223, hrsg. von *Lee Johnson,* London 1996.

Johann Heilmann, Der Feldzug von 1800 in Deutschland. Mit besonderer Bezugnahme auf den Anteil der bayerischen Truppen bearbeitet, Berlin 1886.

Rudolf von Hödl, Geschichte des k. und k. Infanterieregiments Nr. 29, Temesvar 1906.

F. Hönig, Die Landung der Engländer und Russen in Nordholland 1799, in: Jahrbücher für die Deutsche Armee und Marine, Bd. 42 ff, Berlin 1882.

Adolf von Horsetzky, Kriegsgeschichtliche Uebersicht der wichtigsten Feldzüge der letzten 100 Jahre, Wien 1898.
-- Atlas zur Uebersicht der wichtigsten Feldzüge der letzten 100 Jahre in 35 Tafeln, Wien 1898.
-- Kriegsgeschichtliche Übersicht der wichtigsten Feldzüge seit 1792, Wien 1914.

Edmund von Horstenau, Der Krieg der zweiten Koalition, in: Erzherzog Karl - Der Feldherr und seine Armee, hrsg. von *Wilhelm John,* Wien 1913.

Willi Huber, Die Franzosen in der Umgebung von Salzburghofen. Die kriegerischen Ereignisse in den Jahren 1800/1801, in: Das Salzfaß, hrsg. vom Historischen Verein Rupertiwinkel e. V., Jahrgang 24 - 1, München, Tittmoning 1990, S. 45 - 52.

Gustav Hubka von Czernczitz, Geschichte des k. und k. Infanterie-Regiments Graf von Lacy Nr. 22 von seiner Errichtung bis zur Gegenwart, Zara 1902.

Josef Hübl, Heimatkunde Stadt Salzburg, Salzburg 1985.

Max Jähns, Das französische Heer von der großen Revolution bis zur Gegenwart, Leipzig 1873.

k. k. Kriegs-Archiv, Kriegs-Chronik Österreich - Ungarns. Militärischer Führer auf den Kriegsschauplätzen der Monarchie, II. Theil, Wien 1886.

k. und k. Kriegsarchiv, Hrsg., Krieg gegen die Französische Revolution 1792 - 1797, Bd. 1 und 2, Wien 1905.

Hugo Kerchnawe und *Alois Veltzé,* Feldmarschall Karl Fürst zu Schwarzenberg der Führer der Verbündeten in den Befreiungskriegen, Wien, Leipzig 1913.

Eberhard Kessel, Die Wandlung der Kriegskunst im Zeitalter der französischen Revolution, in: Historische Zeitschrift, Bd. 148, München, Berlin 1933, S. 248 - 276.

Oswald Graf Kielmansegg, Schwarzenberg-Uhlanen. 1790 - 1887, Tarnów 1887.

Ludwig Kirchthaler, Geschichte des k. u. k. Infanterie-Regiments Nr. 2, Wien 1895.

Herbert Klein, Aus der Geschichte Lieferings im Mittelalter und in der frühen Neuzeit, in: Liefering - Das Dorf in der Stadt, hrsg. vom Kuratorium der Peter-Pfenninger-Schenkung Liefering, Salzburg 1997, S. 36 - 47.

Herbert Knötel d.. J. und *Herbert Sieg,* Farbiges Handbuch der Uniformkunde. Die Entwicklung der militärischen Tracht der deutschen Staaten, Österreich-Ungarns und der Schweiz bis 1937, I. und II. Bd., Stuttgart 1985 und 1994.

Edith Kotasek, Feldmarschall Graf Lacy. Ein Leben für Österreichs Heer, Horn 1956.

Eva Kunesch, Die Franzosen in Stadt und Land Salzburg 1800/1801, Hausarbeit aus Geschichte, Universität Salzburg, Salzburg 1970.

Kasimir von Lütgendorf, Der Gebirgskrieg - Krieg im Hochgebirge und im Karst, Wien 1909.

Lazarus von Mamula, Geschichte des k. k. 25. Infanterie-Regiments, Prag 1875.

Gedeon Maretich von Riv-Alpon, Die Gefechte in der Umgebung von Salzburg in den Jahren 1800, 1805 und 1809, in: Streffleurs Österreichischen militärischen Zeitschrift, XXXIII. (69.) Jahrgang, III. Bd., Wien 1892.

Josef May, Geschichte des kaiserlich und königlichen Infanterie-Regimentes N°. 35, Pilsen 1901.

Peter Melichar, Niederlagen und Reformen. Die Funktion des Krieges in Österreich, in: 996 - 1996. ostarrichi - österreich. Menschen - Mythen - Meilensteine, hrsg. von *Ernst Bruckmüller* und *Peter Urbanitsch,* Horn 1996, S. 481 –507.

Robert Messner, Salzburg im Vormärz. Historisch-topographische Darstellung der Stadt Salzburg auf Grund der Katastralvermessung, Bd. I, II und III, Wien 1990, 1992 und 1993.

Arnoldo Mondadori, Hrsg., Feuerwaffen, Mailand, Rastatt 1991.

Fritz Moosleitner, Rettungsgrabung in Salzburg-Maxglan, in: Archäologie Österreichs, Mitteilungen der Österreichischen Gesellschaft für Ur- und Frühgeschichte, Jahrgang XLIII, 4/2 1993, S. 10 - 20.

Franz Müller, Heimatbuch von Wals-Siezenheim, Wals 1963.
-- Drittes Heimatbuch von Wals-Siezenheim, Wals 1976.

Henri de Nanteuil, Logistische Probleme der napoleonischen Kriegführung, in: Napoleon I. und das Militärwesen seiner Zeit, hrsg. von

Wolfgang von Groote und *Klaus-Jürgen Müller,* Freiburg i. B. 1968, S. 65 - 74.

August Netoliczka, Geschichte des k. k. 9. Linien-InfanterieRegiments Graf Hartmann-Clarstein von der Errichtung 1725 bis zum Schlusse des Jahres 1865, Comorn 1866.

Theodor Nißle, Als die Franzosen kamen. Aufzeichnungen aus dem Winter 1800/1801, Laufen 1917.

Brent Nosworthy, Battle Tactics of Napoleon and His Enemies, London 1997.

Georg Ortenburg, Waffe und Waffengebrauch im Zeitalter der Revolutionskriege, in: Heerwesen der Neuzeit, Abt. III, 1. Bd., Koblenz 1988.

Herbert V. Patera, Unter Österreichs Fahnen, Graz, Wien, Köln 1960.

Kurt Peball, Zum Kriegsbild der österreichischen Armee und seiner Geschichtlichen Bedeutung in den Kriegen gegen die Französische Revolution und Napoleon I. in den Jahren von 1792 bis 1815, in: Napoleon I. und das Militärwesen seiner Zeit, hrsg. von *Wolfgang von Groote* und *Klaus-Jürgen Müller,* Freiburg i. B. 1968, S. 129 – 175.

Cajetan Pizzighelli, Geschichte des K. u. K. Dragoner-Regimentes Johannes Josef Fürst von und zu Liechtenstein Nr. 10. 1631 - 1903, Wien 1903.

Arndt Preil, Österreichs Schlachtfelder, 2. Bd., Graz 1991.

Robert S. Quimby, The Background of Napoleonic Warfare. The Theory of Military tactics In Eighteenth-Century France, New York 1957.

Oskar Regele, Generalstabschefs aus 4 Jahrhunderten. Das Amt des Chefs des Generalstabes in der Donaumonarchie. Seine Träger und Organe von 1529 bis 1918, Wien, München 1966.
-- Feldmarschall Radetzky, Leben / Leistung / Erbe, Wien 1957.

Helga Reindel-Schedl, Laufen an der Salzach – Die alt-salzburgischen Pfleggerichte Laufen, Staufeneck, Teisendorf, Tittmoning und Waging, in: Historischer Atlas von Bayern, Teil Altbayern, 55, München 1989.

Steven Ross, From Flintlock to Rifle. Infantry Tactics 1740-1866, London 1979.

Hans Roth, Schicksalsschläge der Stadt und ihrer Vororte, in: Laufen und Oberndorf. 1250 Jahre Geschichte, Wirtschaft und Kultur an beiden Ufern der Salzach, hrsg. von *Heinz Dopsch* und *Hans Roth,* Laufen, Oberndorf 1998, S. 169 –179.

Gunther E. Rothenberg, Napoleon's Great Adversaries – The Archduke Charles and the Austrian Army 1792-1814, Bloomington/Indiana 1982.

Egon Sauer von Nordendorf, Die Ausrüstung und Bewaffnung der Kavallerie im 18. Jahrhundert, in: Österreichische Militärgeschichte. Sonderband 1997. Österreichische Kavallerie von den Anfängen bis zur Gegenwart, Wien 1997.

Nikolaus Schaffer, Zur Geschichte der Salzburger Geschütze im Jahr 1800, in: MGSL 125, Salzburg 1985, S. 523 –563.

Friedrich Schwarz, Die Salzach war nicht immer Grenze – Franzosenkriege, Ende der geistlichen Herrschaft, in: „Ad Antheringas ecclesia cum territorio" – 788. Anthering – Altes Bauernland zwischen Haunsberg und Salzach, hrsg. von der Gemeinde Anthering zur Feier der ersten Nennung ihres Namens vor 1200 Jahren, Anthering 1990, S. 98 – 102.

Herbert Schwarz, Gefechtsformen der Infanterie in Europa durch 800 Jahre, München 1977.

Moriz Schwarzbach, Gedenkblätter aus der Geschichte des k.k. 3. Dragoner-Regimentes Johann, König von Sachsen, Wien 1868.

Karl Fürst Schwarzenberg, Feldmarschall Fürst Schwarzenberg. Der

Sieger von Leipzig, Wien, München 1964.

Carl Skala, Hrsg., Das französische Heer der I. Republik und des I. Kaiserreiches, in: Streffleur's österreichische Militärische Zeitschrift, XXVII. Jahrgang, 3. Bd., Wien 1886, S. 1 - 49.

Julius Stanka, Geschichte des K. und K. Infanterie-Regimentes Erzherzog Carl N^R. 3, I. Bd. Wien 1894.

Andreas Graf Thürheim, Gedenkblätter aus der Kriegsgeschichte der k. k. Oesterreichischen Armee, Bd. I und II, Teschen, Wien 1880.
-- Die Reiter-Regimenter der k.k. österreichischen Armee, I. Bd., Die Cürassiere und Dragoner, Wien 1862.
-- Die Reiter-Regimenter der k.k. österreichischen Armee, II. Bd., Die Hussaren, Wien 1862.
-- Die Reiter-Regimenter der k.k. österreichischen Armee, III. Bd., Die Uhlanen, Wien 1863.

Gustav Ritter Amon von Treuenfest, Geschichte des k.k. Infanterie-Regiments Nr. 20 Friedrich Wilhelm, Kronprinz des Deutschen Reiches und Kronprinz von Preussen, Wien 1878.
-- Geschichte des kaiserl. und königl. Husaren–Regimentes Nr. 10 Friedrich Wilhelm III., König von Preussen, Wien 1892.
-- Geschichte des k. u. k. Hußaren-Regimentes Nr. 3 - Feldmarschall Andreas Graf Hadik von Futak, Wien 1893.
-- Geschichte des k. u. k. Hußaren-Regimentes Nr. 15 Feldmarschall-Lieutenant Moritz Graf Palffy ab Erdöd, Wien 1894.
-- Geschichte des k. u. k. Husaren-Regiments Nr. 4, Wien 1903.

Coloman Rupprecht von Virtsolog, Geschichte des k.k. 60. Linien-Infanterie-Regimentes gegenwärtig Gustav Prinz von Wasa, Wien 1871.

Georg van Walmisberg, Hrsg., Das französische Heer der I. Republik und des I. Kaiserreiches, in: Streffleur's österreichische Militärische Zeitschrift, XXVII. Jahrgang, 4. Bd., Wien 1886, S. 1 - 49 und 222 - 292.

Eduard Wertheimer, Erzherzog Carl und die Zweite Coalition bis zum

Frieden von Lunéville. 1798 - 1801, in: Archiv für österreichische Geschichte, Bd. 67, Wien 1886.
-- Geschichte Österreichs und Ungarns im ersten Jahrzehnt des 19. Jahrhunderts, Bd. 1, Leipzig 1884.

Terence Wise and *Richard Hook,* Artillery Equipments of the Napoleonic Wars, in: Men-At-Arms-Series 96, hrsg. von *Martin Windrow,* London 1997.

Friederike Zaisberger, Die Franzosenkriege, in: Salzburgs Schützen und Bürgergarden - Landesverteidigung und Brauchtum, Salzburg 1996, S. 25 - 37.

Josef Zarl, Chronik der Kirche Salzburgs und ihrer Pfarren, Salzburg 1987.

Otto Zierer, Bild der Jahrhunderte, 18. Bd., Gütersloh 1962.

Erich Zöllner, Geschichte Österreichs - Von den Anfängen bis zur Gegenwart, Wien 1984.

Alvise Zorzi, Österreichs Venedig - Das letzte Kapitel der Fremdherrschaft 1798 bis 1866, Düsseldorf 1990.

Glossar

Batterie	ist eine bestimmte Anzahl von Geschützen, die, meist nebeneinander aufgestellt, unter einem einheitlichen Kommando zusammengefaßt kämpften. Batterie heißt auch der beim Feuersteinschloßgewehr aufrecht stehende Teil des Pfanndeckels mit einem gehärteten Teil, an dem der Funke geschlagen wird.
Brigade	vom italienischen Wort „briga", der Streit. Sie ist eine Erfindung Gustav Adolfs. Durch ihre leichtere Gliederung war sie im 30jährigen Krieg den damaligen kaiserlichen Schlachtaufstellungen überlegen. In den Revolutionskriegen bedeutet Brigade mehrere, unter gleichem Kommando geführte Regimenter oder Halbbrigaden.
Carabinièrs	gehörten zur schweren Kavallerie und entsprachen den Kürassieren, trugen jedoch keinen Küraß und waren neben dem Reiterdegen auch mit einem Karabiner sowie Pistolen ausgerüstet. Sie entwickelten sich ursprünglich als Elite der Dragonerwaffe.
Chasseurs à cheval	(Jäger zu Pferd) gehörten zur leichten Kavallerie und waren mit einem Karabiner, Säbel und Pistolen ausgerüstet. Sie waren vornehmlich zum Vorpostendienst und zum zerstreuten Gefecht bestimmt. Bis 1806 behielten die Chasseurs à cheval-Regimenter ihre grünen Uniformen mit der verschnürten Husarenjacke, dem Dolman.
Debouchieren	bedeutet die Veränderung der Gefechtsform von Truppen in Bewegung, zum Überwinden von behindernden Engstellen im Gelände, wie z.B. Ortschaften, Dämme, Brücken, Engpässe etc., sowie die damit verbundenen militärischen Maßnahmen.
Demibrigade	Die (Linien-)Halbbrigade war in der Zeit der französischen Revolutionsarmeen die Orga-

nisationsbezeichnung für mehrere Bataillone unter einem Kommando. Die Bezeichnung trat an die Stelle des abgeschafften Ausdrucks „Regiment“.

Deployieren heißt der Aufmarsch aus Kolonnen in die Linie, wenn er nicht durch Einschwenken geschieht. Hatte die Spitzendivision (2 Kompanien) des Bataillons die vorgesehene Linie erreicht, so trat sie auf der Stelle. Die anderen machten „Links um“ und rückten im Laufschritt jeweils so weit nach links, bis sie den linken Flügel der vor ihr stehenden Division passiert hatten. Nach einer Wendung nach rechts rückten sie nach vor in die Linie, bis alle Divisionen nebeneinander standen und sich nach der Spitzendivision nach rechts ausrichten konnten.

Détachement ist die Bezeichnung für eine Truppe, meist bestehend aus mehreren Waffengattungen in unterschiedlichster Stärke und Organisationsform, die selbständig eingesetzt wurde.

Division ist die Unterteilung einer taktischen Einheit, z.B. eines Bataillons oder eines Kavallerieregimentes. Die Division bestand in der Regel beim Infanteriebataillon aus 2 Kompanien, beim Reiterregiment aus 2 Eskadronen. Division war aber auch die Bezeichnung für einen aus mehreren Brigaden (meist 2) bestehenden Großverband.

Dragoner als ursprünglich nur berittene Infanteristen, hatten sich im Laufe der Zeit in fast allen Armeen zu vollwertigen Kavalleristen entwickelt. Zu ihrer Bewaffnung gehörten neben den Reiterdegen auch ein Karabiner sowie Pistolen.

Feldscher ist die Bezeichnung für den Arzt. Der Regimentsfeldscher mußte damals ein geprüfter Arzt sein, er versah den Sanitätsdienst im ganzen Regiment, wozu ihm 10 Feldscher-Gesellen beigegeben waren.

Feldwerke nannte man Feldbefestigungen, die man errichtete, um Geländeabschnitte in kurzer Zeit verteidigungsfähig zu machen. Man unterscheidet zwischen offenen Feldwerken, wie Flesche, Lünette, Tenaillen und Bastion, die im Rücken nicht abgeschlossen, und geschlossenen Feldwerken, wie Redouten, Sternschanzen und bastionierte Forts, die zur Rundumverteidigung vorgesehen waren.

Füsilier ist die Bezeichnung des schweren Infanteristen, des Normalsoldaten. Benannt nach der Hauptbewaffnung mit dem glatten Steinschloßgewehr (französisch: fusil).

Geller ist die Bezeichnung für einen Schuß mit der Kanonenkugel, die in einem solchen flachen Winkel verschossen wird, daß sie bei festem Boden beim ersten Aufschlag im gleichen flachen Winkel abprallt und so mehrfach weiterhüpft. Ein solcher Schuß heißt auch Roll- oder Prellschuß.

Grenadier ist die Bezeichnung für den Elitesoldaten der schweren Infanterie. Ursprünglich wurden die Grenadiere als die tüchtigsten Leute zum Werfen der gefährlichen Handgranaten aus der Masse der Soldaten ausgesucht. Zur Zeit der Koalitionskriege waren sie zwar nicht mehr mit Granaten, sondern genauso wie der Normalinfanterist bewaffnet und bildeten eigene Eliteeinheiten innerhalb von Bataillonen oder Regimentern. In der k.k. Armee wurden im Kriegsfall je 2 Kompanien, gestellt durch 3 Infanterieregimenter, zu selbständigen Grenadierbataillonen zusammengefaßt. In der französischen Armee hatte jedes Infanteriebataillon 1 Grenadier- und 8 Füsilierkompanien.

Husaren waren die eigentlichen leichten Reiter, die nach ungarischem Vorbild aufgestellt wurden. Sie hatten keine Schutzwaffen und führten als Hauptwaffe einen kräftigen Säbel, einen kurzen

Karabiner und am Pferd Pistolen. Ihre Uniform war der ungarischen Tracht entlehnt.

Kaliber war die Bezeichnung des Durchmessers einer Schußwaffe nach dem Gewicht des dazugehörigen Geschosses in Blei, Stein oder Eisen. Erst später wird das Kaliber in Längenmaßen ausgedrückt.

Karre ist die Bezeichnung für die Aufstellung eines Bataillons, bisweilen auch eines ganzen Regimentes von Infanterie, zur Verteidigung nach allen Seiten, besonders im Viereck.

Kartätschenmunition wurde von der Artillerie gegen nahe lebende Ziele verwendet. Kleine Kugeln aus Gußeisen, manchmal auch aus Blei, wurden in Pech eingeklebt, in Büchsen oder Beutel eingepackt, mit einer Treibladung verschossen und wirkten wie ein Schrotschuß.

Korps (Corps) ist die Bezeichnung für einen aus mehreren Divisionen (meist 2) bestehenden Großverband. Weiters wurde Korps auch als Sammelbegriff für die Benennung von militärischem Personal gleicher Gattung (z.B.: Pionier-Korps) verwendet.

Kürassier nannte man den mit einem Brustpanzer versehenen schweren Reiter. Die Normalbewaffnung bestand aus einem schweren Reiterdegen, dem Pallasch, sowie Pistolen am Pferd.

Lanciers französische Bezeichnung für leichte Reiter mit der Lanze als Hauptbewaffnung.

Linien-Halbbrigade (Demibrigade) ist in der Zeit der französischen Revolutionsarmee die Organisationsbezeichnung für mehrere Bataillone unter einem Kommando. Die Bezeichnung trat an die Stelle des abgeschafften Ausdrucks „Regiment“.

Mineure wurden aus Bergleuten rekrutiert und hatten im Festungskrieg unterirdische Minengänge anzulegen.

Ordre de Bataille ist die festgelegte Ordnung von Truppen einer Armee, die gleichzeitig auch für die Schlachtaufstellung, Marsch- und Lagerordnung galt.

Peloton eigentlich der „Knäuel". Eine Gruppe von ursprünglich nicht feststehender Größe von Feuerwaffenträgern, bestimmt zur gemeinsamen Handlung. In der Folge ein bestimmter Teil eines Bataillons, meist die Bezeichnung für einen Infanteriezug. In der damaligen französischen Rheinarmee war Peloton die Bezeichnung für die Füsilierkompanie.

Pelotonfeuer ist die Schußabgabe ganzer geschlossener Abteilungen (Züge oder Kompanien) nach einer ganz bestimmten Reihenfolge.

Pioniere sind Soldaten, die technische Arbeiten vollbrachten, so genannt nach einem alten Werkzeug: Pionne.

Pontoniere sind rekrutierte gelernte Flußschiffer, die mit Hilfe von Booten und Kähnen (Pontons) Schiffsbrücken bauen.

Redoute ist eine von allen Seiten geschlossene, in der Regel feldmäßig erbaute Verteidigungsanlage mit polygonalem Grundriß, meist aber nur viereckig. Sie konnte nur frontales Artilleriefeuer abgeben, da die Seitenverteidigung fehlte. Man konnte sich helfen, indem ihre Fronten zusätzliche Verteidigungsbauten, wie kleine Schanzen oder gedeckte Blockhäuser, zum Bestreichen der schußtoten Räume erhielten.

Remise ist ein künstlich angelegter Schutzwald für kleines Niederwild, in dem nur gehegt, aber nicht gejagt werden darf.

Salve ist das kommandierte gleichzeitige Abfeuern mehrerer Feuerwaffen.

Sappeure sind Soldaten, die gedeckte Gräben (Sappen) zur gefahrlosen Annäherung an Festungsanlagen bauen.

Tiraillement heißt kämpfen in aufgelöster Ordnung.

Tirailleur ist die Bezeichnung für den Scharfschützen.

Train	bürgerte sich als Bezeichnung für sämtliche Nachschubkolonnen ein.
Troß	ist die Bezeichnung für den Nachschub(dienst) des Heeres.
Ulanen (Lanciers)	waren leichte Reiter mit Lanzen bewaffnet. Zusätzlich führten sie auch noch Säbel und Pistolen.

MV ÖSTERREICHISCHER MILIZVERLAG

KdoGeb Riedenburg, Moosstraße 1-3, 5010 Salzburg
Tel. (0662) 80988 5360, Fax (0662) 80988 1774
IFMIN 90 - 808390 (IFMIN-Fax 90 - 808399)

Spähtruppführer
Eine "Vorschrift" einmal anders! Ernste Fakten humorvoll präsentiert.
Format A5, 44 Seiten, 43 Abbildungen
öS **35,-**

Hans Edelmaier:
Fußmarsch
Alle Probleme rund um das Marschieren von der Anatomie bis zur Schuhpflege. Damit Marschieren zur Freude wird. Auch für Wanderer und Zivilsportler wertvoll! Format A5, 378 Seiten, 368 Abbildungen, zahlreiche Tabellen
Einzelbände je öS **119,-**
Doppelband öS **189,-**

Konferenzen
oder Dienstbesprechungen - kurzgefaßte Tips, damit Sie Erfolg haben. Format 10x21 cm, 32 Seiten
öS **43**,- (DM 6,20)

Rhetorik
Ein kleiner Ratgeber zum Einstecken. Kurzgefaßte Tips für jeden, der Reden halten muß, will oder sollte.Format 10x21 cm, 23 Seiten
öS **35**,- (DM 5,00)

Dr. Ronald Riedel:
Pistolenschießen
Treffsicheres Schießen mit der Pistole am Beispiel der Glock 17. Format A5, 72 Seiten, 156 Abbildungen,
öS **139,-**

Hans Pölzer:
Drei Tage am Isonzo
Der erschütternde Erlebnisbericht eines jungen Steirers, der das Grauen und die Brutalität des Krieges an der Isonzofront im Ersten Weltkrieg erlebt hat.
Format A5, 36 Seiten
öS **79,-**

Johannes Hetfleisch:
Militärischer Nahkampf
Die Ausbildung des österreichischen Soldaten im Nahkampf nach den Grundsätzen des AusbZ JaK – hart und wirkungsvoll.Format A5, 96 Seiten, 192 Abb.,
öS **168,-**

Erwin Rommel:
Infanterie greift an
Neuauflage für 1999 vorgesehen.

MV ÖSTERREICHISCHER MILIZVERLAG

KdoGeb Riedenburg, Moosstraße 1-3, 5010 Salzburg
Tel. (0662) 80988 5360, Fax (0662) 80988 1774
IFMIN 90 - 808390 (IFMIN-Fax 90 - 808399)

Fritz Weber:
Der Alpenkrieg
Eindringliche Erlebnisschilderung der Kämpfe im Ersten Weltkieg. Der „Remarque der Dolomitenfront“ in Neuauflage.
Format A5, 345 Seiten, 21 teils farbige Illustrationen
öS **298,-**

Karl Neuhofer:
Malborghet 1809
Der Heldenkampf des Ing. Hptm Hensel an den „österreichischen Thermopylen“. Format A5, 31 Seiten, 11 Illustrationen und Skizzen
öS **89.-**

Markus Kurcz:
Der Santrupp A
Er betreibt das Verwundetennest der Kompanie. Gliederung, Ausrüstung und Ausbildung des SanTrp A. Format A5,
21 Seiten, 15 teils ganzseitige Fotos
öS **69.-**

Hans Edelmaier:
Feuerwerk
Das Sturmgewehr ist die Waffe des Infanteristen. Vergessene Aspekte seines Einsatzes im Kampf behandelt dieses Buch. A5, 130 Seiten, 103 Abbildungen.
öS **187,-**

Manfred Flödl:
Objektschutz
Der Militärische Objektschutz hat als Einsatzform große Bedeutung erlangt. Das Buch erläutert ihn in Therorie und Praxis.
A5, 104 Seiten, 72 Abbildungen
öS **168,-**

Herbert Hodurek/ Bernd Huber:
Ein kleines Edelweiß
Die Kriegserinnerung des Ritterkreuzträgers Herbert Hodurek – von der Militärakademie 1934 über Polen- und Griechenlandfeldzug, Eismeerfront und in Rußland bis zum Paß Lueg 1945. A5, 144 Seiten, 35 Abbildungen.
öS **198.-**

Mjr dG Mag. Andreas Stupka:
Multinationale Streitkräfte
Eine sicherheitspolitische Analyse
Multinationale Streitkräfte als eine wesentliche Komponente der europäischen Integration
152 Seiten, 59 Abb.,
öS **248,–**

Korpskommandant Engelbert Lagler:
Ausbilderpraxis
Die tägliche Praxis der militärischen Ausbildung in einem übersichtlichen Handbuch.
216 Seiten, 120 Abbildungen,
öS **239.-**

Otto Gallian:
Monte Asolone 1918
Der Bericht eines Stoßtruppführers aus den letzten Kriegsjahren 1917/18 von der Italienfront in unerhörter Dramatik.
218 Seiten, 16 Fotos, mehrere Skizzen,
öS **248.-**

PALLASCH

Zeitschrift für Militärgeschichte

Eine Publikation des Milizverlags, die ihr Schwergewicht auf österreichische Militärgeschichte legt, aber auch den Blick über die geographischen wie chronologischen Grenzen hinweg wagt.

Zu bestellen beim

Österreichischen Milizverlag
Kommandogebäude Riedenburg
Moosstraße 1 - 3
A 5010 Salzburg
Tel. (0662) 80988-5360 (Fax 1774)

Aus dem Inhalt der bisher erschienenen Hefte:

Heft 1 (Frühjahr 1997): Die Salzburger Dragonerschwadron Nr. 6 – Das Barett – Das Edelweiß – Viktoria Savs, das Heldenmädchen von den Drei Zinnen.

Heft 2 (Herbst 1997): Militärische Dienstgrade und ihre Abzeichen – Der Januskopf der Kavallerie – Caesars Rheinübergang 55 v. Chr.

Heft 3 (Frühjahr 1998): Die Sereschaner – 1813 Völkerschlacht bei Leipzig – Haiducken und Granitscharen – Die Pionniere – Hauptmann Franz Rosenkranz: Der Offizier als Opfer der Politik – Panzerkämpfe in der Laaer Ebene 1945.

Heft 4 (Sommer 1998): Die Posaunen von Jericho – Die Afrikafeldzüge Kaiser Karls V. – Das Portepée – Die Kämpfe am Marmolada-Gletscher 1915 - 1917 – Das Kreuz von Guadalcanal – Von der Fahreinheit Oberösterreich zur schweren Kompanie der Panzeraufklärungs-Schulabteilung – Kriegsgefangene in Salzburg.

Heft 5 (Winter 1998/99): Die Reiterschlacht von Jaroslawice – Oberst Anton Erwin Lux – Salutieren – Die österreichische Militärmusik – Holzkanonen – Die Feuertaufe – Die geheime Wiederbewaffnung – Blood River – Gelebte Tradition – Die Legende vom Oberfeuerwerker Johann Pollet.

Heft 6 (Frühjahr 1999): Die Fahreinheit Oberösterreich – Die Strafuni – Im Schatten des Krieges – Die Anfänge der Luftschutzpioniertruppe – Einführung in die Blankwaffenkunde – Das Flugwachkommando Lend – Die Heldenmädchen der Ruthenischen Legion.

Heft 7 (Herbst 1999): Die Entwicklung des Turniers von der militärischen Übung bis zu Oper – Die Pontoniere – Am ADGZ – Von den Vereinigten Aufklärungszügen Oberösterreich zur leichten Kompanie der Panzeraufklärungs-Schulabteilung – Der Gleichschritt – Der erste Jagdkommandokurs 1963 – Das Militärverdienstkreuz der österreichischen Wehrmacht.